LUIZ ANTONIO MACHADO DA SILVA (ORGANIZADOR)

VIDA SOB CERCO

VIOLÊNCIA E ROTINA NAS FAVELAS DO RIO DE JANEIRO

Editora Nova Fronteira S.A.
Rua Bambina, 25 — Botafogo — 22251-050
Rio de Janeiro — RJ — Brasil
Tel.: (21) 2131-1111 — Fax: (21) 2286-6755
http://www.novafronteira.com.br
e-mail: sac@novafronteira.com.br

CIP-Brasil. Catalogação-na-fonte
Sindicato Nacional dos Editores de Livros, RJ

V792 Vida sob cerco : violência e rotina nas favelas do Rio de Janeiro / Luiz Antonio Machado da Silva (organizador). - Rio de Janeiro : Nova Fronteira, 2008.

Inclui bibliografia

ISBN 978-85-209-2159-3

1. Favelas - Rio de Janeiro (RJ). 2. Violência - Rio de Janeiro (RJ). 3. Marginalidade social - Rio de Janeiro (RJ). I. Silva, Luiz Antonio Machado da. II. Título: Violência e rotina nas favelas do Rio de Janeiro.

CDD: 307.33640981531
CDU: 316.334.56(815.31)

FAPERJ
Fundação Carlos Chagas Filho de Amparo à Pesquisa do Estado do Rio de Janeiro

SUMÁRIO

AGRADECIMENTOS

Luiz Antonio Machado da Silva

Em nome da equipe de pesquisa que coordenei e assina os artigos desta coletânea, dirijo um agradecimento especial ao conjunto da população favelada, aqui representada em particular pelos moradores que, com sua disponibilidade para relatar e discutir entre si suas experiências de vida, permitiram a elaboração deste livro, que lhes é dedicado.

Espero que os resultados da investigação possam ter alguma utilidade e sejam apropriados de acordo com sua pertinência na transformação das difíceis condições de vida a que nossos personagens estão submetidos. A este respeito, quero acrescentar duas observações.

Em primeiro lugar, esta coletânea não tem a pretensão elitista de ser uma receita para a atuação — simbólica, política ou de qualquer outra natureza — dos moradores. O grupo de pesquisa não se propôs a ensinar o padre-nosso ao vigário. Ao contrário, pretendeu pôr-se à disposição para discutir, em pé de igualdade e sabendo que a decisão final não pode nem deve ser nossa, temas que nos pareceram relevantes a partir de seus próprios relatos. Assim, sublinho a recusa em assumir qualquer posição de autoridade, até porque nosso coletivo não tem delegação para isso. Mas devo enfatizar que não concordamos com a atitude passiva e acrítica, derivada de um tipo de reverência politicamente equivocada, que sacraliza e se curva a toda e qualquer tomada de posição proveniente do mundo popular.

A segunda observação é uma conseqüência desta perspectiva: nossos agradecimentos e disposição para colaborar ***não*** se estendem à ínfima minoria presente nas diferentes localidades cuja forma de vida, fundada na violência, aterroriza e ameaça o desenvolvimento da sociabilidade local e contribui decisivamente para a desqualificação das demandas das favelas na agenda urbana. Não compartilhamos visões que em última instância justificam a violência e a crueldade desse pequeno grupo, retirando-lhe a responsabilidade por suas ações e considerando-o apenas mais uma vítima de um iníquo sistema de dominação.

Por mais que não se queira, agradecimentos genéricos tornam-se meras platitudes quando não são, de alguma maneira, encarnados. Por isso, desejo individualizá-los em algumas pessoas.

Moema Miranda e Paulo Magalhães criaram, ainda em 2003, um grupo de discussão dedicado a encontrar caminhos para o revigoramento de uma das atividades do Ibase, de estímulo à ação coletiva na Grande Tijuca, a "Agenda Social", que foi o antecedente do coletivo responsável por esta coletânea. Desde o início, o entusiasmo, a criatividade e a firmeza de ambos estabeleceram um clima de confiança, afeto e liberdade intelectual entre os participantes que perdura até hoje. Moema e Paulo, com todo o grupo, participaram da transformação não intencional, mais ou menos espontânea, desse coletivo de "assessores" em um *think tank* bem mais geral a respeito da conjuntura sociopolítica do Rio de Janeiro, mirada da perspectiva dos moradores de favela. Não se tratou de inverter a seta das discussões e "fugir da prática para a teoria", mas apenas de ampliar — em ato e não por uma prévia decisão lógico-racional — o escopo dos debates, que aos poucos foi deixando de ser pontual e tornou-se mais voltado para questões estratégicas. Tampouco se abandonou o tema inicial proposto por Moema e Paulo, que acabou gerando o projeto de pesquisa e este livro — o progressivo silenciamento dos moradores das favelas cariocas. Assim, mesmo tendo se dedicado a outros afazeres no meio do caminho, de uma certa maneira eles também assinam este trabalho, sem com isso ter qualquer responsabilidade por nossas insuficiências na condução da pesquisa.

Com o deslocamento de Moema para outras atividades institucionais do Ibase, substituiu-a Itamar Silva, que já fazia parte do grupo desde sua origem e permaneceu como membro ativo até o presente, participando de todas as atividades de pesquisa, embora lhe tenha faltado disponibilidade de tempo para redigir um artigo próprio. Agradeço-lhe por compartilhar o profundo conhecimento e suas sempre densas, lúcidas e bem fundamentadas interpretações da realidade das favelas, aliadas ao comprometimento integral — moral, político, pessoal — com o destino delas. De uma forma ou de outra, as idéias de Itamar estão presentes em todos os textos que compõem o livro.

Mônica Santos Francisco, articuladora da "Agenda Social" pelo Ibase, desde o primeiro momento compreendeu perfeitamente nossa intenção de abrir um espaço de diálogo, pequeno que fosse, que permitisse a moradores de favela alguma elaboração de sua experiência de vida. Seu engajamento afetivo e ético-político e sua absoluta liberdade de opinião, oriunda de uma vivência densa e corajosa, traduziram-se em um apoio constante aos pesquisadores que foi fundamental para o bom andamento da pesquisa.

Nesses cinco anos de atividade, participaram ativamente do grupo de trabalho duas colegas, que em diferentes momentos também se afastaram em razão de outras tarefas assumidas. Ambas, entretanto, continuaram colaborando, sempre que necessário, com nossas atividades. Sua atuação no recrutamento de moradores para a realização dos grupos focais e na preparação do seminário de apresentação dos resultados foi inestimável. Estes agradecimentos se estendem, portanto, a Nahyda Franca e Patrícia Lânes.

Ao final da pesquisa, os primeiros resultados foram apresentados e discutidos em um seminário composto de quatro mesas coordenadas por diferentes pesquisadores, que combinavam a participação de moradores, acadêmicos e especialistas de várias orientações. Em nome da equipe, estendo sinceros agradecimentos aos participantes das mesas e ao público sempre muito mobilizado que freqüentou as diferentes seções.

Durante o referido seminário, Patricia Birman — que não participou diretamente da pesquisa, embora tenha sido observadora interessada ao longo de toda ela — apresentou um conjunto de idéias particularmente relevantes para as discussões que são tema dos artigos que compõem este livro. Também a ela devemos nossos agradecimentos por ter aceito o convite para produzir um texto para o livro.

Finalmente, desejo registrar um agradecimento à Faperj — Fundação Carlos Chagas Filho de Amparo à Pesquisa do Estado do Rio de Janeiro —, que financiou a pesquisa e a edição deste livro.

O livro é resultado de um trabalho coletivo desde o início plural, tentativo e dialógico, sem intenção de gerar uma interpretação que se pretendesse unívoca e definitiva. O grupo de pesquisadores que coordenei sempre foi muito coeso, mas nunca houve expectativa de unidade de pensamento. Para mim, pessoalmente, esta integração com liberdade foi rica e estimulante, tornando o trabalho de coordenação às vezes árduo, mas sempre extremamente prazeroso. Portanto, aos agradecimentos anteriores, dos quais sou porta-voz do grupo, não posso deixar de agregar meus agradecimentos pessoais a todos os colegas do coletivo que tornaram possível a realização deste trabalho.

OS AUTORES

ORGANIZADOR:

Luiz Antonio Machado da Silva

Doutor em sociologia pela Rutgers — The State University of New Jersey. Pós-doutorado no Instituto de Ciências Sociais da Universidade de Lisboa. Professor titular do Iuperj — Instituto Universitário de Pesquisas do Rio de Janeiro da Universidade Candido Mendes — e professor associado do IFCS — Instituto de Filosofia e Ciências Sociais da Universidade Federal do Rio de Janeiro.

COLABORADORES:

Márcia da Silva Pereira Leite

Doutora em sociologia pelo Programa de Pós-Graduação em Sociologia e Antropologia da Universidade Federal do Rio de Janeiro. Pós-doutorado na EHESS — École des Hautes Études en Sciences Sociales — e no Iuperj — Instituto Universitário de Pesquisas do Rio de Janeiro da Universidade Candido Mendes. Pesquisadora do CNPq. Professora adjunta do Departamento de Ciências Sociais da Universidade do Estado do Rio de Janeiro.

Luis Carlos Fridman

Doutor em sociologia pelo Instituto Universitário de Pesquisas do Rio de Janeiro da Universidade Candido Mendes. Professor adjunto do Departamento de Sociologia da Universidade Federal Fluminense.

Patricia Birman

Doutora em antropologia pelo Museu Nacional da Universidade Federal do Rio de Janeiro. Pós-doutorado na École des Hautes Études en Sciences Sociales. Pesquisadora do CNPq. Professora titular do Departamento de Ciências Sociais da Universidade do Estado do Rio de Janeiro.

Jussara Freire

Doutora em sociologia pelo Instituto Universitário de Pesquisas do Rio de Janeiro da Universidade Candido Mendes. Professora da Faculdade de Direito Evandro Lins e Silva do IBMEC/RJ.

Juliana de Farias Mello e Lima

Mestre em ciências sociais pelo Programa de Pós-Graduação em Ciências Sociais da Universidade do Estado do Rio de Janeiro.

Lia de Mattos Rocha

Doutoranda em sociologia pelo Instituto Universitário de Pesquisas do Rio de Janeiro da Universidade Candido Mendes.

Wania Amélia Belchior Mesquita

Doutora em sociologia pelo Instituto Universitário de Pesquisas do Rio de Janeiro da Universidade Candido Mendes. Professora associada da Universidade Estadual do Norte Fluminense.

Pedro Paulo Oliveira

Doutor em sociologia pela Universidade de São Paulo. Professor adjunto do Instituto de Filosofia e Ciências Sociais da Universidade Federal do Rio de Janeiro.

CAPÍTULO 1

Introdução[1]

Luiz Antonio Machado da Silva

Este livro tem por tema geral uma descrição dos efeitos da violência criminal e policial — real ou esperada — sobre a sociabilidade nas favelas no Rio de Janeiro atual. Seu ponto de partida foi a dimensão espacial das relações sociais, pondo em relevo a natureza e os efeitos dos dispositivos que constituem a segregação territorial. Resulta de uma investigação realizada por um conjunto de pesquisadores que trabalhou coletivamente, mas com autonomia individual, em todas as suas etapas. Contém, portanto, uma variedade de abordagens, tópicos e linhas de reflexão que não confluem para um argumento único. Por outro lado, está muito longe de ser mera coleção de artigos autocentrados, desprovidos de nexos fortes entre si. Vale ressaltar o fio condutor que une os diferentes capítulos e antecipar as conclusões mais consensuais dos diferentes textos.

A reflexão coletiva buscou mostrar como os moradores das favelas da cidade do Rio de Janeiro tentam lidar com a contigüidade territorial inescapável com os bandos armados ligados ao comércio de drogas ilegais, com o assédio violento da polícia e das milícias e com a profunda desconfiança que essa proximidade provoca, principalmente entre as populações que não moram nessas localidades. Sem esquecer que também entre os próprios moradores a confiança mútua fica abalada.

Viver em tais circunstâncias deriva em uma experiência de confinamento territorial, produzido por eventos fora de controle, em graus e intensidade

---

[1] Agradeço a Luis Carlos Fridman e Márcia Pereira Leite pelas críticas, sugestões e correções — em uma palavra, o inestimável auxílio — na elaboração desta introdução. A responsabilidade pelos erros, evidentemente, é de minha exclusiva responsabilidade.

muito maiores do que aquela que atinge o conjunto da população da cidade, igualmente assoberbada por episódios violentos que se repetem sem cessar.

Nas favelas, os confrontos entre bandos armados, com a ambígua e sempre truculenta interveniência do aparelho policial, dificultam, quando não impedem, o desfrute regular e continuado da liberdade elementar de ir e vir. Isso é agravado pela contrapartida de uma mentalidade que sempre definiu os territórios da pobreza e as manifestações dali provenientes como perigosos, mas vem adquirindo conteúdos novos. O antigo fantasma das classes perigosas agora reencarna na ameaça representada pela violência criminal, que é rotineira e, portanto, "próxima", personalizada. O medo correspondente não é mais, como antes, de uma revolta popular capaz de abalar a dominação burguesa, nem do contágio da (i)moralidade derivada de uma suposta desorganização familiar tipicamente atribuída aos mais pobres. O medo se reifica e se espacializa nos perigos imputados aos territórios da pobreza, cujo caso exemplar na representação social são as favelas, vistas como lugares prenhes de uma violência descontrolada. Não mais se trata de prevenir a revolução, "subindo o morro antes que ele desça" em um esforço considerado como civilizatório, para usar a conhecida fórmula dos anos 1960. A antiga demanda de controle da ação política converteu-se em reivindicação de repressão cada vez mais violenta, como barreira à "descida de bandidos de todos os tipos", que seria o equivalente atual daquela fórmula.

Em outras palavras, na atualidade o medo produz expectativas e demandas de segurança *contra* e não *com* os outros — levando a polícia a funcionar como verdadeiro dispositivo de confinamento. Dos aparelhos de segurança não se espera mais a regulação das relações de classe, e sim a evitação de encontros entre desconhecidos por meio de repressão livre de restrições, cotidiana e generalizada. A função da polícia passa a ser vista pelas camadas mais abastadas como um muro de contenção ao intercâmbio de indivíduos e maneiras de viver, em vez de ser um meio orgânico de sua regulação. Com os encontros cada vez mais escassos e envoltos por uma hostilidade muito mais profunda do que a mencionada por Simmel (1987) como característica das interações nas metrópoles de seu tempo, cresce a desconfiança recíproca e se aprofundam as distâncias sociais. Dessa forma, o processo se realimenta.

Toda a população moradora de favelas passou a ser vista como composta por bandidos ou quase bandidos, em razão da contigüidade territorial inescapável com a minoria que integra os bandos armados. Emparedada, vive uma vida sob cerco. De um lado, pela violência criminal e policial que desestabiliza a sociabilidade em seus territórios de moradia (e de trabalho, para muitos) e dificulta o prosseguimento regular das interações nas diferentes localidades. Afetada a confiança interpessoal que se fundamenta na estabilidade de suas rotinas, torna-se problemático articular coletivamente uma compreensão orgânica e proativa das condições de vida compartilhadas. A agregação em movimentos de base local escasseia, limitando a capacidade de influência nas arenas públicas. De outro lado, o medo e a desconfiança generalizados das camadas mais abastadas da cidade obrigam os moradores de favelas a um esforço prévio de "limpeza simbólica" — isto é, a necessidade de demonstrar ser "pessoa (ou grupo) de bem", a fim de ganhar a confiança do Outro —, poucas vezes bem-sucedido, antes mesmo que possam apresentar no espaço público suas demandas como interlocutores legítimos. O confinamento geográfico cerceia-lhes também a palavra.

A partir deste plano geral de uma vida sob cerco, o conjunto de pesquisadores buscou descrever e interpretar a sociabilidade dos "confinados", ou seja, as formas específicas de relações sociais ou de vínculos que se estabelecem nessas localidades, onde a preservação da integridade física e moral, as negociações e os elementos de convivência assumem características peculiares em vista das ações perversas das forças anteriormente mencionadas. É importante salientar que a pesquisa não se orientou por qualquer idealização de uma suposta região da experiência dos moradores que estivesse a salvo de toda a contaminação. Mas, por outro lado, pudemos nos aproximar da vivência de seres humanos empurrados para situações extremamente difíceis de lidar e perceber os sentidos e as representações que eles operam para ficar de pé e seguir vivendo.

Duas hipóteses interdependentes, que constituem os dois lados da mesma moeda, articulam os tópicos desenvolvidos nos diferentes capítulos. A primeira é que o mencionado confinamento geográfico e simbólico deriva em uma concepção de "mundos à parte" e dificulta de modo significativo o "desencaixe", que "retira a atividade social dos contextos localizados, reorganizando as relações sociais através de grandes distâncias tempo-espaciais" (Giddens, 1991: 58). Isto afeta o funcionamento institucional e o desenvolvimento de um padrão unívoco de sociabilidade, o que traz à reflexão a especificidade da presença do Estado em suas próprias "margens", como diriam os autores da coletânea organizada por Das e Poole (2004). Com efeito, este livro elabora a idéia de que a presença do Estado nas diferentes regiões da sociedade não é homogênea, permitindo pensar os condicionamentos da modalidade de presença do Estado (em particular do aparelho policial) nos territórios favelados.

Neste sentido, parece ocorrer uma desconcentração localizada da violência (que acaba se espraiando por todo o tecido urbano), com uma correspondente reconfiguração do autocontrole (Elias, 1994a) entre pequenos segmentos das camadas subalternas — processo que tenho tentado tematizar a partir da noção de "sociabilidade violenta" (cf. capítulo 3 e, para uma outra abordagem do mesmo fenômeno, Misse, 1999) —, o que por sua vez alimenta o já comentado clima de medo e desconfiança. Como se sabe, Elias afirma a íntima relação de condicionamento recíproco entre, de um lado, o processo que culmina com o monopólio da violência legítima pelo Estado, substituindo o exercício generalizado da violência pela simples ameaça e, de outro, o desenvolvimento do autocontrole dos impulsos pelo *self* atuante. Entretanto, no Rio de Janeiro das últimas décadas a escalada de confrontos armados entre bandos de traficantes, e mais recentemente entre eles e as milícias, que quase sempre têm como palco os territórios da pobreza, sugere que, concentradas nesses locais (mas se espraiando por toda a cidade), há tendências opostas ao processo descrito por Elias. E sugere também que a truculência (além da corrupção) policial se relaciona com a delegação das camadas mais abastadas para que a corporação realize, a qualquer custo e sem controle público, o esperado afastamento das "novas classes perigosas" em que se constituem atualmente os moradores dos territórios da pobreza.

É desta maneira nada eufemizada que se cristalizam os repertórios simbólicos que articulam as interações interpessoais e as relações entre categorias e grupos no Rio de Janeiro. A segregação geográfica implementada nas "margens do Estado" rebate na discriminação social, no preconceito e na estigmatização dos moradores desses territórios.

A segunda hipótese lida com o "outro lado" da primeira: à medida que escasseia aquele mínimo de confiança indispensável para a continuidade regular das rotinas cotidianas sobre as quais se assenta o conflito social e o debate público, os moradores dos territórios de pobreza têm sido sistematicamente afastados do convívio social e suas vozes deixam de ser ouvidas. Isto implicou, como é óbvio, a atenção do grupo de pesquisadores à sociabilidade nas áreas expostas aos dispositivos de confinamento. Praticamente todos os textos analisam, desde diferentes ângulos, os esforços de "limpeza simbólica" que se tornaram necessários como condição de acesso ao debate público sobre a vida no Rio de Janeiro. Esforços que, como mencionado anteriormente, raramente têm resultado em algum sucesso, pois tem sido extremamente doloroso e difícil para os moradores de favela livrar-se da pinça que os comprime, representada de um

3. Favelas e crime violento[2]

Os pontos de varejo de drogas se concentram predominantemente em favelas, ainda que o comércio para o consumidor final nem sempre se realize em "bocas" fixas e ocorra por toda a cidade. Nas últimas décadas, a venda em pontos fixos de drogas para consumo dos usuários tornou-se ostensiva e ganhou visibilidade que ultrapassa os limites das favelas, em contraste com o que ocorria anteriormente.

Aumentaram os conflitos pelos pontos-de-venda de droga, afetando profundamente a vida cotidiana nas favelas, pois os bandos de traficantes passaram a ter que controlar militarmente essas localidades. (Ultimamente, as milícias passaram a participar dos conflitos armados pelo controle dos territórios da pobreza.) Os altos lucros — que parecem ser decrescentes — permitiram aos traficantes aumentar seu poder de fogo como forma de garantir atividades ilícitas, superpondo tráfico e armas contrabandeadas ou obtidas por alguma outra forma ilegal. Essas mudanças implicaram transformações na atuação da polícia (em especial a Polícia Militar). Houve um aumento das operações de repressão, que adquiriram maior visibilidade e passaram a afetar também grupos sociais e áreas antes protegidas, bem como uma escalada visível da corrupção entre os policiais.

Nas últimas décadas, a parcela mais estável e poderosa dos traficantes em "bocas", que têm sua base quase sempre nas favelas e em outros territórios pobres, vem constituindo uma forma de vida autônoma, diferente da dos moradores comuns, e sendo responsável por uma ordem social que submete os moradores. Chamamos isto de "sociabilidade violenta".

Na "sociabilidade violenta", as ações são coordenadas quase exclusivamente por referência a escalas de força física (e a suas extensões: armas etc.). Os atores não compartilham valores comuns que poderiam regular o uso de violência na realização de seus desejos, limitando-a, assim, à condição de um meio entre outros para a obtenção de fins. A (quase) única consideração dos atores da "sociabilidade violenta" é a capacidade de resistência do que (outros seres humanos ou coisas) estiver impedindo a realização de seus desejos imediatos. Na "sociabilidade violenta", quem tem mais força usa os outros, assim como artefatos (armas etc.), para impor sua vontade, sem considerar princípios éticos, deveres morais, afetos etc.

[2] Não foi feita uma pesquisa específica com traficantes. As "teses" deste item foram construídas com base: a) na observação direta nas localidades; b) na interpretação dos relatos de muitos moradores "comuns" (não-traficantes) e de alguns ex-traficantes; e c) notícias da mídia.

Essa cadeia de submissão pela força permite a formação de conjuntos de traficantes, que podem ser amplos: os bandos que operam as "bocas" locais, as "facções". Mas trata-se de aglomerados muito frouxos, variáveis e pouco estáveis. "Traições" apenas expressam, na linguagem disponível, mudanças maiores ou menores nas hierarquias baseadas na força (não sendo, portanto, quebras de códigos de conduta baseados na fidelidade ao chefe ou ao grupo, já que nesses aglomerados não há propriamente uma moralidade "alternativa" a ser seguida).

4. Os moradores e a sociabilidade local

Como o núcleo da "sociabilidade violenta" se localiza nas favelas, os demais moradores são obrigados a compartilhar com ele o mesmo território. No entanto, eles não deixam de orientar suas condutas segundo os padrões culturais e as regras institucionais dominantes. Os moradores comuns das favelas são duplamente dominados: na ordem social dominante, compõem os estratos inferiores da estrutura social; na "sociabilidade violenta", são obrigados a se submeter aos traficantes.

Os moradores tentam o quanto podem manter suas rotinas dentro da ordem social dominante. Mas para isto sua *atenção fica altamente concentrada* na proximidade forçada com a "sociabilidade violenta". Assim, quase todos os assuntos tratados pelos moradores sofrem a interferência da "sociabilidade violenta", sejam os que envolvem a submissão direta imposta pelos traficantes ou as atividades da polícia (repressão legal ou não, corrupção, omissão etc.), sejam os assuntos da vida cotidiana que aparentemente não dizem respeito a estas esferas de atividade. O receio, por sinal justificado, de infringir de alguma forma o domínio dos traficantes provoca alta dose de medo e desconfiança entre os próprios moradores.

Há relatos de casos em que criminosos que são "crias da localidade", ao contrário dos "forasteiros", manifestam algum "respeito" pelos moradores, seguindo referências de conduta que, no passado, teriam regulado uma vida local pacífica. Mas na grande maioria dos relatos, a conduta dos traficantes — "crias" ou não — é apresentada como arbitrária e brutal, dependendo de seus humores e das disputas entre eles. Ou seja, embora os moradores busquem antecipar o que seriam as "regras" que devem seguir para evitar a violência, o que efetivamente vigora é o arbítrio dos traficantes que dominam naquele momento. A chamada "lei do tráfico", nos termos como tem sido pensada e interpretada, não tem existência real.

Nos últimos anos, como parte das lutas pelo controle dos territórios, houve uma espécie de enriquecimento do repertório de simbologias e marcas do tráfico de drogas no Rio de Janeiro, gerando fronteiras simbólicas que estendem a submissão dos moradores. Com a introdução dessas formas de dominação simbólica, os traficantes como um todo ampliam a submissão dos moradores para além de sua capacidade material de impor obediência. Elas possibilitam, inclusive, a expansão dos conflitos locais entre as diferentes facções para outros espaços da cidade (praias, linhas de ônibus, festas etc.).

Saber localizar fronteiras (materiais e/ou simbólicas) entre favelas e dentro delas, distinguir sinais de facções rivais, bem como a troca de "comandos", são, entre outros, elementos cruciais para a orientação das rotinas e para a circulação dos moradores. Características como tipo de atividade e sexo interferem na maneira de cada morador lidar com as ameaças (reais ou imaginárias) do tráfico, mas a faixa etária é o elemento mais importante para a orientação do comportamento. A interferência daquelas simbologias é mais significativa nas rotinas que caracterizam o estilo de vida dos jovens, que precisam estar mais atentos e submissos a elas do que o restante dos moradores. Compreensivelmente, os jovens sentem um medo difuso e se auto-impõem restrições pela *expectativa* de punição *potencial*. Há, também, muito medo da polícia, porém a arbitrariedade desta é percebida como incontornável: não haveria possibilidade de defesa contra ela exceto a corrupção, que não é acessível aos moradores comuns.

A força moral que emana do status de alguns moradores — mães e evangélicos, em especial — impõe "respeito" aos traficantes, permitindo-lhes obter, assim, uma certa imunidade em relação à arbitrariedade violenta das ações destes. Seu estatuto pode ser usado para tentar livrar ou reduzir a punição de familiares ou amigos, com sucesso variável.

Na tentativa de enfrentar os estigmas derivados das imagens de "conivência", os moradores de favelas desenvolvem um permanente esforço para provar ao restante da população da cidade que são pessoas "de bem", honestas, confiáveis, pacíficas e sem participação ativa na "sociabilidade violenta". Chamamos este esforço de "limpeza moral". Quanto mais impessoais as interações, mais difícil e de resultado mais incerto ela é. Dentro das favelas, os moradores também procuram deixar claro seu distanciamento moral em relação aos traficantes. Não fumar maconha, não cheirar cocaína, não se envolver em seus negócios e redes e não aceitar seus favores são formas de tornar clara para os vizinhos a condição de "pessoa de bem" e a adesão à ordem institucional.

Os estigmas sofridos pelos moradores dificultam o recurso a soluções institucionais para diminuir as ameaças que sofrem. Além disso, o medo e a desconfiança têm enfraquecido os laços sociais e a comunicação baseada em relações de vizinhança, dificultando a construção das bases para uma ação coletiva orgânica e bem focada.

5. Favela e polícia

Os moradores fazem duras críticas à atuação da polícia nas favelas em função do caráter indiscriminado das "operações", que não distinguem "pessoas de bem" de "marginais". Note-se que essas críticas não se dirigem à corporação (ninguém é contra o controle policial), nem aos métodos violentos em si mesmos (as críticas não são propriamente à violência policial em si, mas sim à falta de seletividade de seu alvo).

São recorrentes e intensas as reclamações quanto às diferenças de tratamento no "asfalto" e na "favela", o que é atribuído aos estereótipos e preconceitos contra os favelados. Basicamente, os moradores criticam a atuação da polícia por não respeitar as diferenças e hierarquias da ordem social local como faz "no asfalto". Outra parte das críticas denuncia a inação policial nos postos situados nas localidades e a corrupção dos agentes (e, de modo geral, a corrupção presente em todas as instituições públicas).

Há favelas onde a presença ostensiva da polícia ("ocupações", proximidade com batalhões, viaturas fixas nas entradas etc.) reduz drasticamente a visibilidade da atuação dos traficantes. Isto, porém, não elimina o sentimento de insegurança, porque os moradores continuam sem confiar na polícia e nas instituições estatais. Eles sabem que sua "tranqüilidade" é passageira e instável, acabando assim que a ocupação da localidade for descontinuada, pois ela depende da política de segurança do momento.

Sendo pontual e descontínua, a presença ostensiva da polícia não elimina a atuação dos bandos de criminosos em outros espaços da cidade.

6. Favelas e milícias

Atualmente vêm se constituindo novos bandos armados que entram em confronto com os traficantes: as milícias — grupos paramilitares compostos em geral por policiais da ativa ou ex-policiais, bombeiros etc., nem sempre moradores das favelas onde atuam e muito bem armados. Elas constituem um novo tipo de domínio das favelas pela força e com menos rejeição moral do que a que recai sobre os bandos de traficantes. Sob sua intervenção, os moradores vivem uma sensação de segurança pessoal que disfarça as coerções que sofrem. Os moradores dessas localidades diferenciam-nas dos territórios subjugados pelos traficantes, acreditando não mais sofrer o estigma de conivência com eles[3].

A pretexto de impedir o controle dos bandos de traficantes sobre as favelas, as milícias constituem-se como verdadeiras empresas, típicas do capitalismo aventureiro mencionado por Max Weber: além de cobrar proteção como as máfias, monopolizam algumas importantes atividades econômicas locais (transporte alternativo, comércio de botijões de gás, distribuição de sinal roubado de televisão a cabo etc.).

7. Os moradores de favela no espaço público

A "sociabilidade violenta" obstrui a possibilidade de expressão das dificuldades, demandas e reivindicações dos moradores de territórios favelados. Críticas à atuação dos bandos de traficantes e menções à demanda por segurança só se fazem em segredo e sob estritas relações de confiança.

Os líderes de associações de moradores, por sua função pública de representação, são interpelados concomitantemente pelos traficantes a respeito de diversos assuntos ligados a suas atribuições que podem ser vistos como interferindo no varejo de drogas na localidade e por diferentes atores e instituições, a respeito da violência nas favelas. Silêncio, evitação e diferentes formas de omissão em relação ao tráfico e aos traficantes não podem ser tomados como evidência de passividade ou desinteresse. Constituem, antes, dispositivos de defesa diante das ameaças à segurança pessoal. Entretanto, isto gera acusações às lideranças de "ambigüidade" e/ou conivência, impedindo os dirigentes de exprimirem tanto os riscos que correm quanto os problemas de suas localidades, reduzindo sua legitimidade diante dos moradores, das autoridades e da mídia e provocando a desconfiança do público em geral. Desta forma, acentua-se a dificuldade de formular reivindicações sobre assuntos relacionados à segurança nesses territó-

---

[3] Depois de terminada a pesquisa passaram a ocorrer violentos confrontos pelo controle de território entre os bandos de traficantes e as milícias, o que levanta dúvidas quanto à persistência da sensação de segurança oferecida pelos bandos paramilitares. Suas ligações com o aparelho policial parecem estar deixando de ser uma garantia da pacificação nessas localidades.

rios e de mobilizar o apoio dos moradores, obstando a inserção desses tópicos nas agendas de debates no espaço público.

O sentimento generalizado de insegurança na cidade e a mentalidade que atribui aos moradores de favelas cumplicidade com os criminosos provoca uma delegação implícita aos policiais para atuar nesses territórios indo além do uso da "força comedida" que é sua função institucional, bem como uma reorientação das políticas sociais e das ações filantrópicas, que passam a focalizar quase exclusivamente territórios e categorias tidos como "vulneráveis", isto é, "em risco" de aderir ao crime violento. Especialmente os moradores mais jovens são pensados e tratados nesses programas de intervenção como potencialmente criminosos.

Os moradores de favelas querem polícia e segurança nessas localidades. Para isto, consideram imprescindível uma mudança profunda nas atividades policiais de rotina nesses territórios e o fim das "operações", de modo a homogeneizar o controle social por toda a cidade, sem discriminar as áreas pobres. Isto é mais uma utopia do que uma reivindicação concreta, devido às dificuldades internas (a desconfiança generalizada produzida pelo medo das conseqüências de conversas abertas) e externas (os estigmas sofridos pelos moradores dos territórios pobres, que bloqueiam a formação de alianças mais amplas).

Em termos mais gerais, reproduz-se um círculo vicioso: de um lado, a "sociabilidade violenta", que ameaça a integridade física e patrimonial de toda a população da cidade e afeta negativamente a continuidade das rotinas cotidianas; de outro, sua apreensão como "violência urbana", que limita a discussão do assunto ao aqui e agora e à busca de uma impossível solução definitiva.

CAPÍTULO 2

Apontamentos metodológicos

Luiz Antonio Machado da Silva

A maior parte do material empírico de que trata este livro deriva da mencionada pesquisa coletiva empreendida pelos autores. Vale a pena, portanto, um comentário geral sobre as vantagens e os limites das informações a partir das quais os artigos elaboram seus argumentos. Detalhes adicionais sobre o trabalho de campo constam dos próprios textos e são tratados na medida em que interferiram na natureza do material disponível para a construção do argumento de cada pesquisador.

Basicamente, foram adotados dois procedimentos conjugados: de um lado, a constituição e moderação de "coletivos de confiança", de outro, a realização de um acompanhamento de inspiração etnográfica do dia-a-dia em três localidades selecionadas segundo critérios apresentados mais adiante. Paralelamente a estes dois eixos centrais, foi reunida ampla quantidade de material secundário, freqüentou-se, quando era o caso, audiências públicas e debates organizados pelos Legislativos estadual e municipal ou com autoridades de segurança pública, eventos organizados pelos moradores de favelas etc.

A expressão "coletivo de confiança" procura especificar uma composição de grupos focais determinada pelas condições da pesquisa e pelos objetivos mais amplos aos quais ela pretendia responder. Dada sua natureza de técnica qualitativa, o recrutamento de participantes de grupos focais costuma ser casual, via de regra respeitando apenas perfis amplos e vagos requeridos dos eventuais membros em função dos interesses de pesquisa; raramente são considerados os impedimentos a uma comunicação livre durante o funcionamento dos grupos. Por outro lado, durante a realização das atividades, em geral os moderadores controlam e orientam as intervenções dos participantes de modo a mantê-las focadas em um roteiro prévio que deve ser seguido de maneira relativamente rígida. Ao contrário, em nosso caso, tanto a composição quanto a dinâmica dos grupos seguiu critérios que de certa maneira invertem o protocolo convencional da técnica, razão pela qual ela foi renomeada.

Assim é que os participantes dos "coletivos de confiança" foram selecionados de um conjunto muito mais restrito do que é convencional. Como o nome indica, não bastava ser residente em favelas. Decidiu-se como critério primordial que só poderiam ser recrutados moradores com os quais pelo menos um dos pesquisadores tivesse estabelecido previamente relações de confiança baseadas no conhecimento mútuo. Dessa forma pretendia-se minimizar a possível sensação de perigo dos membros quanto às conseqüências do que dissessem durante as sessões. Desnecessário dizer que este critério básico só foi possível porque vários pesquisadores do grupo há muito já vinham interagindo com inúmeros moradores de diversas favelas, e, ao longo do tempo, estabeleceram relações de aliança e amizade com muitos deles. (Além da confiança, dois critérios subsidiários foram considerados no recrutamento dos participantes — a demonstração de interesse na investigação, que propiciaria uma atitude colaborativa, e a fluência verbal, que garantiria intervenções estruturadas).

Desde o início, esta forma de composição dos grupos pareceu vital aos pesquisadores, pois dela dependia a possibilidade de ultrapassar, ao menos parcialmente, a desconfiança e o medo que sabidamente as condições de seu ambiente cotidiano geram. Dessa maneira, o ponto de partida fundamental na elaboração do desenho da pesquisa consistiu em sempre considerar procedimentos visando reduzir a chance de bloqueio na comunicação entre os próprios moradores que participariam dos grupos focais e entre eles e os moderadores das sessões. Pressupôs-se que esta questão implicava muita ênfase na confiança interpessoal.

Antes de prosseguir, é necessário ressaltar que não foram apenas considerações técnico-metodológicas que inspiraram tanto cuidado na composição de grupos focais, a ponto de renomeá-los e constituí-los de maneira muito menos casual do que essa técnica costuma demandar. Os pesquisadores não queriam apenas *estudar* aspectos das condições de vida nas favelas cariocas tendo por hipótese central que este contexto vem bloqueando fortemente as possibilidades de comunicação nas próprias localidades e mesmo fora delas. De fato, esta não era mera hipótese no sentido técnico do termo, mas também a constatação de um problema sobre o qual o grupo de pesquisa pretendia, e continua pretendendo, *intervir*. Nesta dimensão, tratava-se de uma hipótese prática.

Os pesquisadores consideram que é necessário criar arenas que permitam aos moradores conversar abertamente sobre suas condições de vida, passo indispensável para que possam, *por suas próprias iniciativas*, formular *projetos articulados* de ação que os coloquem como agentes ativos no debate público. Só formulando estratégias e práticas comuns será possível superar a fragilidade, a ausência ou a falta de organicidade que vêm caracterizando a ação coletiva dos residentes em favelas. Recuperar a condição de atores significativos no debate público, portanto, depende da existência de arenas onde o esforço cognitivo e moral possa conduzir ao desenvolvimento de projetos articulados e seja capaz de se realizar com, pelo menos, alguma liberdade. No entanto, nas condições de confinamento e submissão forçada em que se encontram os moradores, a produção autônoma de tais arenas é improvável, de modo que canais de colaboração externa são indispensáveis. Por mais modesta, pontual e superficial que fosse, a constituição dos "coletivos de confiança" foi pensada como uma instância de colaboração deste tipo.

Este mesmo conjunto de considerações indicava que, embora necessário, o critério das relações pessoais de confiança não era suficiente. Não importa o quanto cresça a desconfiança nas favelas, é evidente que muitos moradores sempre confiarão uns nos outros. Este fato, porém, não impede que certos temas e acontecimentos sejam proibidos nas conversas entre eles, devido ao controle violento e muito próximo a que está submetida a sociabilidade nessas localidades — sobre o qual, a partir de diferentes ângulos, todos os artigos deste livro se debruçam. Para superar este obstáculo, decidiu-se que os "coletivos de confiança" se reuniriam fora de suas localidades de moradia, em salas alugadas a empresas especializadas em pesquisa de mercado. A privacidade que esses locais oferecem seria uma garantia adicional de liberdade de expressão, além de que, obviamente, as condições materiais facilitariam o registro dos debates. Para completar estes cuidados, foi também informado aos moradores convidados que eles não seriam nominalmente identificados.

Todas as sessões foram registradas em vídeo e áudio, conduzidas por um mediador e um assistente e observadas pelos demais pesquisadores através de espelho de dupla face, que permitiu que observadores acompanhem as sessões sem superlotar o ambiente. Assim, garantiu-se um registro bastante completo da dinâmica dos "coletivos de confiança". Cumpre mencionar que todos os participantes sabiam estar sendo gravados, filmados e observados: isso lhes foi informado no momento do recrutamento e reiterado no início de cada sessão. Note-se que, até onde foi possível perceber, não houve qualquer constrangimento, nem os participantes se apresentaram como se estivessem atuando em uma situação experimental. Pelo contrário, *a pedido de vários deles*, foi realizada, apenas com registro de áudio, uma longa e muito descontraída — os pesquisadores referiam-se a ela como "o *happening*" — sessão ampliada, verdadeiro seminário com mais de trinta voluntários, durante um sábado (manhã e tarde, com intervalo para lanche).

Em parte para evitar o presumível paroquialismo de uma "ação entre amigos", mas também para garantir certa abrangência (qualitativa) para a pesquisa, foi decidido que, no conjunto, os participantes dos "coletivos de confiança" deveriam discutir suas realidades locais, mas também falar dos mesmos assuntos em um nível mais geral. Desse modo, um critério paralelo foi que o recrutamento, na medida do possível, incluísse moradores de diferentes favelas. Este requisito de diversidade situava-se, obviamente, entre dois limites: de um lado, a extensão da rede de relações prévias entre pesquisadores e moradores e, de outro, a quantidade máxima de participantes dos "coletivos de confiança" permitidos pelo financiamento recebido. Quanto à composição final, muitas vezes os participantes se conheciam, mesmo morando em diferentes localidades; em outros casos moravam nas mesmas localidades; e, na maioria das vezes, travaram conhecimento durante a sessão de que participaram (salvo no caso do *happening*, que será comentado adiante, e com duas exceções no caso dos "coletivos de confiança", nenhum morador esteve presente em mais de uma sessão).

Esses cuidados permitiram criar um suporte afetivo que sustentava a confiança mesmo no caso de desconhecidos e contribuía para o clima de descontração e liberdade de opinião.

Além da variedade quanto aos locais de moradia, a composição dos "coletivos de confiança" procurou, como último critério, garantir a presença de membros perfazendo, na medida do possível, perfis socioculturais representativos da reconhecida heterogeneidade da composição social das populações residentes em favelas. Sabia-se, é claro, que por mais detalhado que fosse o conhecimento de uma estratificação não seria possível dele derivar a escolha de *pessoas* — a unidade analítica básica — representativas. Desde o início estava claro que, por definição, a pesquisa tinha um caráter parcial e arbitrário e que o critério de variedade de perfis não poderia deixar de ser o mais vago e impreciso dentre todos. Não obstante o reconhecimento de tais dificuldades, considerou-se mesmo assim relevante garantir a existência de relatos que pudessem ser aproximados de posições diferentes na organização social da cidade em geral e/ou das localidades em particular. Concretamente, foram privilegiados perfis de moradores de favelas que, conforme constatado em diversas investigações, vêm sendo atingidos com especial intensidade pelo quadro de violência local e/ou têm construído alternativas diversas para lidar com ela.

A partir desses critérios, foram ouvidos cerca de 150 moradores de 45 favelas diferentes durante quinze "coletivos de confiança" com cerca de 3 horas de duração cada, além da mencionada reunião extra pedida por inúmeros participantes, com cerca de 7 horas de duração e um intervalo para lanche. No conjunto, a composição foi a seguinte:

- 2 grupos reunindo dirigentes de associações de moradores;
- 2 grupos reunindo dirigentes dessas organizações e integrantes de projetos sociais;
- 2 grupos de moradoras mães de família de idade variada, mas de modo geral acima dos trinta anos;
- 2 grupos de moradores (homens e mulheres) jovens na faixa etária dos quinze aos vinte e quatro anos;
- 2 grupos de moradores pertencentes a diferentes filiações religiosas;
- 4 grupos de moradores de favelas com e sem envolvimento em atividades comunitárias, cada um composto exclusivamente por moradores das localidades onde foi desenvolvido o acompanhamento etnográfico mencionado adiante;
- 1 sessão ampla, cuja composição não foi previamente determinada, mas que reuniu basicamente jovens de ambos os sexos (alguns ex-traficantes), mães de família, membros de diferentes filiações religiosas, integrantes de projetos sociais etc.

Quanto à dinâmica propriamente dita, o procedimento adotado na moderação dos "coletivos de confiança" também diferiu do modelo convencional dos grupos focais. Era óbvio que os relatos e debates iriam se concentrar na violência criminal e policial e em suas conseqüências. Desse modo, ao invés de orientar a dinâmica segundo um roteiro prévio, decidiu-se que o moderador deveria apenas ordenar as intervenções, até estimulando a abrangência dos tópicos levantados, intervindo apenas eventualmente para estimular tomadas de posição mais explícitas ou esclarecer pontos obscuros. Com isso também se pretendia evitar a imposição de temas relevantes para os pesquisadores, mas que talvez não o fossem para os moradores. Tratava-se de um cuidado adicional, tomado não obstante prever-se a dramática centralidade das discussões em torno da violência urbana. Assim, todas as sessões se iniciavam com a observação de que seu desenrolar seria registrado e observado, seguida por um pedido de apresentação breve de cada participante e, finalmente, pela pergunta "Como é a vida nas favelas hoje em dia?", que era o mote para o início da conversa.

Os critérios de organização e funcionamento dos "coletivos de confiança" mostraram-se particularmente apropriados. Esta observação sustenta-se no fato de que em praticamente todas as sessões os moderadores foram obrigados a interromper a dinâmica dos debates, uma vez que o tempo de aluguel da sala se esgotara há muito. Não fosse este corte, tudo leva a crer que a conversa continuaria acalorada ainda por muito tempo. Desnecessário acrescentar que tal fato pode ser interpretado como indicação de que há uma espécie de demanda reprimida por oportunidades deste tipo. Acrescente-se que algumas sessões foram verdadeiramente catárticas, outras nem tanto, mas em conjunto todas envolveram forte tensão emocional, demonstrando o sofrimento psicológico causado pelo silêncio forçado e uma certa angústia relacionada à dificuldade de monitoramento das identidades pessoais. Uma segunda indicação do sucesso das decisões a respeito dos procedimentos técnicos adotados é o fato de que vários grupos solicitaram a continuação das discussões em outra oportunidade, o que deu origem ao "*happening*".

Dessa forma, foi possível reunir grande massa de relatos, envolvendo debates em torno de vários tópicos, além de respostas a eventuais perguntas e provocações dos moderadores. No conjunto, esse material — que está longe de haver sido esgotado no presente livro — contém, de um lado, informações sobre atitudes, disposições subjetivas e estrutura cognitiva e moral das orientações dos moradores; de outro, descrições dos acontecimentos que constituem a própria dinâmica dessas situações desde as diferentes perspectivas através das quais elas são apreendidas por aqueles atores.

O segundo eixo a compor o desenho da pesquisa baseou-se no pressuposto de que era preciso um conhecimento da sociabilidade nas favelas independente da percepção dos membros dos "coletivos de confiança" e suficientemente atualizado e sistemático, a partir do qual fosse possível realizar uma descrição critica (horizontal, como já foi mencionado[1]) das interpretações contidas nos

[1] Este ponto de vista metodológico não é consensual entre os autores do livro. Na realidade, durante toda a investigação ele foi objeto de debate e se manifesta implicitamente, porém com clareza, na articulação dos diferentes artigos. Indico, apenas, o que considero ser a tendência mais geral (e minha opção pessoal). As implicações desta questão, evidentemente, não podem ser tratadas aqui.

relatos dos moradores. Neste sentido, além dos "coletivos de confiança", realizou-se um acompanhamento de inspiração etnográfica (não uma etnografia propriamente dita) em três favelas. Seria absurdo pensar que as escolhas visavam cobrir a imensa variação no tempo e no espaço dos contextos locais de violência criminal e policial. Entretanto, ainda que aceitas sua arbitrariedade e parcialidade inevitáveis, optou-se por tentar incorporar à reflexão o máximo possível dessa diversidade. Concretamente, as três favelas foram escolhidas por se situarem em diferentes regiões da cidade e serem classificadas pelos próprios moradores e, mais geralmente, pela opinião pública, como apresentando diferentes níveis e modalidades de violência. Assim, selecionou-se uma, considerada "muito violenta", com tráfico ostensivamente armado e recorrentes disputas do território que, ademais, possuía longa tradição de ação coletiva que vem sendo esvaziada pela escalada de violência; outra, considerada "calma" por não sediar "bocas", pelo menos ostensivamente, e onde a ação coletiva nunca foi muito intensa; e uma terceira, dominada pelo que atualmente se designa de "milícia", considerada um exemplo da imposição pela força de um poder local que perverte antigo dispositivo de controle social cujo recurso à violência gozava de certa legitimidade na cultura popular urbana, a "polícia mineira".

O acompanhamento desses três casos foi realizado durante cerca de oito meses. Permitiu mapear diferentes instituições e projetos, locais e supralocais, existentes nessas localidades e acompanhar algumas de suas atividades, além da observação direta das rotinas de alguns moradores. Também abriu a possibilidade de realizar várias entrevistas em profundidade, inclusive com ex-traficantes, visando à produção de histórias de vida detalhadas. Uma vez que estas não foram terminadas, a incorporação desse material nos vários artigos do livro foi apenas subsidiária.

CAPÍTULO 3

Violência urbana, sociabilidade violenta e agenda pública[1]

Luiz Antonio Machado da Silva

Considerações iniciais

Com toda a sua carga de sentimentos de insegurança, medo etc., a violência urbana é objeto de preocupação da população das grandes cidades brasileiras e um dos temas centrais da agenda pública. Mas a expressão não indica apenas um problema coletivo e um tema de debate. Todos nós sabemos que a violência urbana é real, concreta, e reconhecemos, com pouca margem a dúvidas, qual o complexo de práticas e relações sociais por ela designado. Em suma: todos sabem o que é "violência urbana". Neste sentido, "violência urbana" é uma representação coletiva, uma categoria do entendimento de senso comum que consolida e confere sentido à experiência vivida nas cidades, bem como orienta instrumental e moralmente os cursos de ação que os moradores — como indivíduos isolados ou em ações coletivas — consideram mais convenientes nas diversas situações em que atuam.

Mesmo supondo que seja possível romper com o conhecimento de senso comum visando explicá-la adotando o ponto de vista de uma espécie de observador privilegiado, a partir de um conjunto de afirmativas sobre o processo social global, isto corresponderia a um discurso metafísico, pois esvaziaria a concretude das práticas sociais que constituem a realidade em um momento dado. De minha parte, creio ser mais útil uma outra perspectiva, que tome a representação da "violência urbana" como um elemento-chave para a compreensão intelectualmente bem fundamentada das práticas e relações sociais às quais ela

[1] Este capítulo é uma versão bastante modificada de Machado da Silva (1994b).

se refere, reconhecendo que a violência urbana, exatamente por ser uma representação, produz efeitos que não podem — ou não deveriam — ser ignorados. A intenção[2] é preservar o vínculo que mencionei no início, entre a violência urbana como tema da agenda pública, isto é, como problema social em debate, e como representação coletiva. Dito em outras palavras, o raciocínio que sintetizo a seguir pode ser entendido como uma crítica racional da representação da "violência urbana". Focalizarei o caráter problemático da relação entre a categoria do senso comum e as práticas às quais ela se refere e que engendra, em um primeiro momento reconstruindo o núcleo de sentido da "violência urbana" e, em seguida, propondo a noção de sociabilidade violenta[3].

A representação da "violência urbana"

Considerada em seus conteúdos de sentido mais essenciais, a representação da "violência urbana" indica um complexo de práticas legal e administrativamente definidas como crime, selecionadas pelo aspecto da força física presente em todas elas, que ameaça duas condições básicas do sentimento de segurança existencial que costumava acompanhar a vida cotidiana rotineira — integridade física e garantia patrimonial. "Violência urbana" é, portanto, uma representação que interroga basicamente o crime comum, mas o foco de atenção não é o estatuto legal das práticas consideradas, e sim a força nelas incrustada, que é interpretada como responsável pelo rompimento da "normalidade" das rotinas cotidianas, ou seja, da certeza sobre o fluxo regular das rotinas em todos os aspectos: cognitivo, instrumental e moral. Esta é a razão pela qual "violência urbana" não é simples sinônimo de crime comum nem de violência em geral. Ademais, é de se considerar que este núcleo, mais ou menos consensual, não impede a polissemia da noção, e com isso sua extensividade. De fato, a violência urbana configura um campo semântico particular — e, na atualidade, decisivo — que,

[2] E também a limitação, pois não falarei da violência em geral, mas do complexo de práticas sociais que ganham sentido para os atores (e não para algum observador independente, "desencarnado") ao ser privilegiado um de seus aspectos, a força física (e os equipamentos que a incrementam), como seu elemento mais essencial. Há, entretanto, outras formas de violência aberta — a violência doméstica ou a homofobia, por exemplo —, para não falar da "violência simbólica" ou das coerções econômicas, que, não se enquadrando na representação da "violência urbana", permanecem fora do raciocínio.

[3] Venho desenvolvendo o argumento em diversos trabalhos nos últimos anos. Cf. Machado da Silva (1994; 1995; 1997; 2004a, b; 2006).

por outro lado, não tem fronteiras definidas; dependendo do contexto, pode incorporar todo tipo de atitudes e condutas que simplesmente "incomodam", afetando apenas superficialmente a continuidade das rotinas diárias.

Trata-se de uma categoria que destaca e recorta aspectos das relações sociais que os agentes consideram relevantes, em função dos quais constroem o sentido e orientam suas ações. Desta perspectiva, possui um significado instrumental e cognitivo, na medida em que representa regularidades de fato relacionadas aos interesses dos agentes nas situações consideradas. Mas, como toda representação, a "violência urbana" é mais do que uma simples descrição neutra. No mesmo movimento em que identifica relações de fato, aponta aos agentes modelos mais ou menos obrigatórios de conduta, contendo, portanto, uma dimensão prático-normativa institucionalizada, ainda que informalmente, que não pode ser desconhecida.

Parece haver uma novidade na representação da "violência urbana". Como foi dito, ela aponta para atitudes e condutas cujo ponto em comum é a presença da força física aplicada ilicitamente, ameaçando as pessoas e seu patrimônio. Mas não se trata apenas de uma referência ao crime comum violento (ou seja, do uso para além dos tribunais de uma figura do direito penal), uma simples interpretação leiga de desvios de conduta caracterizados pelo uso indevido da força como meio de obtenção de interesses. "Violência urbana" é a categoria coletivamente construída para identificar — e tomar posição a respeito de — um complexo de práticas do qual a força é um princípio de coordenação, responsável por sua articulação e relativa permanência ao longo do tempo. Além das condutas, ela identifica um ator, ou seja, reconhece a presença de uma ordem social. Embora não haja espaço para detalhar este ponto, o ator típico tem sido identificado com os traficantes de drogas, uma vez que nas interpretações correntes a expansão do tráfico tem sido a grande responsável pelas mudanças que afetam a continuidade das rotinas cotidianas. Os traficantes seriam uma espécie de "portadores" da violência urbana porque sua atividade, mais estável e duradoura do que as outras modalidades de crime, exerceria sobre ela uma ação centrípeta. E a organização do comércio de drogas, ao menos na ponta final do consumo, estaria integralmente baseada na submissão pela força, o que explicaria tanto os constantes confrontos entre facções quanto as freqüentes traições dentro dos bandos.

Em resumo, a violência urbana designa o que na linguagem sociológica se denomina de "ordem social". E é preciso reiterar, como complemento fundamental para esta reconstrução do núcleo de sentido da representação da "violência urbana", que sua interpretação pelos moradores das cidades brasileiras como um problema social contemporâneo nega que ela possa ser caracterizada como mera coleção de desvios de conduta de criminosos. Ao contrário, ela aponta para a constituição de uma forma de vida autônoma. Como problema social, a violência urbana é uma construção das vítimas atuais ou potenciais, que se reconhecem como participantes subalternas de duas ordens sociais coexistentes. O problema é esta coexistência, que expressa de maneira clara a fragmentação da vida cotidiana nas grandes cidades brasileiras, instaurando um inusitado paralelismo entre formas de vida reciprocamente incompatíveis, uma orientada para a restrição da violência através de seu monopólio pelo Estado e outra fundada na força como princípio de coordenação.

Creio que levar a sério estas observações sobre o reconhecimento da contigüidade entre ordens sociais e formas de vida distintas com uma certa permanência no tempo implica a necessidade de considerar, ao menos como hipótese, o desenvolvimento autônomo de cada uma delas, de modo que as transformações internas em uma provocarão no máximo mudanças marginais na outra. Isto significa conferir relevância analítica (e política, como veremos) à fragmentação da esfera da vida cotidiana, reconhecendo a integridade das duas ordens sociais em torno das quais ela está atualmente organizada: a) a ordem da "violência urbana", cujo princípio de organização é o recurso universal à força; e b) a ordem mais convencional, que pode ser designada como institucional-legal, cujo elemento fundamental é a pacificação das relações sociais através do monopólio formal da violência pelo Estado[4].

Em outras palavras, na medida em que organizam e institucionalizam experiências sociais incompatíveis, as duas ordens não podem ser reduzidas uma à outra — "pecado" que, a meu ver, tem caracterizado o debate e a intervenção pública sobre o problema da violência urbana. Vejamos brevemente como e por quê.

Expansão da cidadania

Nas últimas décadas, em virtude de uma dramática intensificação da experiência coletiva de insegurança pessoal, as populações urbanas vêm dando

[4] Este é o paradoxo da fragmentação da vida cotidiana. A ordem da "violência urbana" significa uma "desconcentração" e privatização da força nas relações sociais, mas isto não implica a perda de legitimidade e validade da ordem estatal (institucional-legal) que se assenta sobre o monopólio da força.

atenção especial aos problemas de manutenção da ordem pública nas cidades brasileiras, enfatizando as dificuldades das agências de controle e repressão ao crime, mas envolvendo todo o processo institucionalizado de administração da justiça. Talvez porque esta crescente preocupação ocorra paralelamente ao aprofundamento da democracia brasileira, o tema tem-se enquadrado como um dos aspectos do debate sobre a expansão da cidadania, com o foco na relação entre democratização e administração da justiça[5].

Entretanto, creio haver um descompasso entre esta abordagem essencialmente acadêmica e política do problema da violência urbana e a percepção de senso comum cristalizada na representação da "violência urbana", descompasso que acaba por inviabilizar o entendimento das próprias práticas tidas como responsáveis pelo sentimento de insegurança que dá origem à questão.

No centro desta dificuldade está a compreensão do ator e da ação. As perspectivas acadêmica e política definem os agentes que ameaçam a ordem pública pelas características jurídico-formais de suas atividades, como criminosos (ou seja, praticantes de certas categorias de ilícitos penais que constituem as várias formas de crime comum violento). Em conseqüência, as condutas em questão passam a ser compreendidas em termos das próprias regras violadas, e não em termos do sentido construído pelos criminosos e suas vítimas atuais ou potenciais para suas práticas (na realidade, não é o crime que os agentes consideram, e sim a força contida nas práticas criminais). Nesta linha, a ineficácia dos aparelhos de manutenção da ordem é apresentada como a variável causal mais importante, e explicada seja pelas dificuldades econômico-financeiras e de formação de pessoal das agências, seja pela corrupção e impunidade ou simples incapacidade técnica dos agentes. Em outras palavras, a conduta criminosa é explicada pelo seu baixo custo de oportunidade, em um tipo de interpretação no qual a formação dos comportamentos é vista como uma adaptação mecânica a condições contextuais, de modo que os criminosos seriam meros aproveitadores circunstanciais da desorganização do sistema de administração da justiça. Supõe-se sem maiores questionamentos que os criminosos agem por referência às próprias regras infringidas, ou seja, pressupõe-se que os conteúdos de sentido que articulam motivos, orientações subjetivas e referências

[5] Consultar entre os balanços críticos referentes a essa bibliografia: Kant de Lima *et al.* (2000), Adorno (1993) e Machado da Silva, Leite e Fridman (2005). Ver também o trabalho pioneiro de Zaluar (1985) e a interpretação mais recente de Peralva (2000).

normativas são idênticos tanto para os criminosos quanto para o restante das populações urbanas[6].

Assim, desfaz-se o vínculo entre o problema da violência urbana e a representação da "violência urbana", de modo que o complexo de práticas que dá origem a todo o desconforto coletivo desaparece da consideração — as análises começam e acabam nas dificuldades da ordem social que estou chamando de institucional-legal, recaindo ora sobre a ineficácia intrínseca das leis, ora sobre a incapacidade das agências de administração da justiça de fazê-las cumprir. Do ponto de vista da intervenção sobre o problema da violência urbana, a conseqüência desta linha de raciocínio é clara: supõe-se que as condutas criminais poderiam ser canceladas, inviabilizadas ou ao menos reduzidas a proporções toleráveis pela manipulação de variáveis institucionais e/ou pelo desenvolvimento de iniciativas "civilizadoras" que reduzam os riscos de opção pela carreira criminal. O funcionamento interno dos aparelhos estatais (e seus braços civis, como é o caso de algumas ONGs) de controle social, portanto, fica reforçado como objeto privilegiado da atenção, o que acaba fechando o círculo, mantendo na obscuridade, como uma espécie de caixa-preta, o conhecimento das próprias práticas que deram origem a toda a reflexão.

Neste sentido, não há como negar que o que venho chamando de ponto de vista acadêmico e político constrói uma problemática relevante, além de ética e politicamente justificável. Pondo em tela de juízo a eficácia das agências de segurança pública e o teor mais ou menos democrático de suas práticas, ele aponta, em última instância, para alguns aspectos da profunda crise moral e de autoridade (para a fragilidade e a baixa legitimidade do Estado brasileiro) amplamente reconhecida e, por isso mesmo, questão central da agenda pública. Além do mais, esta parece ser, de fato, uma condição de possibilidade para a estruturação do complexo de práticas representado pela "violência urbana". O problema está em atribuir a uma condição de possibilidade o papel de causa — a possibilidade de ocorrência de um evento não pode ser vista como causa dele.

Quanto à dimensão econômica, relativa às bases materiais de reprodução da "violência urbana", a associação desta com o tráfico de drogas favorece sua

---

[6] Além do fato de escorar-se no pressuposto não demonstrado de que a formação da conduta é idêntica para os grupos criminalizados e para o restante da população, pode-se acrescentar uma outra dificuldade na sustentação deste ponto de vista. Todas as pesquisas disponíveis demonstram que os riscos de toda ordem a que se expõem os criminosos são inequivocamente altíssimos, de modo que a insistência em baixos custos de oportunidade para explicar suas práticas sugere uma espécie de esquizofrenia analítica.

reprodução organizada ao longo do tempo e facilita o acesso a tecnologias cada vez mais sofisticadas de incremento da força física (armamentos). E o tráfico (especialmente de cocaína, responsável pela explosão da acumulação econômica relacionada a drogas ilícitas) também tem sido considerado uma causa do problema da violência urbana. Entretanto, da mesma forma que no comentário anterior, confunde-se condição de possibilidade com causa — em princípio, as práticas definidas como "violência urbana" podem se ligar a qualquer outro suporte econômico. (Neste sentido, a "descriminação" da produção e do uso de drogas provavelmente dificultaria a reprodução da "violência urbana", mas também não é garantia de sua eliminação.)

Sociabilidade violenta

Estou sugerindo que a representação da "violência urbana" reconhece um padrão específico de sociabilidade, que proponho chamar de sociabilidade violenta. Para descrevê-lo, creio ser possível começar lembrando que a característica central da representação da "violência urbana" é captar e expressar uma ordem social, mais do que um conjunto de comportamentos intersticiais, isolados uns dos outros e sem continuidade no tempo. Ou seja, as ameaças percebidas à integridade física e patrimonial provêm de um complexo orgânico de práticas, e não de ações individuais. Assim, pode-se apresentar a característica mais essencial da sociabilidade violenta como a transformação da força, de meio de obtenção de interesses, no próprio princípio de coordenação das ações.

Na medida em que o princípio que estrutura as relações sociais é a força, não há espaço para a distinção entre as esferas institucionais da política, da economia e da moral etc. Quanto à dimensão subjetiva da formação das condutas, os agentes responsáveis pela gênese e consolidação deste ordenamento não se pautam por referências coletivas moderadoras da busca dos interesses individuais de curtíssimo prazo, deixando o caminho aberto para a manifestação mais imediata das emoções, para uma interação que instrumentaliza e objetifica o outro e reduz ao mínimo a produção de sentido. O mundo constitui-se em uma coleção de objetos (aí incluídos todos os demais seres humanos[7]) que

[7] Este é um adendo importante, pois indica que na sociabilidade violenta os grupos não se organizam segundo referências a honra, amizade, familismo etc., de modo que as metáforas usualmente empregadas para descrever a formação da ação coletiva neste âmbito — "gangue", "máfia", "exército" etc. — são claramente impróprias. O que parece estruturar a organização

podem ou não ser apropriados de modo a servir aos desejos pessoais. É claro que limites à satisfação dos fins são reconhecidos, mas apenas sob a forma de resistência material (a força de outros "humanos-objetos", por exemplo), e não como restrições de caráter normativo, ético ou afetivo.

Assim, o que caracteriza a sociabilidade violenta é que as práticas se desenvolvem monocordicamente como tentativas de controle de um ambiente que só oferece resistência física à manipulação do agente. O que permite coordenação entre as condutas, formando um complexo orgânico de relações sociais (e uma visão de mundo que é compartilhada, porém sem envolver intersubjetividade[8]), é justamente o reconhecimento da resistência material representada pela força de que podem dispor os demais agentes, produzido pela reiteração de demonstrações factuais, e não por acordo, negociação, contrato ou outra referência comum compartilhada[9]. Todos obedecem apenas porque e enquanto sabem, pela demonstração do fato em momentos anteriores, que são mais fracos, com a insubmissão implicando necessariamente retaliação física quase sempre letal[10]. No limite, pode-se dizer que não há "fins coletivos" nem "subordinação"; todas as formas de interação constituem-se em técnicas de submissão que eliminam a vontade e as orientações subjetivas dos demais participantes como elemento significativo da situação[11].

A descrição de qualquer padrão de sociabilidade, além dos princípios básicos de funcionamento, deve considerar sua estrutura, ou seja, como se distribuem os agentes pelas diferentes posições hierárquicas. No que diz respeito à sociabilidade violenta, esquematicamente temos o seguinte. Como estrato dominante "portador" desta ordem social estão os próprios criminosos, enquanto o restante da população afetada ocupa uma posição dominada, subalterna. No entanto, entre estas duas posições polares, há uma imensa nebulosa de situa-

---

dos criminosos em grupos é simplesmente a cadeia de submissão formada pelo reconhecimento do desequilíbrio de força, o que indica a precariedade dos aglomerados assim formados (e o exagero do tratamento jornalístico quando se refere à "criminalidade organizada").

[8] É evidente que não pode haver relação social sem intersubjetividade e sem produção de sentido. A *sociabilidade violenta* é uma noção típico-ideal que procura captar a especificidade de um complexo de condutas e o respectivo lugar simbólico e político a ele atribuído pela população urbana.

[9] É provavelmente esta característica fundamental — a necessidade de demonstração factual de força — que, desapercebida, muitas vezes leva o observador a definir como gratuitos e inexplicáveis, ou explicáveis como sádica crueldade, inúmeros eventos muito explorados pela mídia.

[10] Cf. as análises desenvolvidas nos próximos capítulos do presente livro.

[11] Cf. o capítulo de Machado da Silva e Leite neste livro

ções intermediárias que devem ser consideradas, mas, segundo creio, ainda não são bem compreendidas. Elas ligam-se, de um lado, ao fato de que é preciso "aprender a ser agente": não se nasce "portador" da sociabilidade violenta, de modo que seria preciso indagar as trajetórias (ou, dito de outra maneira, o acúmulo de experiências) que podem conduzir ao engajamento nesta forma de vida[12], sem esquecer que antes de um ponto indefinido de cristalização, a trajetória pode ser revertida, depois retomada etc. De outro lado, deve-se também considerar que a contigüidade entre os dois padrões de sociabilidade não apenas impõe, no caso dos dominados, a sempre complicada decisão sobre qual das duas referências considerar nas situações enfrentadas (o que pode provocar imensas dificuldades no curso das interações), como também a possibilidade de "conversão", no caso de agentes com posição consolidada[13]. Não há espaço neste trabalho para maior elaboração deste ponto, mas é possível acrescentar que a familiaridade com uma forma de vida — como é o caso da população da cidade com a sociabilidade violenta — não implica *ipso facto* um conhecimento adequado, especialmente no que diz respeito aos aspectos tácitos, de seus modos de coordenação das ações ou de sua visão de mundo. Contatos entre representantes de duas formas de vida distintas compartilhando o mesmo território não deveriam ser abordados como se fossem casos triviais de interação, pois eles quase sempre são acompanhados de uma enorme zona de incerteza, preenchida pelas mais variadas formas de mal-entendidos. Acrescente-se que, no âmbito do presente trabalho, "mal-entendido" quase sempre resulta na morte de alguém, de modo que esses contatos tensionam profundamente a totalidade das relações sociais, gerando sofrimento, medo e insegurança.

Para finalizar esta seção, cabe uma palavra sobre a distribuição territorial da coexistência entre os dois padrões de sociabilidade. Nenhum aspecto do argumento aqui desenvolvido implica suposições sobre uma eventual separação geográfica ou ecológica entre eles, pois o ponto central da representação da violência urbana é justamente sua tensa contigüidade, que abrange todo o tecido social[14]. Mas isso também não significa dizer que os dois padrões de socia-

---

12. Cf. o capítulo de Oliveira neste livro.

13 Cf. o capítulo de Leite neste livro.

14 As reiteradas menções à "ausência do Estado" nas áreas pauperizadas, ou ao crime organizado como um "Estado dentro do Estado", devem ser consideradas simples exagero retórico, pois não têm qualquer sustentação factual: são massivas as evidências da presença rotineira das mais variadas agências estatais em todos os rincões do território urbano. Para o desenvolvimento deste tema, ver o capítulo de Machado da Silva e Leite, a seguir.

bilidade se distribuem homogeneamente, compartilhando meio a meio todo o território das cidades. Ao contrário, no que diz respeito ao peso diferencial de cada uma das ordens, há grande heterogeneidade na configuração dos espaços urbanos, tanto em razão de práticas intencionais (o auto-isolamento dos estratos mais favorecidos e a preferência por locais de difícil acesso pelos agentes da sociabilidade violenta, por exemplo) quanto de processos mais impessoais ligados às restrições econômicas[15].

Assim é que, embora a sociabilidade violenta seja uma característica geral da configuração social das cidades brasileiras, afeta mais direta e profundamente as áreas desfavorecidas, especialmente as favelas. Além das clássicas razões de natureza sociopolítica, isto ocorre provavelmente devido à forma urbana típica desses locais, em geral muito densos e com traçado viário precário, dificultando o acesso de quem não está familiarizado com eles e, portanto, favorecendo o controle pelos agentes que lograrem lá se estabelecer. Os moradores dessas áreas estão mais diretamente submetidos à sociabilidade violenta e, portanto, merecem um comentário especial.

Considerações finais

Como toda a população urbana, como se verá nos capítulos seguintes, os moradores de favelas articulam suas práticas segundo uma dupla inserção, como participantes da ordem institucional-legal e, paralelamente, da sociabilidade violenta. Quanto à primeira, embora ocupando uma posição subalterna, eles têm se organizado em torno de variados projetos, individuais e coletivos, com diferentes graus de adesão. Pode-se dizer, assim, que estão ativamente engajados no entendimento de sua própria situação, independente da direção das práticas que este entendimento indica (as quais, como sabemos, variam muito no tempo e no espaço).

Neste sentido, mesmo nos momentos mais autoritários de funcionamento do controle estatal sobre a organização de suas condutas, tem havido espaço para o desenvolvimento de uma capacidade autônoma de ação coletiva visando à obtenção de seus interesses — o movimento de favelados é antigo, consolidado e, apesar de oscilações, com influência reconhecida. Por outro lado, sua

[15] Consultar Machado da Silva (2004) e Caldeira (2000), que, embora operando com um enquadramento diferente, enfatizam a mesma dimensão de segregação socioespacial.

legitimidade como interlocutor nas arenas políticas tem sido muito prejudicada pelos estereótipos atuais sobre as classes perigosas, que, por uma indevida generalização, criminalizam toda a população favelada — é, portanto, sua ação coletiva — como um perigo potencial.

Quanto à adesão à sociabilidade violenta, ela se caracteriza antes como submissão que como subordinação, na medida em que este último termo implica a existência, em algum grau, da formação de condutas autônomas e a possibilidade de crítica. Enraizada como um âmbito imprevisível da vida cotidiana, ela não produz um distanciamento entre as fontes institucionalizadas de poder e as rotinas cotidianas, reduzindo a limites mínimos a comunicação necessária à produção do entendimento da própria situação, que é a base da formação autônoma da conduta.

Dada a contigüidade territorial nas favelas (e nos territórios da pobreza em geral), a sociabilidade violenta, levando nestes locais a ameaça à integridade pessoal ao paroxismo, gera medo nos atores que não estão preparados para nela integrar-se ativamente, seu estatuto sendo o da vítima submissa. A conseqüência é o desenvolvimento de uma desconfiança generalizada, cujo resultado é uma tácita "lei do silêncio" mais perniciosa do que se costuma pensar. Não se trata apenas de manter as aparências e esconder dos "de fora" os aspectos menos abonadores da vida local, mas da incomunicabilidade e do esgarçamento das tradicionais relações de vizinhança produzidos pelo medo e pela desconfiança. Esta talvez seja a conseqüência mais perversa da sociabilidade violenta como ordem instituída — afora, é claro, a letalidade que lhe é inerente. As populações mais diretamente afetadas (ou, dito de outra maneira, menos protegidas) continuam a viver uma vida "normal", porém à custa de uma enorme atenção e um diuturno esforço adicional destinado a garantir a continuidade das rotinas, permanentemente ameaçadas pela proximidade da sociabilidade violenta[16] organizadas como subalternas que são à ordem estatal, mas sob a condição de serem impedidas de se apropriarem coletivamente da "outra parte" desta mesma normalidade cindida.

[16] Pode-se dizer que, abordado a partir de diferentes tematizações, este é um aspecto presente em todos os capítulos deste livro.

Capítulo 4

Violência, crime e polícia: o que os favelados dizem quando falam desses temas?[1]

Luiz Antonio Machado da Silva
Márcia Pereira Leite

1. Introdução

Este capítulo analisa os relatos de moradores de favelas cariocas sobre a violência que vivenciam no cotidiano dessas localidades face às diferentes modalidades de presença e atuação dos bandos de criminosos e das forças policiais. Sustenta que os moradores de favelas enquadram estas questões a partir de uma preocupação constante com as interrupções na estabilidade das rotinas diárias provocadas pelas freqüentes explosões de violência. Sem ser diretamente tematizado, este é o horizonte de atenção que organiza todo o seu discurso crítico "para fora" das favelas, bem como suas atitudes e condutas nos locais de moradia. O texto avança um pouco mais, argumentando que, em suas descrições e denúncias, os moradores demonstram não lidar da mesma maneira com todas as formas de desestabilização de suas rotinas, evitando homogeneizar os responsáveis. Então, de um lado a violência deflagrada durante as famosas "operações" policiais e sempre presente na arbitrariedade da conduta desses agentes aparece associada a seu caráter quase totalmente imprevisível. De outro lado, quando se trata da violência envolvida nas práticas dos traficantes, com os quais os moradores são obrigados a compartilhar o mesmo território, há muitos relatos de tentativas (bem e malsucedidas) de redução da imprevisibilidade do fluxo da vida local. Isto ocorre por meio do ajustamento das

[1] Este capítulo é uma versão modificada de artigo submetido para publicação à revista *Estado e Sociedade*.

condutas a um cálculo dos riscos envolvidos nesta convivência forçada. Este, tornando "administrável" uma pequena porção da violência na localidade, permite "reabsorvê-la" como a parte "extraordinária" das rotinas "ordinárias".

O material empírico que sustenta a elaboração do argumento é resultado de duas pesquisas qualitativas recentes sobre violência[2] e constitui-se de descrições e relatos obtidos em quinze grupos focais organizados com base em "coletivos de confiança" que envolveram 150 moradores de 45 favelas do Rio de Janeiro; 15 entrevistas em profundidade com moradores selecionados; e acompanhamento etnográfico em três favelas. Estas foram escolhidas por serem classificadas pelos moradores e, mais geralmente, pela opinião pública, segundo diferentes modalidades de violência (uma, considerada "muito violenta", com tráfico ostensivamente armado e recorrentes disputas do território, além de possuir longa tradição de ação coletiva; outra, considerada "calma", por não sediar "bocas-de-fumo"; a terceira, dominada pelo que atualmente se designa como "milícia"). Como explicitado em capítulo anterior, designou-se como "coletivos de confiança" os grupos focais com moradores de favelas realizados em salas alugadas fora desses locais e compostos a partir de relacionamento anterior dos participantes com algum dos pesquisadores, capaz de, através do conhecimento pessoal, gerar alguma confiança prévia. Estes cuidados foram considerados necessários como forma de favorecer uma comunicação aberta e franca, devido ao caráter delicado das questões que se previa iriam surgir na dinâmica das sessões. Seu objetivo era minimizar a chance de bloqueio representado pela "lei do silêncio" e derivado do clima de medo e insegurança nas favelas. Os resultados obtidos confirmam a adequação do procedimento. Cumpre ressaltar que, a fim de não impor de antemão temas específicos, os moderadores sempre iniciaram as conversas nos coletivos de confiança perguntando "como é a vida nas favelas".

Evidentemente, os autores não pretendem ter fundamentado seu argumento em uma reconstrução exaustiva de todo o material coletado. A intenção do presente capítulo é apenas explorar o sentido geral das descrições e dos relatos dos moradores, oferecendo uma possibilidade de interpretação, que pode ser

---

[2] Além do material empírico referente à pesquisa "Rompendo o cerceamento da palavra: a voz dos favelados em busca de reconhecimento", os autores incorporaram à análise os resultados de outra investigação por eles coordenada: "Human rights, poverty and violence in Rio de Janeiro, Brasil: slum dwellers searching for recognition and access to justice" (Small Grants Programme for Research on Poverty and Human Right/Unesco, 2005/2006).

tomada ao mesmo tempo como hipótese e plano de trabalho sobre suas percepções a respeito da violência policial e criminal e sobre a maneira pela qual eles atribuem significado às condutas que lidam com elas em seus locais de moradia e no espaço público.

2. Uma crítica da representação dominante

Para a interpretação mais largamente difundida no Rio de Janeiro, as favelas seriam o território da violência e a população ali residente conivente com seus agentes, os traficantes de drogas. O discurso público dominante apreende e explica a "violência urbana"[3] através da metáfora da guerra (Leite, 2008a) e dos "mitos", variavelmente presentes no entendimento de diversos atores, que lhe são associados: cidade legal vs. cidade ilegal, Estado dentro do Estado, conivência dos moradores de favelas com os criminosos, banalização da violência etc. Esses "mitos" sustentam grande parte do pacote interpretativo[4] que estrutura, atualmente, o "problema da violência" no Rio de Janeiro e o horizonte das propostas e medidas para seu controle e redução.

Entretanto, como se verá adiante, uma análise a partir das pesquisas mencionadas permite submeter à crítica tais "mitos". Considerando inevitável que esta discussão permeie o presente trabalho, um comentário inicial facilitará seu entendimento. Comecemos, portanto, por apresentá-los.

Os mitos acionam estereótipos longamente maturados que questionam a participação do conjunto dos favelados na moralidade hegemônica, assim como a postura ética dos moradores desses territórios. Reeditam, *aggiornatta*, a representação das classes perigosas (Chevalier, 1984; Guimarães, 1984; Zaluar, 1994; 1985), agora deslocada do campo propriamente político relativo à apropriação do aparelho de Estado para o terreno sociocultural dos riscos envolvidos no descumprimento de regras de conduta contidas na moral dominante. Os moradores de favelas são tomados como cúmplices dos bandos de traficantes, porque a

---

[3] Sobre a noção de "violência urbana" como representação social, cf. Machado da Silva (1995; 1993) e o capítulo de Machado da Silva neste livro. Tudo leva a crer que nas favelas esta noção é mais restrita do que no conjunto da população da cidade, uma vez que está muito concentrada nas ações dos bandos de traficantes, com quem os moradores são obrigados a compartilhar o mesmo território.

[4] Para uma boa apresentação deste conceito, cf. Fuks (2001). Para uma discussão de seu lugar no *corpus* conhecido como "construcionismo", cf., por exemplo, Holstein e Miller (1993), Gamson (1992), Hilgartner e Bosk (1988) e Gusfeld (1981).

convivência com eles no mesmo território produziria aproximações de diversas ordens — relações de vizinhança, parentesco, econômicas, relativas à política local etc. — e, assim, um tecido social homogêneo que sustentaria uma subcultura desviante e perigosa. Esta, por sua vez, fundamentaria a aceitação e a banalização do recurso à força, o que terminaria por legitimar a chamada "lei do tráfico". Em conseqüência, os moradores de favelas estariam recusando a "lei do país" ao optarem por um estilo de vida que negaria as normas e os valores intrínsecos à ordem institucional. Uma forte conivência marcaria, portanto, as relações dos moradores de favelas com as redes criminosas sediadas nessas localidades, levando-os a buscar sua proteção e apoio, bem como a protegê-las da polícia.

No caso específico dos jovens residentes em favelas, mais do que as ambigüidades de uma conivência que não implica engajamento, haveria proximidade, idealização do estilo de vida dos traficantes e adesão ativa. A interpretação dominante associa o fenômeno de juvenilização das quadrilhas de traficantes, que parece corresponder a uma tendência real ao crescente recrutamento de menores de idade (cf. capítulo de Oliveira neste livro; Zaluar, 2004; 1994; Soares *et alii*, 1996). Isso se explicaria como uma instrumentalização do Estatuto da Criança e do Adolescente pelas redes de criminosos, que visariam beneficiar-se das proteções à categoria jurídica dos menores que dele constam.

Mesmo sabendo-se que a grande maioria não integra as quadrilhas, os jovens favelados têm sido percebidos e tratados como em permanente risco de a elas aderir. Neste ponto, é interessante observar a porosidade da representação dominante: ela é capaz de incorporar, absorvendo — e distorcendo o que muitas vezes é uma crítica — as constantes referências à sedução por bens de consumo inacessíveis a este segmento populacional e ao fascínio pelas armas, elemento da construção de uma masculinidade "guerreira" (Cecchetto, 2004; Zaluar, 2004; Soares, 2000).

Aqui talvez resida o mais claro exemplo do encontro entre representação, construção de problemas públicos e políticas de intervenção. Com efeito, as idéias de cumplicidade com os criminosos são em boa parte sustentadas, reproduzidas e objetivadas pelas próprias políticas sociais e/ou ações filantrópicas destinadas aos moradores de favelas em geral e, especialmente, aos seus segmentos mais jovens. À sua orientação claramente focalizada e compensatória é adicionada uma filosofia justificadora que penaliza a clientela, sempre pensada como potencialmente criminosa. Os programas passam a ser formulados e implementados em um viés repressivo/preventivo, como uma espécie de ampliação dos instrumentos de controle social, visando a afastar as categorias sociais "vulneráveis" ou "de risco" das "tentações" da carreira criminal. Dessa maneira, cria-se algo como o "criminoso em potencial". Moraes (2005), analisando as políticas públicas para a juventude, chega a se referir à "policialização" das mesmas, aproximando-se dos trabalhos de Wacquant sobre o "Estado policial" (Wacquant, 2001a).

No mesmo passo, este pacote interpretativo orienta as práticas extra-oficiais dos policiais no tratamento dos moradores de favela e implicitamente delega a eles as decisões a respeito de quando, como e contra quem adotar medidas repressivas mais diretas e duras, liberando-os para ir além do uso da "força comedida" que é sua atribuição institucional (Brodeur, 2004). Assim, à letalidade dos próprios bandos de criminosos acrescenta-se a da ação policial. Neste caso, é desnecessário mencionar o enorme peso da cor da pele e da juventude na tipificação desses objetos preferenciais[5].

Essa construção das favelas como uma espécie de subcultura, inclusive pela ciência social, nada tem de recente (Valladares, 2005). O que parece novo é que agora não se trata de basear este entendimento, como antes, na desorganização social dessas localidades, mas de associá-las diretamente ao crime violento. Isso aprofunda e radicaliza o dualismo que marca a imagem da cidade, cujo melhor exemplo no jornalismo contemporâneo é Ventura (1994). Sua contraface são os "mitos" relativos à ausência do Estado nas favelas, que seriam dominadas por um poder paralelo constituído pelos bandos de traficantes, a partir dos quais se constrói a metáfora da guerra. É desnecessário notar que esta versão frouxa da idéia de "dualidade de poder" que foi utilizada em certas definições de momentos revolucionários desconhece as inúmeras evidências de presença dos aparelhos de Estado (tanto do Executivo quanto do Legislativo) e seus agentes nas favelas. Mais importante é sublinhar que a idéia de um "Estado dentro do Estado" depende em grande parte de duas operações cognitivas. De um lado, da transformação em conivência generalizada o que é a submissão dos moradores, pela força, às necessidades logísticas dos bandos de traficantes. De outro, do desconhecimento de que esta submissão forçada

[5] Jovens favelados são alvos do tráfico e da polícia, constituindo as principais vítimas e algozes do crime violento, como demonstraram Soares *et alii* (1996). Pesquisa da ONG Viva Rio revelou que, em 2001, 65% das mortes de rapazes de 15 a 19 anos no município do Rio de Janeiro foram provocadas por armas de fogo. As taxas de assassinatos por arma de fogo distribuem-se da seguinte maneira segundo a faixa etária: de 15 a 19 anos = 175,7/100.000 habitantes (a taxa das mulheres é 7,2); de 20 a 29 anos = 214,5 (mulheres, 8,1). O risco de um jovem ser assassinado é quatro vezes maior na faixa dos 15 aos 29 anos do que na média do conjunto dos moradores (Viva Rio, 2002). Cf. também Dowdney (2003) e Peralva (2000).

não altera a adesão à ordem institucional, que pode ser claramente percebida tanto nas descrições de ações efetivamente realizadas quanto nas referências a disposições e atitudes subjetivas[6].

3. Breve comentário sobre os pressupostos

Alguns pressupostos e escolhas metodológicas circunscrevem a perspectiva analítica adotada neste capítulo. A maciça evidência do caráter contexto-dependente das práticas e representações na modernidade tardia (que não contraria a "globalização") não favorece as grandes totalizações, sejam elas de natureza teórico-formal ou histórica. Parecem mais adequadas generalizações que permaneçam no limite da experiência vivida, enfatizando a contingência, a variedade e a inconsistência dos laços entre as diferentes situações e nas práticas dos atores.

Sem negar sua relevância nem pretender uma discussão pormenorizada, os autores consideram que boa parte do pensamento social brasileiro adota um paradigma de análise que problematiza as tendências de nosso desenvolvimento histórico a partir de uma leitura contrafactual prisioneira da "comunidade imaginada do povo-nação" (Anderson, 1983). Com efeito, o Brasil constituiu-se como parte do desenvolvimento das sociedades capitalistas ocidentais sem, entretanto, conformar-se ao que corresponde à auto-imagem das repúblicas

[6] Um dos autores deste capítulo tem sugerido que, ao invés de um *confronto* de poderes nas favelas, há *contigüidade territorial* de duas ordens sociais implicadas em modos de coordenação das ações radicalmente distintos. Para elaborar este ponto, propõe a noção de "sociabilidade violenta" (Machado da Silva, 2004a, 2004b; 1995; 1994; cf. também o capítulo do autor neste livro), a partir da qual é sugerido que os bandos de traficantes vêm constituindo uma forma de vida autônoma, em cujo núcleo está um modo de coordenação das ações para o qual a força física (com os objetos que a ampliam) é a única referência. (De certa maneira, a noção se aproxima do conceito de "regime de violência" discutido por Boltanski [2000, esp. pp.105-118] e também mencionado em Boltanski e Thévenot [1991], embora não possa ser identificada com ele, na medida em que remete a uma forma de vida autônoma que não é compatível com a teoria desenvolvida por estes autores.) Assim, a força, de meio de obtenção de interesses, transforma-se em um princípio de coordenação. Portanto, é característica da "sociabilidade violenta" uma racionalidade estritamente instrumental, que praticamente suspende a alteridade e a produção de sentido intersubjetivo, mas não impede a coordenação das ações nem o prolongamento das relações ao longo do tempo. É claro que coordenação instrumental pura, sem produção de sentido, não existe. Logo, a "sociabilidade violenta" deve ser entendida como uma construção *típico-ideal*, considerada útil para compreender uma forma de vida historicamente constituída que se afasta menos desse constructo do que outras.

européias. A perspectiva que incorpora o Brasil à história do Ocidente de forma contrafactual tende a conduzir a uma análise das relações Estado-sociedade a partir do ângulo de sua ambigüidade, carência ou incompletude sociocultural e política. É pela inconsistência, pela falta ou pelo desvio que o Brasil se converte em caso particular de um tipo mais geral, e a auto-imagem européia em modelo ideal-normativo de compreensão. Uma alternativa a esta leitura contrafactual envolveria reconhecer e priorizar analiticamente o modo específico de constituição das diferentes formações sociais — no caso presente, a particularidade da experiência brasileira.

Gramsci (1976), pensando a ação política de classe, recupera sua dimensão histórica introduzindo uma distinção analítica importante entre as formações "ocidentais" e as "orientais", em que o Estado é "tudo" (referindo-se à centralização da sociedade política) e a sociedade civil, "gelatinosa". Mais recentemente, a literatura pós-colonial questionou a compreensão do Estado com base no que conformaria o modo específico de constituição e desenvolvimento dos Estados-nação europeus (centralização do poder, monopolização da violência, afirmação do princípio da territorialidade da obrigação política, universalização da cidadania) que é tomado explícita ou implicitamente como modelo para outros países, outras culturas, outras temporalidades. Assim, por exemplo, Das e Poole (2004) apóiam-se em Foucault para sugerir uma antropologia política que explore as "margens do Estado".[7] Referem-se não a fronteiras geográficas, áreas em que o Estado ainda não teria penetrado completamente e que não regularia, ou o faria apenas parcialmente, mas a territórios, populações, práticas que são produzidos pela dinâmica do próprio Estado moderno. Desse ângulo, as "margens do Estado" deveriam ser vistas como variando segundo sua morfologia interna. Ou, como sustenta Asad (2004: 280), de acordo com "as diferentes maneiras de determinar pertencimento e inclusão, dentro e fora, a lei e a exceção". Assim, o funcionamento do Estado nas "margens" vincula-se, entre outros aspectos, aos critérios efetivos de cidadania e às diferentes modalidades de aplicação da lei em casos específicos, às relações estabelecidas no tempo e no espaço — portanto sempre datadas e situadas

[7] "Desta perspectiva, a tarefa dos antropólogos é observar as instâncias do Estado tal como existem no nível local e, a partir daí, analisar essas manifestações locais da burocracia e da lei como interpretações ou apropriações, culturalmente informadas, das práticas e formas que constituem o Estado liberal moderno" (Das e Poole, 2004: 5-6, tradução dos autores).

— entre as instituições estatais e seus agentes com os diferentes segmentos da população que habita o território nacional, bem como à percepção destes acerca do funcionamento institucional.

A sugestão é interessante para a análise dos relatos disponíveis. Eles permitem entrever como os moradores de favela constroem seu entendimento da sociabilidade nas localidades de moradia, suas formas de lidar com os perigos e riscos que identificam, e as formas pelas quais analisam sua inserção institucional. É possível apreender essas relações como se desenhando com base em uma equação centro-periferia que não tem no espaço (físico e social) seu vetor exclusivo nem determinante — embora a constituição (geográfica e simbólica) dos territórios da cidade seja uma das dimensões. Da perspectiva sugerida, a polarização centro-periferia não é unívoca, pois se estabelece segundo fluxos e mediações diversas, situando e qualificando variavelmente o peso da regulação estatal em relação a diferentes territórios e populações. Deste ponto de vista, seria preciso reconhecer o caráter contexto-dependente das formas de coordenação das ações entre os diferentes atores, sem que isso implique negar a unidade de nossa integração social.

Especificamente no que diz respeito à questão da cidadania, estas considerações aproximam-se do que Lautier (1987: 87) denomina "cidadania de geometria variável" para indicar que é característico da sociedade brasileira (e de outros países) o "abandono do postulado que define a própria noção de cidadão: a univocidade da cidadania e, portanto, do conjunto de direitos-deveres, sobre um dado território nacional". Desnecessário dizer que a noção de geometria variável corresponde a uma cidadania que se modifica segundo hierarquias de poder tácitas, mas informalmente consolidadas, variáveis e sempre situadas (cuja contraface é a maior ou menor capacidade de regulação estatal). Ela admite que nem sempre a linguagem dos direitos é hegemônica e que, quando isso ocorre, o conceito prático de cidadania surge diferencialmente "indexado" às situações e aos problemas concretos. Em síntese, no plano analítico, a cidadania não deve ser um pressuposto unívoco e universal, como nas abordagens tradicionais, crítico-normativas e contrafactuais anteriormente mencionadas.

A análise desenvolvida neste capítulo tem como pressuposto que a "geometria variável" é constitutiva da singularidade de nossa formação social e o centro de nossa matriz cultural, secularmente falada e praticada. Esse modo de integração "fractal" entre Estado e sociedade no Brasil, se por um lado tem garantido a integridade nacional, por outro reproduz sem grandes comoções sociais uma brutal desigualdade social e política. Isto porque o conflito social — no plano dos interesses e no da legitimidade — se realiza entre atores que se constituem como sujeitos e se reconhecem mutuamente a partir das várias hierarquias de poder inerentes à cultura brasileira.

4. Violência policial e criminal nos relatos dos moradores

Esta seção analisa os enunciados dos moradores sobre a presença e atuação dos bandos de criminosos e das forças policiais nas favelas cariocas[8]. Examina separadamente as duas modalidades de violência abordadas nesses relatos. Em seguida, compara as diferenças no tratamento de ambas, analisando suas relações com as formas específicas de atuação dos agentes violentos nesses territórios e com os recursos disponíveis aos moradores para lidar com as mesmas.

Como mencionado anteriormente, todas as sessões dos coletivos de confiança foram iniciadas de forma propositalmente vaga, com a pergunta "Como é a vida nas favelas?". Mesmo assim, houve uma unânime e quase obsessiva concentração nas referências ao tópico da violência policial e criminal[9] — esta quase sempre relacionada ao comércio de drogas nas localidades. O que, aliás, constitui evidência clara do equívoco de identificar

---

[8] Esta seção apresenta apenas a análise dos relatos coletados durante as sessões dos "coletivos de confiança", até porque há congruência com o restante do material empírico. Também é necessário esclarecer que são incorporados apenas os relatos a respeito da violência policial e dos traficantes. Razões de tempo e espaço levaram à decisão de não incorporar a análise das referências (algumas favoráveis, outras contrárias) à submissão dos moradores pelas milícias, a despeito dos autores disporem de bastante informação sobre uma favela submetida a uma das milícias em operação atualmente (cf. a respeito o capítulo de Mesquita neste livro), cujo principal líder foi eleito, o que torna o caso estratégico para compreender a dinâmica dessa configuração. Vale ressaltar, entretanto, que: a) o que hoje é chamado de *milícia* não é um fenômeno novo, embora esteja significativamente transformado em relação às práticas e ao sentido originais; b) o desenho de pesquisa não foi pensado para incluir a possibilidade de analisar os confrontos tráfico-milícia que vêm se multiplicando no Rio de Janeiro.

[9] Evidentemente, há diferenças entre grupos específicos de moradores a respeito. Por exemplo, nos "coletivos de confiança" com dirigentes de organizações de base em favelas, os modos destes abordarem e/ou de evitarem o tópico da violência policial e criminal estavam fortemente vinculados às estratégias de apresentação de si (e às justificações correspondentes) para seus pares, para os pesquisadores e, através destes, "para fora" da favela, no contexto de criminalização e esvaziamento dessas organizações analisado adiante. Consultar a respeito o capítulo de Freire neste livro.

a recorrência de condutas violentas nas favelas com a banalização destas práticas pelos moradores.

Sempre ressaltando que a vida nessas localidades não pode ser reduzida à violência e ao tráfico de drogas — o que denota o esforço por separar as favelas da violência —, os moradores, indagados sobre como é viver em favelas, falaram de perigo, insegurança, medo:

> *"Viver na favela é viver em linha de risco direto, é você ser alvo voluntário, um alvo constante."*

> *"[a] vida que a gente vive no cotidiano de violência, violência física, violência moral, violência em todos os sentidos."*

> *"Você manda o garoto comprar o pão e fica pedindo a Deus para ele voltar em segurança. Ele só foi ali comprar um pão!"*

> *"Se derem um tiro e você sair correndo e entrar num beco, está arriscado morrer de uma hora para outra. Porque hoje eles [os policiais] entram nas favelas pelos lugares já estratégicos, eles já ficam escondidos debaixo de uma árvore, dentro do mato..."*

> *"Se o meu filho sair, ele vai voltar? Só tem 12 anos, fico preocupada. Nós, dentro da comunidade, já temos o conhecimento dos locais que são mais perigosos, eu tento fazer com que ele procure não passar por aqueles lugares."*

> *"É profissão perigo. (...) A gente está sentindo que o cerco está apertando (...) Você entra, vê crianças com fuzil na mão, uma pistola... Para ir para minha igreja, para ir a outros locais na comunidade, eu tenho que passar pela 'boca' todo dia."*

Os moradores não só reconhecem que as quadrilhas de traficantes fizeram das favelas um local de violência, como deles fazem questão de se separar, como indica o uso freqüente das categorias "nós" vs. "eles" (ou "o cara", "vagabundo", "marginal" etc.) e "lá" (na "boca-de-fumo") vs. "aqui" (a "comunidade")[10]. E ressaltam a mudança do estatuto da violência nas favelas, devida ao tráfico de drogas, demarcando duas temporalidades e modos diversos de conduta dos criminosos.

"Um quer ter o direito do outro. [Os traficantes] (...) não querem saber se tem criança no meio da rua, não querem saber se tem um morador na rua, eles querem o quê? Tomar o território do outro. Antigamente era diferente, (...) esperavam cair a noite para poder fazer essas coisas, esperavam. Hoje em dia, o traficante senta na porta da pessoa, se droga na frente da pessoa sem ter aquele respeito. No meu tempo era proibido."

"Era proibido um menor ficar na boca-de-fumo, era proibido um traficante passar com arma perto de um morador."

"'Ô, menor, vai lá embaixo comprar uma quentinha para mim.' A criança está passando (...) é obrigada a ir porque o cara está com uma arma. 'Não, mas eu não posso ir porque eu vou à escola.' 'Não, dá tempo de você ir lá.' (...) a criança vai. Aí vai hoje por um real, amanhã a criança vai por cinco reais, depois por dez, vinte, trinta... Um fogueteiro lá, de dez anos, ganha trezentos reais por semana, só para ficar tomando conta do policial que está entrando lá embaixo. Solta fogos, trezentos reais!"

"Não era comum matar um morador (...), era muito difícil, quase impossível. (...) hoje em dia por qualquer coisa (...) eles matam (...). Eu ainda

[10] Tem sido equivocadamente atribuído aos moradores o uso genérico da categoria nativa "meninos" para designar os traficantes. Nos relatos em análise, ao contrário, o uso desta expressão por moradores comuns via de regra restringiu-se aos traficantes "crias do morro", i.e. que cresceram na localidade, foram vizinhos, amigos, são parentes. A operação discursiva evocava relações construídas no passado — mesmo se rompidas no presente —, promovendo uma certa "re-moralização" dos mesmos, que permitia incluí-los na "comunidade" (ver os depoimentos já apresentados) e diferenciá-los dos "menores suicidas"/"juventude Bin Laden" — categorias reservadas aos traficantes "de fora" e relativas às suas explosões de força na localidade. Deve-se considerar que, de um lado, esta "re-moralização" algumas vezes traduzia uma tentativa de compatibilização de dois registros de "limpeza simbólica" "para fora" das favelas: um, envolvendo a discriminação entre moradores e criminosos; outro, através da distinção entre traficantes "crias" vs. "de fora". De outro lado, deve-se considerar também o efeito prático pretendido "para dentro" das favelas: a tentativa de interpelar os traficantes a partir desse quadro de referência e a expectativa — nem sempre correspondida — de que os mesmos demonstrassem algum "respeito" pelos moradores, restringindo suas demonstrações de força. Sobre o tema, cf. o capítulo de Leite neste livro.

peguei uma parte da 'velha guarda' do tráfico (...) a gente não via arma, quando falavam assim: 'tem alguém morto', o morro inteiro descia para ver porque não era simples matar uma pessoa."

"Se reclamar [o morador] é punido. (...) já não é mais a mesma coisa porque hoje em dia quem está no tráfico é a meninada. Antigamente as pessoas eram de mais idade, mais responsabilidade..."

"As pessoas sabiam que [eles] eram traficantes, eles também sabiam o papel deles, respeitavam o lugar em que moravam e até acolhiam [sic] aquele lugar para não ser invadido. Agora não, esses jovens (...) não têm medo de nada, são muito mais abusados..."

"Parece que eles ficam bolando que tipo de crueldade (...) vão fazer. (...) primeiro era assalto (...) agora é 'microondas' [inserir a pessoa em pneus de caminhão embebidos em gasolina e atear fogo] (...) para mostrar: 'olha só, aquela facção é terrível!' Eles estão mais ousados, com mais requintes de crueldade por eles serem mais jovens. (...) vão respeitar o morador com quem não têm ligação nenhuma, não cresceram? Não respeitam mesmo! (...) são menores suicidas."

Por outro lado, a polícia é repetidamente responsabilizada pelos perigos e pela insegurança que vivenciam em seu cotidiano. Os moradores são muito críticos às freqüentes incursões, acusando os policiais de não cuidarem da proteção dos habitantes e agirem com a mesma falta de respeito dos traficantes que não são da "velha guarda":

"O fato de ser comunidade de baixa renda, ou melhor, favela. Entram de forma violenta, sempre entraram, entraram com violência sempre... Ouço os meninos que estão desempregados, que ficam perambulando pelos becos. Eles [policiais] dizem: 'Estão vadiando.' Dão uns tapas em todo mundo."

"[Os policiais] pegaram um cara atrás da minha casa e simplesmente invadiram a minha casa. Minha casa foi arrombada. (...) porque pegaram alguém atrás. (...) devem ter pensado que todas as casas ali eram suspeitas, ali na área. Eles não respeitam, não!"

Afirmam que apresentar suas queixas sobre a atuação da polícia para quem não mora nas favelas é com freqüência um monólogo, pois suas críticas dificilmente obtêm repercussão na opinião pública, e ainda mais remota é a possibilidade de provocar a adoção de medidas efetivas das autoridades para controlar o excesso de violência que seus agentes empregam. No máximo as reclamações se transformam em uma conversa — perigosa, diga-se de passagem, embora não tanto quanto queixar-se dos traficantes — com outros moradores, que compartilham a mesma mistura de indignação e sentimento de impotência e desamparo diante da violência policial.

> *"(...) eles [os policiais] sabem que a maioria das pessoas (...) é leiga. Não tem de fato um esclarecimento de quais são os direitos dela, de quais os direitos da PM, da civil... Então eles já se prevalecem disso."*

> *"(...) o mesmo policial (...) está dentro da zona sul. A diferença é que dentro da comunidade (....) que não tem como se virar contra ele... Mas lá na zona sul (...) são pessoas que são da elite."*

A possibilidade de dar publicidade a estas críticas parece depender basicamente de um agente mediador capaz de ouvir a indignação e a revolta moral e convertê-la em demanda política, acionando a linguagem dos direitos. Este lugar no passado foi ocupado pelas associações de moradores (Machado da Silva, 1967). Hoje em dia, entretanto, elas estão esvaziadas e criminalizadas, em boa parte porque a mídia e o poder público consideram que quase todas estão controladas pelos bandos de traficantes (Machado da Silva e Leite, 2004). O papel de mediador entre o "asfalto" (mais especificamente as agências governamentais) e as favelas tem sido desempenhado por algumas figuras públicas, mas em especial pelas ONGs, tanto ao estabelecerem uma ponte direta com órgãos governamentais quanto por meio dos "projetos sociais" que patrocinam, autônomos ou em "parceria" com agências do governo ou organizações internacionais. Mas raramente estes intermediários "externos" atuam no campo das denúncias sobre violência policial. Nesse caso, as atividades de mediação têm sido desempenhadas pelas organizações de direitos humanos e comissões legislativas de defesa destes direitos, assim possibilitando que alguns moradores se organizem e mobilizem o repertório da cidadania em busca de justiça e reparação (cf. capítulo de Freire neste livro; Farias, 2005; Leite, 2004). Mas deve-se notar que é significativa a descrença dos moradores quanto à possibilidade de averiguação dessas denúncias e de punição dos agentes envolvidos através do recurso às instituições estatais:

"Imagina a gente (...) denunciando a PM que sabe onde você mora. Eles vão e te matam. Matam você e sua família toda (...)"

"A polícia dá um tiro na comunidade (...) agora, em quem vai pegar? Morre muita gente em comunidades e ninguém fala. Cadê os 'direitos humanos'?" [O morador refere-se à Secretaria Estadual de Direitos Humanos, não aos direitos em abstrato.]

Na ausência de uma tradução institucional e sem repercussão pública, ou seja, quando não dispõe de operadores alternativos capazes de se fazerem ouvir no debate público em torno da justiça social, a indignação dos moradores, em casos de incursões policiais que resultam em mortes, afetando o próprio direito à vida, tem motivado, como se sabe, alguns "quebra-quebras" em vias públicas[11].

Ao falarem da violência e dos riscos que vivenciam em seu cotidiano, os moradores de favelas também mencionam seu isolamento e o desinteresse do restante da população da cidade pelo que acontece em sua localidade: a invisibilidade nas arenas políticas das violações a seus direitos humanos, a permanente insegurança em que vivem.

"Quando mataram aquela menina do metrô (...) teve aquela publicidade: a Gabriela. Não discuto isso, mas quando se mata na favela assim, o Silva, o Souza (...) [referência a quatro jovens mortos por policiais na 'chacina do Borel']: 'Meu filho, você está fadado a morrer mesmo aqui. Você pode morrer que não tem problema. Foi condenado já.'"

"Morreu (...) um adolescente na Cidade de Deus e cadê a mídia em cima? Não dá atenção para a família; ninguém dá assistência nem nada. (...) quando foi a garota do metrô, a governadora [Rosinha Garotinho, na época

[11] Sobre o tema da indignação e da revolta em situações percebidas como de "injustiça", cf. Leite (2004) e Barrington Moore Jr. (1987). Note-se que o recurso aos mediadores e os quebra-quebras são apenas formas coletivas de reação (menos comuns, poder-se-ia acrescentar) à violência nas favelas. Soluções privadas, no nível de decisões familiares, como mudar-se para outras favelas onde não haja "matadores", retornar ao estado de origem se migrante etc., são recorrentes.

da sessão deste coletivo de confiança] foi lá, deu atenção, foi pessoalmente. Aconteceu com aqueles quatro no Borel (...) A governadora não deu atenção para nenhuma das quatro famílias."

Mas as queixas não são formuladas apenas quando o que está em tela é a violência policial. Abarcam também a insegurança produzida pela presença e atuação da criminalidade violenta nas favelas. O depoimento de uma moradora, embora longo, é ilustrativo a respeito:

"Desde pequena eu ouvia que o [nome de favela em referência à facção rival aos traficantes locais] ia invadir (...) Aí, foi aquele estouro (...) Muito tiro, assim tenebrosos, eu nunca vi coisa igual (...) 'É o [nome da favela da facção rival], é o [idem]!' (...) Eles quebrando vidros de carros, arrombando portas, tudo a gente ouvindo... Eles se comunicando, mandando uns se identificarem que eles não conheciam: 'Se identifica! se identifica!' (...) A gente ouvindo eles arrombando (...) Chegaram na minha casa (...), mandaram abrir. A gente com medo. 'Se não abrir, vou jogar uma bomba!' Meu pai (...) abriu, (...) já tinham tomado a favela, eles estavam procurando algum bandido (...) alguma coisa... Só que, na nossa cabeça, era (...) para matar a gente (...). No dia seguinte, foi a pior situação. Foi o pior dia, ninguém foi trabalhar, ninguém foi estudar (...) Nessa época, foi um período de grande denúncia da televisão em relação à violência no Rio de Janeiro (...). Mas a minha maior indagação foi que esse episódio, que foi uma coisa assim explosiva pra gente, não teve uma repercussão que tem nesses episódios quando envolve a classe média, quando envolve o asfalto. Eu achei que ia explodir nos jornais... O nosso sofrimento (...) não apareceu no jornal. Isso para mim foi assim (...) impactante..."

Vale um comentário adicional sobre este trecho. Ao formulá-lo no coletivo de confiança, a moradora em questão demonstrou profunda indignação, mas também impotência e desamparo. Ninguém da favela interveio; todos se submeteram ao medo e permaneceram inativos. A moradora nem sequer aventou a possibilidade de reação da população local não envolvida no confronto; ela apenas mencionou que o mesmo não repercutiu na mídia (o que, implicitamente, significa dizer que não despertou o interesse das autoridades públicas, ou dos mediadores indicados ou da opinião pública em geral). Tampouco os demais participantes do coletivo de confiança cogitaram da possibilidade de alguma iniciativa no sentido de apresentar nas arenas políticas a demanda por segurança, e, assim — como se argumentará adiante —, demonstraram que a moradora citada expressava os sentimentos do conjunto dos favelados. No relato dela, esses sentimentos estão associados, de um lado, ao reconhecimento do isolamento das favelas na cidade e de sua contrapartida, a necessidade de se submeterem à violência criminal, única forma viável de compartilhar o mesmo território com os bandos de traficantes.

Tudo isso faz retornar, agora em seus efeitos práticos, o "mito" da conivência: os moradores criticam a atuação da polícia, denunciam a omissão do poder público e a violência do Estado. Isso significa que, entre os policiais e os traficantes, eles escolhem estes últimos? Confrontados em inúmeras situações com esta opção pelas perguntas, diretas ou implícitas, de quem não mora nas favelas, os moradores se sentem compelidos a antecipar uma resposta, dirigindo-se sem dúvida aos pesquisadores:

> *"Não é que a gente goste dos traficantes, mas a gente não confia na polícia."*

> *"A comunidade, ela não vê o policial: o Ari, o José ou o Luiz. Ela vê a corporação, a aversão existe na comunidade, aversão ao policial."*

> *"Mas a polícia (...) se eles estão com uma determinada desconfiança de um certo cidadão, de uma certa pessoa, eles não vão primeiro perguntar quem é, entende? (...) A questão é essa... Então é disso aí que eu tenho medo. Então, para mim, tanto os marginais quanto os policiais na minha comunidade têm o mesmo, eu os vejo na mesma condição, entendeu?"*

Estas falas fazem parte do repertório de queixas dos moradores em relação à atuação da polícia. Muitas vezes repetidas, a própria reiteração revela com simplicidade brutal seu diagnóstico do lugar que ocupam na representação da cidade e na sociedade em que vivem: não podem confiar em uma política de segurança que não os contempla, em agentes do Estado que neles não reconhecem a dignidade indissociável da cidadania, não consideram nem protegem sua vida e seus direitos e cuja presença no território se faz sempre contra a integridade física dos moradores em geral. Esta "aversão" aos procedimentos típicos da atuação institucional da polícia e à conduta de seus agentes tem sido entendida como "conivência" com o crime violento, no quadro do pacote interpretativo constituído pelos "mitos" comentados em seção anterior. Entretanto, os trechos citados indicam que os moradores não rejeitam a polícia como instituição nem recusam (pois sequer tematizam) a necessidade de controle do crime e manutenção da ordem pública. As queixas incidem sobre sua atuação segundo um padrão de conduta indiscriminado e belicoso que excede em muito a atribuição legal do emprego de "força comedida".

> *"Estão chegando nas comunidades e matando não sei quantos... Por quê? (...) Quer prender? Investiga. Porque eles conseguem descobrir até a cor da calcinha que alguém está usando quando querem. Hoje a polícia chega com aqueles 'caveirões' (...), acho que aquilo é para a mídia, para dizer que está trabalhando, entendeu? Se de fato quisesse trabalhar, a linha de investigação é melhor. Você pega vagabundo dormindo e não é difícil, não."*

> *"Eles não estão ali para promover a proteção dos moradores e estão causando mais violência..."*

> *"A mulher apanhava direto do marido (...). Um dia não agüentou, foi na cabine [da PM, na entrada da favela]: — 'Meu marido (...) está bêbado, me bate, bate nas crianças.' (...) [o policial:] — 'Eu não vou lá, não, para tirar ele, está quebrando tudo, é a casa dele mesmo.' Ela (...) foi lá no tráfico: — 'Acontece isso com meu marido.' O cara mandou falarem com ele. Deram uma coça no marido dela: — 'Não quero você mais no morro." Ela está tendo sossego... Então, onde você não tem um órgão competente para resolver os problemas, o tráfico controla as favelas."*

Para os moradores, a ineficácia da atuação policial nas favelas, porém, não decorre estritamente de desinteresse, de preconceito em relação aos favelados, ou de medo dos traficantes. As denúncias à corrupção dos policiais são recorrentes e fundamentam parte da desconfiança já mencionada. Os moradores apontam as práticas policiais de negociação, acordo e/ou extorsão dos traficantes como uma das principais razões pelas quais o crime violento domina suas localidades[12], desqualificando os argumentos do aparato de segurança quanto à "guerra" que deve ser travada nesses territórios, os quais, por sinal, são susten-

[12] Cf. Misse (1999; 1997) para as relações entre violência, "mercadorias políticas" e "economia da corrupção".

tados e corroborados pela representação construída a partir dos "mitos" que compõem o pacote interpretativo antes analisado.

"A mineirada é trabalho que eles fazem, não-oficial. Junta um grupo de policiais bandidos, oito, cinco, e vai assaltar 'boca-de-fumo'. Toma desse cara e vende para o outro cara ali na frente."

"Os policiais seqüestram o traficante e daí pedem resgate."

"É uma situação cômica: você tem posto policial, tem PM aqui e os caras estão na próxima esquina, vendendo drogas ali."

"Aonde eu moro, a polícia se vende. (...) Tem duas ruas (...) [os traficantes] botavam a 'boca' numa rua e a polícia subia pela outra (...) recebia para subir pela outra. Quer dizer, eles faziam o trabalho deles, que é rondar a favela, mas eles subiam pela rua que não tinha 'boca' e a 'boca' se mantinha na outra. (...) passavam [na outra] quando iam buscar o dinheiro deles."

"A polícia é malandra, a polícia é malandra. O negócio é assim: quando eles vão chegar, eles dão o primeiro tiro para o vagabundo poder correr e deixar o dinheiro lá na lata do lixo. Aí, eles vão procurar lá no lixo."

"A polícia aqui, a 'boca' aqui (...) [os traficantes:] — 'Leva uma cerveja para os caras lá embaixo.' — 'Aí, as cervejas que os caras mandaram para vocês.' [Os policiais] sentaram aqui rindo, olhando as mulheres, rindo, entendeu? E os vagabundos aqui, que tal? É uma convivência. Aí, no outro dia, já tem aquela turma [de policiais] que não 'fecha', aí vem o tiroteio e tal."

"(...) o tráfico hoje infelizmente tomou conta das comunidades. Mas ele tomou conta, também, porque você tem o abandono do poder público."

Mas há ainda um outro sentido das críticas à polícia também recorrente nos depoimentos dos moradores.

"[O policial] não conhece ninguém, não quer saber em que casa ele vai entrar. Não quer saber de nada, porque ele não tem vínculo com ninguém.

Atira pra qualquer lado, não quer saber. (...) Meu filho não morreu por Deus! Eles entraram, um rapaz desceu correndo (...) O beco onde eu moro é estreitinho, tem uma saída pequenininha. Eles entraram da ponta do beco, atirando. A bala passou a um palmo da cabeça do meu filho. Meu filho tinha dois anos na época. Eu, na hora, eu não sei nem o que eu pensei. Só escutei o barulho e gritei. Porque a polícia não quer saber em quem ele vai atirar, se ele vai atingir o bandido, se ele vai atingir trabalhador... Não quer saber, está atirando."

"Eles acham que todos nós somos traficantes, que somos coniventes."

"(...) eles não entendem que a pessoa mora na favela, mas que a favela não mora dentro dela!"

"Os policiais não respeitam os moradores (...) Já chegam atirando, confundem os trabalhadores com os marginais. O portão de entrada da minha casa eles arrombaram..."

Há diferenças entre os aspectos abordados nesse conjunto de denúncias do caráter indiscriminado da atuação dos policiais nas favelas e da insegurança gerada por sua conduta, a respeito da qual os moradores não identificam recursos para se contrapor. Não obstante essa variedade, elas demonstram que o *ethos* policial incorporou a versão atualizada das idéias sobre as "classes perigosas" mencionada no início deste capítulo. É a percepção deste fato — tematizada e expressa de diferentes maneiras — que fundamenta as críticas e a desconfiança dos moradores em relação à polícia, que se estendem ao conjunto da população urbana não-favelada, na medida em que nesta não identificam empatia e solidariedade para combater a arbitrariedade policial, nem o reconhecimento dos perigos e insegurança que os traficantes trazem a seus locais de moradia.

"A polícia andando na rua eu aceito. A polícia na comunidade eu não aceito. Por quê? Porque lá no bairro eles dão segurança (...) A polícia dentro da favela, ela é um lixo, e a polícia fora da favela também é um lixo?"

"Eles [os traficantes] agora, eles não têm respeito pela comunidade, entendeu? Lá na [nome da favela], não têm. Porque sete horas da manhã [em

frente a uma escola pública], as crianças formando para entrar (...) eles, simplesmente porque acharam que um ia invadir o território do outro, trocaram tiro ali. Feriram o senhor que estava vendendo balas na porta da escola, feriram três crianças. Não tinha polícia. Não tinha polícia!"

"Eu quero justamente que o meu filho cresça, tenha um bom emprego, consiga ter uma vida diferente da que ele tem agora, consiga ter paz. Deitar na sua cama e levantar em paz — entre aspas, claro —, mas ter segurança, um pouco mais de segurança."

"(...) o medo inibe também, inibe. As pessoas se sentem traídas, eu quero contar com alguém. Mas será que eu posso contar com ele? Puxa, eu vou à delegacia, vou lá falar com o delegado, mas será que vai adiantar? (...) inclusive [os policiais] já conhecem a minha história, já conhecem a minha família e eu vou ser uma vítima [de represália]..."

"Para toda área do Rio de Janeiro, de asfalto, existe o 'plano de segurança'. Para as favelas (...) existe repressão.(...) Então quando a gente diz assim: 'a polícia...' (...) Como a gente vê a polícia? (...) Ela está a serviço de quem? Ela está a nosso serviço? Ela está para garantir a nossa segurança? Como ela nos vê? Como é que o poder público é assim, esse modelo que nós temos aí, de atuação nas comunidades, isso tudo? Isso aí já vem de muitos, isso aí não muda. Isso aí não muda! Isso aí não muda?"

É significativo que entre os 150 moradores de favelas ouvidos nas pesquisas, apenas uma moradora tenha relatado uma experiência positiva com a polícia, um caso em que a polícia garantiu a segurança. Atuação que mereceu não só a sua aprovação, como a levou a intervir no debate do "coletivo de confiança" discriminando esta modalidade de atuação policial na favela (uma "situação diferente") das práticas correntes e, assim, relativizando as críticas à corporação policial.

"Eu queria interferir nessa coisa que está no nosso imaginário, que realmente a polícia é pior que bandido. Desde que eu era pequena, quando eu via o camburão subindo, me dava um medo... Só lembrava do conselho de meu pai: 'Quando vir polícia não saia correndo! Vá devagar para casa!' A minha vontade era sair correndo e me enfiar em casa. (...) Só que vou contar uma

> *situação diferente. (...) no nosso imaginário (...) os 'meninos' são (...) os nossos guardiões. (...) [eles] falam muito isso: '(...) enquanto eu tiver aqui, não haverá invasão [de facção rival].' (...) Nosso temor maior sempre foi o [nome da favela em referência à facção de traficantes que a dominava]. (...) no caso da invasão, (...) os 'meninos' da favela foram embora. Só que, naquela ocasião, quem garantiu a nossa segurança foi a polícia, sim! (...) muitas pessoas (...) foram para a casa de algum parente e resolveram retornar caso a polícia estivesse lá. Neste momento, a polícia foi, sim, segurança, eu lembro bem disso, a minha família foi para a casa de minha tia porque a gente estava com medo dos bandidos voltarem. E a gente só voltou quando a polícia estabeleceu um ponto lá. Isso eu quero frisar, que é para não deixar dizerem que a polícia é bandido."*

Como se pode observar no conjunto dos relatos citados, as queixas em relação ao contexto de insegurança vivido nas favelas são dirigidas tanto à atuação policial como ao crime violento. Em relação a este, os moradores ressaltam sempre a disparidade de forças e os riscos envolvidos — que não lhes permitem confrontá-los abertamente — e os ônus de terem de compartilhar o mesmo território. Entretanto, se a violência policial foi tratada de uma forma relativamente unívoca pelo conjunto da população favelada, outra é a situação quando os agentes questionados são os traficantes. Deve-se enfatizar que as reclamações sobre a conduta dos policiais devem ser controladas e limitadas, de modo que não há uma comunicação livre, para além do fato de que, como ficou demonstrado, é muito reduzida a expectativa de que providências efetivas venham a ser tomadas a respeito. Mas essas restrições são compreendidas como fruto do isolamento e da segregação associados a um dos "mitos" que compõem a representação dominante sobre o perigo representado pelas favelas, a conivência com os traficantes. Além disso, a presença dos policiais nas favelas parece estar menos enraizada na vida local do que o crime violento, como se verá a seguir, o que permite um certo espaço, mesmo limitado, para criticar o comportamento dos policiais. Os traficantes, ao contrário, compartilham o mesmo território e, de uma forma ou de outra, acabam tendo capacidade de um controle muito mais personalizado sobre o que é veiculado. Desta forma, o medo de falar abertamente, o receio sobre os usos que os outros moradores podem dar ao que cada um diz e a possibilidade de serem definidos como alcagüetes se denunciarem publicamente os traficantes têm outras conseqüências. Como disse um morador:

"(...) conivente? A partir do momento em que ele mora do meu lado e a polícia me pergunta se eu conheço, eu digo que não. (...) É uma questão de sobrevivência."

"[O] secretário de segurança diz que não existe poder paralelo, que a polícia está ali para combater, vai fazer, acontecer. Mas, por debaixo do pano, vão e: 'Cara, olha, a gente vai entrar.' Favela-Bairro ou alguma coisa: 'Tem que ser assim, senão não entra' (...). Então é uma loucura, como é que a gente que está lá dentro — se o próprio poder público é refém do tráfico — vai correr? Você vai para onde? Como ela falou: 'Você vai para a delegacia?' Não vai..."

Tudo isso trunca a comunicação e leva os moradores ao silêncio,[13] mas a natureza e a extensão deste são variáveis, assim como variáveis são as formas de lidar com as condutas violentas. Só quando podem falar com confiança a interlocutores conhecidos e em segurança (fora das favelas ou sob circunstâncias muito especiais) o tema afinal emerge, ainda que fragmentariamente, mas revelando que a vida cotidiana nas favelas é profundamente afetada por essa modalidade de violência. Recolhemos, assim, vários relatos de experiências de submissão, humilhação, expulsão das casas, expropriação de bens, espancamentos, assassinatos, assédio e abuso sexual (Leite e Machado da Silva, 2007; e o capítulo de Fridman neste livro). Neles, os moradores referem-se e denunciam um poder arbitrário e quase ilimitado em relação ao qual não dispõem de recursos para se contrapor, apesar do intenso mal-estar que provoca.

"O sujeito com um fuzil na porta da tua casa, por exemplo, você não pode falar nada. Um baseado, você não pode falar nada."

---

[13] Como disse uma moradora: "a gente só está conversando [nos coletivos de confiança] porque [sabe que] ninguém vai ser identificado". Apesar disso, outro morador cortou repentinamente o relato das condutas violentas de membros do bando de traficantes que atua na favela onde mora para manifestar um temor generalizado e difuso: "os traficantes sabem tudo que eu faço". Este receio indeterminado talvez se relacione com o que outros moradores identificaram como "neurose" ou "nóia" [paranóia], que parece traduzir em linguagem psi, ao mesmo tempo, uma reação individual e defensiva à extensão da submissão imposta pelos traficantes e um certo reconhecimento de que ela pode ser um tanto exagerada. Cf. o capítulo de Farias neste livro e Mattos (2005). Notar que esta reação defensiva se manifestou inclusive entre moradores da favela em que não havia, no momento do trabalho de campo, "bocas-de-fumo". Ver, a respeito, o capítulo de Rocha neste livro.

"Lá ninguém pode usar vermelho (...) Eu vi: ele fez a menina tirar a blusa (...), ficou de sutiã."

"O 3 se transformou em 2 + 1 ou 1 + 2. Lá na [nome da favela], o rapaz estava falando isso (...) porque 3 significa Terceiro Comando. Eles são do Comando Vermelho agora. Eram do Terceiro. É a repressão, é o regime talibã de que falei. É horrível!"

Mas, além disso, frisam que o registro de suas queixas por segurança é outro. Como demandar de "bandidos" respeito a seus direitos, à sua integridade pessoal?

"...o tráfico (...) é violento. Mas por que a gente sempre fala da PM? Porque o traficante a gente sabe: é o bandido, está à margem da lei. A gente pode esperar o quê dele? Só isso mesmo."

Deve-se ressaltar que para os moradores de favelas, o silêncio e a obediência face à violência do tráfico constituem as respostas possíveis à opressão dos traficantes[14], diante do que vivenciam como isolamento e desamparo. Neste cálculo, expressam um certo reconhecimento da operação da "geometria variável" em relação às favelas e seus habitantes, como indica o diálogo abaixo:

Morador 1: "O tráfico, gente, é realmente o poder paralelo, eles são o poder, então eles têm as regras deles. A gente não é cidadão para o tráfico, a gente é cidadão para o governo, para a sociedade. Para o tráfico, a gente é subordinado."

---

[14] Certamente, os moradores conversam e comunicam suas queixas. As referências desaprovadoras a muitos aspectos das condutas dos traficantes são constantes. No entanto, há sempre extrema cautela em só fazê-las privadamente, tomando os maiores cuidados para garantir que apenas pessoas de reconhecida confiança estejam presentes e que o ambiente seja favorável a confidências. Desse modo, fatos, situações e pessoas são mencionados, mas o segredo é requerido e sua inevitável circulação como "fofoca" é temida. (Fofocas podem fazer vítimas, dependendo de quem e como as usa; nas circunstâncias da vida nas favelas isso pode significar a morte.) Neste sentido, as reclamações, em particular as que se referem à violência dos traficantes — pois, como se verá, a opressão da polícia é mais distante —, têm limitada possibilidade de se estruturar como crítica orgânica e compartilhada, capaz de articular uma ação coletiva consistente nas arenas políticas. Este é mais um fator de deslegitimação e enfraquecimento das organizações de base e das poucas reivindicações que elas conseguem conduzir.

Morador 2: "Entre aspas, porque a gente não é cidadão para nenhum dos dois. Porque ontem meu irmão levou uma cacetada na cabeça, da polícia."

Sem dúvida, silêncio e obediência são respostas adequadas diante do risco de morte e da inexistência (ou extrema precariedade) de soluções institucionais — mas, ao mesmo tempo, renovam as dificuldades enfrentadas. Aqui, é interessante chamar a atenção para o fato de que o silêncio (e, mais geralmente, as distintas formas de omissão, as quais não devem ser entendidas como passividade ou desinteresse) constitui dispositivos de defesa (cf. nota 7). Entretanto, traduzido na chave de leitura da "conivência", estimula a violência policial indiscriminada; aprofunda o isolamento dos moradores, quebrando a confiança associada à sociabilidade local[15]; reforça os estereótipos da população não-moradora; e fornece justificativas para a criminalização de seus protestos e das ações coletivas, dificultando e mesmo impedindo a participação dos favelados nas arenas políticas como atores moralmente qualificados. Tudo isso, evidentemente, reforça o que poderia ser chamado de uma "lei do silêncio" branca, implícita, imposta pelos traficantes de drogas nesses locais[16]. Assim, fecha-se um círculo de ferro, na medida em que estes obstáculos contribuem decisivamente para que silêncio e omissão reapareçam como dispositivos de defesa da população local, formas de ajustamento dos moradores aos dilemas postos pela atual configuração da violência policial e criminal com vistas a prosseguir em suas atividades regulares.

Vale aqui um comentário sobre as diferenças entre os agentes da violência nas favelas. Como foi sugerido, os moradores não dispõem das mesmas alternativas quando se trata da violência policial. No caso desta, silêncio e omissão não têm utilidade como recursos defensivos. Nem são impostos explícita ou implicitamente pelos policiais, os quais sabem que estão lidando com uma população segregada e estigmatizada, de modo que não se esforçam por garantir a clandestinidade de sua atuação. Além do mais, só muito raramente eles

---

[15] Os autores consideram a hipótese de que esteja em curso, em certas favelas cariocas, uma erosão do "sentido de lugar", como sugere Wacquant (2001b) em sua análise de territórios estigmatizados e isolados em diferentes contextos nacionais.

[16] Inúmeros trabalhos abordam, sob diferentes ângulos, este ponto. Cf., por exemplo, Leite (2008a; 2005); Machado da Silva, Leite e Fridman (2005); Machado da Silva e Rivero (2005); Machado da Silva (2004); Machado da Silva e Leite (2004); Zaluar (2004; 1998; 1985); e os artigos reunidos em Zaluar e Alvito (1998). Cf. também os capítulos de Farias, Fridman, Leite e Rocha neste livro.

têm algum interesse na vida local: constituem um poder que interfere de fora, através das famosas "operações", sobre as quais a população moradora não tem qualquer ingerência, e/ou das várias formas de contato com os traficantes. Neste sentido, para os moradores comuns a violência policial é inapelável, incontrolável e imprevisível. É evidente que a relação polícia-morador é territorializada (como indicado em alguns trechos já citados dos relatos, a atitude dos policiais nas favelas não é a mesma da adotada fora delas). No entanto, do ponto de vista dos moradores comuns, a territorialização é espasmódica e intermitente — e esse distanciamento torna incontroláveis as condutas dos policiais. Em outras palavras, a presença destes atores nas favelas é um elemento do cotidiano; mas quando, onde e como sua atuação interferirá na vida dos moradores comuns é imprevisível.

> *"É mais fácil você conseguir o respeito de um bandido do que respeito da polícia."*

> *"Porque a polícia para a gente, pelo menos para mim, ainda é pior que o traficante. (...) eu acho que com o traficante ainda eu posso, como é que é?, argumentar, negociar..."*

> *(Pergunta do pesquisador): — "...ele falou 'não dá para generalizar', o que pode generalizar e o que não pode? (...) Ela disse: — 'A atuação da polícia na favela você pode generalizar'. É verdade? (Resposta do morador): — "Pode, sim, em toda comunidade violenta é o mesmo: a polícia cada vez que entra no morro é para matar."*

Há diferenças significativas no que diz respeito à atuação dos traficantes: para estes o domínio territorial é de grande importância "logística", de modo que sua dominação precisa ser exercida de modo muito mais estrito, permanente e regular. Se, por um lado, isso implica maior opressão e controle das atividades dos moradores comuns (a "lei do silêncio", por exemplo), por outro também significa uma certa aproximação que as diferenças nas disposições subjetivas e as barreiras morais não podem evitar.[17] Neste sentido, a proximi-

[17] Esta contigüidade territorial entre traficantes e moradores comuns nas favelas tem requerido, da parte destes últimos, um diuturno trabalho de "limpeza simbólica": as fronteiras morais que os separam — ou seja, a desaprovação da forma de vida dos traficantes — precisam ser

dade forçada abre certo espaço, ainda que limitado, para algumas tentativas de controle ou redução dos efeitos da violência dos traficantes (quase sempre no quadro de interações face a face). Com isso, surge a possibilidade de diminuir a imprevisibilidade da atuação dos traficantes por intermédio de um cálculo dos riscos derivados da presença forçada deles no mesmo território em que vivem os moradores comuns.[18] A complexidade desses encontros forçados é enorme; sem a pretensão de esgotá-la, vários dos capítulos seguintes a abordam. Aqui, basta acrescentar que certos tipos sociais, por seu estatuto simbólico — mães e líderes religiosos (em particular evangélicos[19]), por exemplo —, dispõem de melhores condições de manipular as relações com os traficantes, muitas vezes utilizando essas "imunidades", mesmo precárias, como recurso de contrapoder.[20] Se bem-sucedido, este pode bloquear pontualmente as explosões de violência características de grande parte das condutas dos traficantes, introduzindo não propriamente uma dimensão de confiança nesses contatos, mas pelo menos alguma previsibilidade sobre o curso das ações.

---

recorrentemente reafirmadas. Esta necessidade é mais forte nas relações com não-moradores e com organizações "de fora", mas também está presente entre os próprios moradores. Não há espaço neste capítulo para um tratamento sistemático dessa questão; mas há evidência de que é um problema angustiante para os moradores, especialmente os que têm parentes e/ou amigos envolvidos nas ações violentas relacionadas ao comércio de drogas.

[18] Para Giddens (1991: 40), "perigo e risco estão intimamente relacionados, mas não são a mesma coisa. A diferença não reside em se um indivíduo pesa ou não conscientemente as alternativas ao contemplar ou assumir uma linha de ação específica. O que o risco pressupõe é precisamente o perigo (não necessariamente a consciência do perigo). Uma pessoa que arrisca algo corteja o perigo, onde o perigo é compreendido como uma ameaça aos resultados desejados. Qualquer um que assuma um 'risco calculado' está consciente da ameaça ou ameaças que uma linha de ação específica pode pôr em jogo". Cf. também a discussão sobre "o retorno da incerteza" em Beck (1997: 19-24).

[19] A elaboração de uma identidade religiosa evangélica, que unifique crenças, valores e práticas pertinentes a esta filiação, tornou-se nos últimos anos uma das principais modalidades de "limpeza simbólica" nas favelas, permitindo que evangélicos estabeleçam contatos com traficantes — inclusive na tentativa de evangelizá-los — sem se contaminar moralmente. Cf. Leite e Machado da Silva (2007); Zaluar (2004); Birman (2003); Birman e Leite (2000); Mafra (1998); e o capítulo de Leite neste livro.

[20] Em situações de risco, o significado simbólico de certos papéis sociais é usualmente acionado na tentativa de obter "imunidade". No caso dos evangélicos, através de uma conduta compatível com a esperada da filiação religiosa, do uso da Bíblia etc. No caso das mães, através do recurso discursivo aos "laços primordiais" – "as igualdades de sangue, fala, costumes" –, experimentados como "vínculos inefáveis, vigorosos e obrigatórios em si mesmos" (Geertz, 1978: 261). Para o tema, cf. Leite e Machado da Silva (2007) e o capítulo de Leite neste livro.

5. Conclusão: sobre riscos e rotinas nas favelas

Para apresentar as conclusões do capítulo, é necessário sintetizar alguns pontos analisados nos relatos dos moradores, buscando ao mesmo tempo compreender o sentido subjacente às suas falas. Viu-se que a descrição das formas de atuação da polícia nas favelas é sempre acompanhada de críticas acerbas. Estas, entretanto, não se dirigem propriamente à corporação (ninguém é contra a repressão policial), nem tampouco aos métodos violentos em si mesmos. As críticas são antes ao caráter indiscriminado da ação que não distingue entre "gente de bem" e "marginais". Em outras palavras, o que os moradores criticam é menos a violência policial em si e mais a falta de seletividade de seu objeto.

Deve-se notar que parte das críticas à atuação da polícia denuncia a corrupção e a inação policial nos postos situados nas localidades, em geral na periferia delas, sugerindo que a aceitação de métodos violentos tem como limite sua funcionalidade como "garantia externa" da ordem social local. Pode-se acrescentar, ainda, que a crítica não se organiza a partir da denúncia das ilegalidades cometidas pelos policiais (exceto no caso de violações ao direito à vida, como argumentado antes), mas antes como reação aos desajustamentos que suas práticas introduzem no fluxo das interações rotineiras nos territórios favelados. A causa das interrupções produzidas pela violência policial algumas vezes é atribuída aos estereótipos e preconceitos contra os favelados (há uma clara compreensão de que os policiais não agem da mesma forma na "favela" e no "asfalto"). Mas a menção ao preconceito constitui uma outra forma de crítica. Neste caso, reconhecem que a polícia não é ator, mas instrumento, dispositivo, da construção do "problema da violência" e de medidas para sua solução articuladas a partir da "geometria variável".

A conclusão geral sobre as críticas à violência policial pode ser resumida da seguinte maneira: elas denunciam a violência, mas referem-se a outro problema: a quebra das rotinas. É esta questão não tematizada que organiza todo o discurso crítico e "ajusta" (*justesse*) o ponto de vista das camadas sociais mais abastadas (segregador, estereotipado e preconceituoso) e o dos moradores de favela (bem como dos demais territórios da pobreza). Estas duas categorias — favelados e moradores do "asfalto" — do imaginário sobre o Rio de Janeiro, centrais na configuração da estratificação social da cidade e seus conflitos, acabam se encontrando naquilo que não dizem: a intensa preocupação com o prosseguimento das rotinas cotidianas, vividas como sistematicamente ameaçadas pela violência. No caso dos moradores de favelas, o que está em questão não é a regulação estatal/legal, a democracia (embora este tópico apareça "camuflado" por reclamações sobre as diferenças de tratamento no "asfalto" e na "favela"), nem a restrição da violência. O problema criticado é, antes, o desrespeito às diferenças e hierarquias internas que constituem a versão local da ordem social.

A descrição das formas de atuação dos criminosos também vem sempre acompanhada de crítica, mas sob outro quadro de referência, que incorpora uma periodização ausente no entendimento da violência policial. O que revela que, a despeito da clara percepção dos moradores sobre a mudança do estatuto da violência criminal nas favelas, o impacto desta sobre seu cotidiano/suas rotinas é tido como previsível e manipulável. Em outras palavras, "antigamente" a atividade criminal não afetava o fluxo regular da vida local por estar "ajustada" a ele. Além disso, podia até mesmo contribuir para sua regulação, na medida em que este ajustamento convertia os criminosos em uma espécie de autoridade local. Por outro lado, sendo a atividade criminal menos visível e menos ostensiva (ou intersticial), a atuação da polícia também o era. Assim, os moradores parecem considerar que o segredo, a clandestinidade e a invisibilidade pública da atividade criminal, provocando certo desinteresse (da polícia, da população "de fora" e dos próprios moradores) pela mesma, eram característicos desse passado idealizado. Ao contrário, "hoje" os criminosos/traficantes se orientam segundo um padrão de sociabilidade próprio que é incompatível com as regras de convivência dos moradores comuns. As críticas às humilhações e à falta de "respeito" — elemento central do repertório crítico dos moradores de favelas — traduzem sua percepção acerca do não-reconhecimento da alteridade dos favelados por parte dos agentes da sociabilidade violenta.

Frente a esta forma de vida, os moradores comuns desenvolvem um esforço de "limpeza simbólica" que é de dupla natureza. De um lado, procuram afastar-se do mundo do crime, reivindicando não serem identificados com os criminosos, enfatizando a natureza ordeira e pacífica e seus padrões de moralidade burguesa. Deve-se ressaltar, nesta operação, a ressignificação do sentido de "vagabundo" pelos próprios moradores de favelas. Antes uma categoria externa de criminalização dos favelados, enquanto "classes perigosas", articulada a partir das referências do mundo do trabalho (Valladares, 2005; Zaluar, 1985). Hoje, tornou-se uma "categoria nativa" que se refere ao crime e à violência, demarcando fronteiras em relação às pessoas/"cidadãos de bem" residentes em favelas. De outro, como muitas vezes os traficantes são parentes, vizinhos ou conhecidos próximos, desenvolvem um esforço (sempre individualizado e pontual) para "re-humanizar" ou "re-moralizar" a pessoa em questão. Não que as práticas criminais sejam justificadas. Os moradores apenas sugerem que, mesmo agindo de maneira reprovável, a pessoa tem outras características que a tornam "gente como a gente" e não um monstro moral.

Paralelamente ao reconhecimento da radical incompatibilidade entre formas de vida contíguas compartilhando o mesmo território, são muito intensas as manifestações de reprovação, desconforto e medo relacionados aos constantes confrontos armados entre bandos de criminosos. A conclusão geral sobre as críticas dirigidas à violência criminal caminha na mesma direção das críticas à atuação dos policiais. Não é propriamente nem o crime nem a violência que organizam o discurso crítico, mas sim, como se viu nos relatos analisados, a interferência desta forma de vida sobre o fluxo rotineiro da vida nos territórios das favelas.

Tudo isto sugere que a "presença ausente" (não reconhecida, logo não tematizada) no discurso sobre a violência policial e criminal dos moradores de favela é o fluxo das rotinas cotidianas, ou melhor, o caráter imprevisível das freqüentes interrupções que elas sofrem. Uma utilização livre do que Giddens (1997; 1991; 1989) designa como "segurança ontológica" permite pensar que também esta depende de "garantias externas" (e que, para este autor, estariam vinculadas aos "sistemas peritos"). É necessário reconhecer, entretanto, que não se pode presumir a confiança dos moradores de favelas nas instituições estatais encarregadas da proteção aos cidadãos. Operando no quadro da "cidadania de geometria variável", estas, com freqüência, trazem incerteza e insegurança à vida dos segmentos subalternos da população, uma vez que, por sua extensão e qualidade, os bens de cidadania e os serviços públicos diferenciam-se social e espacialmente, e a lei escrita não se aplica universalmente a todos os casos e segmentos sociais. Vale observar que a noção de "sistema perito" de Giddens está associada à burocratização do conhecimento sob a forma de organizações incrustadas na vida cotidiana e supõe um universalismo que não existe no caso de alguns sistemas no Brasil, cujas regras de funcionamento, embora burocratizadas, são ao mesmo tempo contingentes e contexto-dependentes. Dito de outro modo, no caso em análise, as "garantias externas" não provêm do conjunto de aparelhos ou campos (que tendem ao monopólio da violência, simbólica ou material) de controle social, depositários da capacidade de impor regras generalizadas de conduta.

O material coletado sugere que é a experiência prática e imediata de uma ordem rotineira estável (aquilo que permite "continuar", como diz Giddens) que fornece tais garantias, orientando os moradores sobre como ajustar suas condutas às situações de violência, perigo e insegurança. Isto leva a crer que o funcionamento institucional, com os respectivos conflitos, é fortemente influenciado pelos modos de lidar com a experiência da densidade do mundo necessária à "segurança ontológica". Em outras palavras, tais garantias são representadas por rotinas suficientemente estabilizadas, capazes de incorporar a possibilidade de "prosseguir" em situações extraordinárias, que passam a ser cognitiva e moralmente manipuladas como "riscos" e não como bloqueio das condições "objetivas" (isto é, da organização das rotinas) para "continuar". Este bloqueio é vivido como um perigo cada vez mais "inadministrável", interno (no caso da violência policial) ou externo (no caso da violência criminal).

Por fim, cabe ressaltar que a ansiedade gerada por esta ameaça à segurança ontológica se expressa sob a forma de um medo social difuso, que acaba por produzir demandas de uma recomposição das rotinas pela força, fechando assim um círculo de ferro que reproduz indefinidamente a violência como elemento estruturador fundamental, sempre presente e sempre temido, nas favelas e em toda a cidade.

CAPÍTULO 5

Morte e vida favelada

Luis Carlos Fridman

Um sonho de bonança pode ser uma compensação à experiência repetida do terror. A população da cidade do Rio de Janeiro defronta-se cotidianamente com o terror da violência e do incremento da criminalidade, e não é de admirar que projete nas ações das instituições encarregadas da segurança pública a imagem de uma cidade serenada, a salvo de todas as turbulências e inquietações.

Nas atuais condições de desigualdade econômica, precariedade institucional e desagregação do tecido social no Brasil, o sonho de uma cidade a salvo transfigura-se em uma mentalidade que é leniente com a "permissão para matar" exercida pelos organismos de repressão ao crime. Essa pena de morte, consagrada na prática do combate à delinqüência, conta com a tolerância de grandes parcelas da população e não é repelida de forma enérgica pela justiça, pelos meios de comunicação de massa ou por uma parte dos formadores de opinião.

O *slogan* "bandido bom é bandido morto", que repercute há décadas e inclusive ajudou a eleger representantes políticos, captura mentes de indivíduos com medo. Ricos e pobres partilham esse valor. Para os ricos, além da óbvia integridade física, significa manter a distância as ameaças à propriedade, a "limpeza das ruas" e o convívio "adequado" com os desvalidos da ordem econômico-social, aceitando aqueles que exercem a dura e mal remunerada labuta que caracteriza a desigualdade brasileira. Os pobres lançam um grito desesperado contra a manifestação extrema de sua destituição pelos criminosos, que se soma à exploração e à predação a que estão submetidos rotineiramente.

O resultado do recente plebiscito que limitava a obtenção de armas de fogo, apesar da adesão de quase todas as forças políticas e instituições da sociedade civil do país pela supressão das franquias atualmente existentes na legislação, mostra que a maioria da população supõe que a posse individual de uma arma mitiga ou oferece mais recursos contra o medo.

O medo e, acrescente-se, "a política do medo", que instrumentaliza a insegurança com rendimentos políticos e manutenção de relações de poder, fermentam a busca frenética de "inimigos" localizáveis para o estado de desproteção e desamparo. O torpor e a angústia de ser alvo repetido da violência criminosa encontram suas vias de descarga nos "inimigos próximos". Os bandidos fazem a sua parte, mas um enorme contrabando chega ao porto da ideologia: os pobres e os favelados também passam a ser considerados "inimigos próximos".

Pela própria constituição histórica da polícia, sempre resguardada do controle democrático da sociedade, a "permissão para matar" resulta em um poder que produz os arranjos mais obscenos e perversos em nome da "ordem" e da "segurança". Os meios de comunicação de massa divulgam episódios freqüentes em que a tropa e inclusive oficiais superiores fazem acordos e recebem propinas dos traficantes. Essas tramas há muito deixaram de ser exceções e sua gravidade poucas vezes recebe uma punição equivalente. Essa é a realidade concreta do sonho projetado pela delegação aos organismos policiais da efetivação de uma "cidade a salvo".

Nessa utopia perversa onde desejos de paz misturam-se a desejos de morte, amplia-se a mentalidade de que os destituídos, com toda a evidência da degradação de suas condições materiais, educacionais e morais, são os artífices da violência. Dependendo do clamor passageiro frente a massacres que ofendem até mesmo as consciências mais tacanhas e conservadoras — como nos casos de Vigário Geral e Nova Iguaçu —, pode haver pequenos hiatos na fúria aniquiladora quando se diz "nem todos". Esquecido o episódio, outra máxima logo se adiciona: "Se nem todos são bandidos, são 'quase bandidos'."

O campo de aceitação da arbitrariedade e da barbárie está sempre aberto. O resultado é a constituição de mecanismos que aliam a desagregação dos organismos responsáveis pela segurança pública com a aceitação cultural e ideológica de que certas áreas da cidade podem ser tomadas de assalto por forças policiais que reprimem, matam e fazem negócios.

Além de invadidos pelas práticas criminosas e pela polícia, os bairros pobres e favelas também o são pela invisibilidade e pelo esquecimento. Toda a vida da cidade é afetada pelo descontrole da violência, mas existe desigualdade na desproteção. Esse "caráter material da ideologia" faz desaparecer do campo de visão (e, portanto, do tratamento da questão da segurança pública) a tragédia social brasileira, cuja urgência de solução já se tornou um clamor repetitivo, cansado e cheio de dor. As formas de consciência que acatam a criminalização dos pobres resultam no sacrifício adicional de vidas de quem já tem pouco para viver. Os atos de repressão envolvem sem cessar a aniquilação dos integrantes dos bandos armados ligados ao narcotráfico e, pela contigüidade territorial inescapável, dos moradores das favelas.

As tragédias não discriminam a situação socioeconômica das pessoas: privilegiados podem ser atingidos, assim como trabalhadores indo ou voltando do trabalho. Não há mapa que garanta aos habitantes da cidade uma travessia imune aos caminhos do terror, e a morte de civis ou militares ecoa paralela às insistentes pregações de "dureza contra o crime" por parte dos governantes e dos organismos responsáveis pela segurança pública. A "política do medo" mantém a sociedade em eterno suspense, imobilizando-a, dispositivo que favorece um déficit democrático de suprema gravidade. Em outras condições, isso se repete em sociedades de institucionalidade mais robusta na atual "guerra contra o terror". Alcança-se assim uma legitimidade obtida através do medo, ao invés da concordância ou da aceitação.

Os moradores das favelas cariocas não podem partilhar do sonho de paz nem garantir seus direitos frente à ação da polícia. Vivem sob um triplo cerco: dos traficantes que dominam seus locais de moradia, da "permissão para matar" (que pode se manifestar em formas "mais brandas" da opressão cotidiana e do tratamento permanente de "gente sob suspeita") e da mentalidade que ergue contra eles os muros simbólicos do desapego, do não-reconhecimento e da ausência de pontes e de diálogo que façam o problema pertencer a todos. Pela exclusão dos pobres e dos vulneráveis, a paz e a "cidade a salvo" são uma utopia conservadora.

Mas a escalada do crime e da violência não deve ser entendida apenas como conseqüência da desigualdade econômica, pois entre as suas causas também figuram a desagregação e a ilegitimidade das instituições. O Estado perdeu o monopólio da violência, pois as instituições policiais e de repressão abrigam em seus quadros, como já foi mencionado, uma quantidade imensa de agentes dispostos a todo tipo de negociação com o crime em troca de recompensas. Policiais honestos e quase heróicos, que podem ser mortos em circunstâncias obscuras ou afastados de suas funções, exercem suas atividades em um quadro institucional atravessado pela corrupção e pelo esmaecimento das fronteiras entre a legalidade e a ilegalidade.

A análise não se completa somente pela caracterização das "determinações gerais" que incidem sobre esses fenômenos. A desagregação institucional e os estados de opinião produzem efeitos que, por sua vez, geram outros processos que rebatem sobre as causas estruturais. Partimos do diagnóstico de que as relações intrínsecas que envolvem a população pobre e favelada são atravessadas por uma "sociabilidade violenta", cujo princípio de organização é o recurso universal à força. A regência da sociabilidade violenta abrange as relações sociais, o conjunto das interações nesses contextos e, por derivação, cursos de ação que se articulam à revelia da ordem estatal. Se a força predomina nesse universo de vínculos, as esferas da economia, da política e da moral se tornam indistintas. As normas ou qualquer resquício de ordenamento jurídico são ultrapassados por "pulsões" ou "desejos irrestritos" que atestam a presença de um "individualismo não-institucional", de caráter perverso, e inteiramente desengajado de referências coletivas. O mundo assim experimentado constitui-se de uma coleção de objetos a serem apropriados, inclusive os demais seres humanos. O "caldo de cultura da violência" — expressão que está aquém dos conteúdos associados ao conceito de "sociabilidade violenta" (Machado da Silva, 1994a, b; cf. também o capítulo de Machado da Silva neste livro) — espraia-se inclusive para outras esferas da sociabilidade, produzindo linguagens devidamente assimiladas por grupos pertencentes a estratos superiores da sociedade. Por exemplo, jovens de classe média gostam de ouvir os "proibidões", gravações de hip-hop que fazem apologia ao crime.

Na maneira como enormes contingentes vulneráveis participam da distribuição dos bens sociais, consolidou-se a negação ao "direito à cidade", que ultrapassa o acesso aos equipamentos e benefícios chamados de "obras públicas". E isso não se deve à alegada "ausência do Estado", pois uma infinidade de organizações estatais, paraestatais e não-governamentais está instalada em grande parte das favelas do Rio de Janeiro. Não se trata aqui de desqualificar o trabalho muitas vezes meritório desses agentes. Mas o que importa é como o Estado está presente. Em sentido amplo, o "direito à cidade" aponta para a capacidade de vocalizar interesses, propor ou criticar medidas e, no limite, disputar o que deve ser feito para suprir carências, diminuir desigualdades ou mesmo ampliar as possibilidades de se alcançar padrões de uma vida digna. Envolve a agregação de indivíduos, grupos, setores e classes enquanto atores intervenientes nos processos de decisão e a permanente negociação social entre forças, evidentemente desiguais, mas que se reconhecem enquanto partícipes indispensáveis do processo de democratização social.

Os favelados da cidade do Rio de Janeiro, assim como os pobres em geral de todo o Brasil, estão submetidos à "privação múltipla", que superpõe a separação territorial às diferenças de classe. Uma parte da teoria sociológica mais recente aponta a criminalização dos pobres como a "política social" da pós-modernidade, que se desembaraça do "excedente humano redundante" tendo em vista o desmantelamento das redes de proteção social que caracterizavam o *Welfare State*. Favelas brasileiras, guetos americanos, multidões de imigrantes que forçam as fronteiras dos países capitalistas avançados etc. figuram nesse caso. Nossa investigação não se ateve a essas caracterizações gerais, que evidentemente fornecem balizas importantes e indispensáveis à análise das realidades aqui abordadas. Para além da "privação múltipla", buscamos a compreensão da "superposição de vulnerabilidades", pois ela diz respeito à maneira como seres humanos se movimentam em contextos de sociabilidade violenta. Isto é, como vivem, sofrem, se protegem, se representam, se organizam e mantêm esperanças nessa específica concentração de padecimentos.

Quando se vê o outro como ameaça real ou potencial e as ações de governos, instituições e meios de comunicação se orientam pela manipulação dos terrores cotidianos como reforço de poder ou manutenção da paralisia no enfrentamento das questões de fundo, os problemas da segurança pública ganham uma resposta perversa que postula, em vez da segurança com os outros, a segurança apesar dos outros. Os favelados são tratados com desconfiança, sempre a um passo ou a distância nenhuma do crime. E, paradoxalmente, aqueles que pedem "menos Estado" insistem no dispêndio cada vez maior para a segurança e o sistema penal. As políticas sociais com relação a grandes massas desalojadas da divisão social do trabalho não mais se destinam à criação de redes de proteção social para os mais vulneráveis; trata-se agora de fortalecer o "Estado guardião", aquele que garantirá eficácia na criminalização da pobreza.

Anotações sobre a existência social dos favelados

Segundo Bauman (1999) e Wacquant (2001a), a "criminalização da pobreza" tornou-se a "política social" da contemporaneidade. Bauman situa um de seus modelos, ou um tipo-ideal, na prisão de Pelican Bay, na Califórnia. Ali é feita a experiência pioneira do encarceramento *high-tech*. Os prisioneiros ficam em celas sem janelas, não trabalham, não têm acesso à recreação, os guardas se comunicam através de alto-falantes e raramente são vistos. Segundo Bauman, "se não fosse pelo fato de que os prisioneiros ainda comem e defecam, as celas poderiam ser tidas como caixões" (1999: 116). Na exclusão absoluta os presos não são submetidos à disciplina "reformadora", não há qualquer intenção de correção, integração, manutenção ou reforço de mínimos laços humanos e sociais.

Este é o laboratório de processamento do refugo humano em teste, das grandes massas humanas que não mais podem ser chamadas de "exército industrial de reserva", porque não ocupam nem ocuparão qualquer lugar na divisão social do trabalho. A "política social" acima mencionada é uma forma de dizer que a sociedade não tem mais interesse em reeducar para o trabalho, para a produtividade ou para a disciplina. Com a globalização, a ação a distância, a extrema mobilidade e invisibilidade dos grandes poderes econômicos, a ausência de territorialidade na produção da riqueza e a erosão de laços sociais duradouros, o modelo não é mais o da supervisão. Processa-se agora a "limpeza", a "higiene social", ou seja, a eliminação da "impureza social". O destino dos "consumidores falhos" (outro conceito de Bauman associado à mesma condição de não fazer parte do jogo) é o lixo, assim como eletrodomésticos cujo reparo dos defeitos é mais caro que um novo exemplar. Vigiar e punir? Não, deixar definhar.

Nesse mundo de "senhores ausentes" — porque estão em todo lugar e em lugar nenhum —, o relacionamento entre grupos e classes é marcado pela indistinção. Na modernidade clássica, ou "sólida" como quer Bauman, os conflitos e a luta ocorriam pela demarcação pública e notória entre proprietários e não-proprietários, dominantes e dominados etc. O quadro referencial de classe fornecia suportes suficientes para a ação: disputava-se riqueza e poder e o inimigo era reconhecido. Atualmente, as causas estruturais ficam mais distantes, o espaço público sofre os efeitos de forte erosão, e, assim, os indivíduos se voltam para o "inimigo próximo".

Em sentido estritamente político, os escritos do filósofo italiano Giorgio Agamben permitem adicionar a essas caracterizações o conceito de vida nua, "a vida matável e insacrificável do *homo sacer*" (Agamben, 2002: 16), uma sobrevida transcorrida sem um mínimo de dignidade ou delineada como projeto. Isso vai além da extrema precariedade, da miséria ou da pobreza; refere-se à ausência de reconhecimento de grandes massas humanas pela comunidade política das sociedades de que fazem parte. O ponto de partida é a enigmática figura do direito romano arcaico do *homo sacer*, definido como "aquele que, julgado por um delito, pode ser morto sem que isso constitua um homicídio, ou uma execução, ou uma condenação, ou um sacrilégio, nem sequer um sacrifício". Ou ainda, "sua vida, excluída da comunidade por ser insacrificável, é nela incluída por ser matável" (Pelbart, 2003: 61 e 62). Insacrificável porque no antigo direito romano a morte do *homo sacer* também não servia como oferenda aos deuses. Em suma, destituição total, ausência absoluta de direitos, condição inapelável da "vida nua". Vale ressaltar: "a vida nua" do *homo sacer* é excluída da lei e dos direitos e incluída por ser aniquilável. Em suma, matar um *homo sacer* não é passível de punição nem desperta culpa.

Na atual vigência da mentalidade que destina à favela o lugar do "outro" da cidade (e no limite da sociedade), a parcela da população que ali está instalada tornou-se "matável" por agentes de segurança, sob o olhar complacente daqueles que se sentem "aliviados" ou "vingados" pelo uso da força nas localidades onde prolifera a organização dos bandos armados que operam a economia da droga. Tornou-se uma "gente sacrificável", sem que isso seja percebido ou repudiado como delito inaceitável. Alarga-se assim o campo da aceitação social da arbitrariedade sem fim: a segurança pública torna-se concebível pela aniquilação do "outro". Viabiliza-se a fúria contra o "inimigo próximo".

No entanto, um passo além das caracterizações gerais, uma série de dispositivos mais específicos atua sobre o cotidiano das populações faveladas na cidade do Rio de Janeiro. No debate contemporâneo, alguns autores observam que no mundo do desemprego estrutural ninguém pode se sentir verdadeiramente seguro e que, na erosão do espaço público, seres assustados se voltam para o "espaço a salvo" da casa e da vida privada. Nas condições presentes na cidade do Rio de Janeiro e nas grandes metrópoles brasileiras, favelados e moradores das áreas pobres experimentam o "espectro arrepiante e apavorante" na extrema proximidade ou dentro de suas casas pela ação dos bandos armados ligados à economia das drogas ou pela reação comumente arbitrária dos organismos de repressão, que também se voltam contra os moradores quando buscam atingir os traficantes. Nas situações aqui abordadas, a precariedade e a vulnerabilidade (termos preferidos por Pierre Bourdieu na análise da insegurança contemporânea) têm causas, graus e efeitos de outra magnitude.

Um outro aspecto do problema aqui se adiciona. Se, como aponta Giddens (1991; 1995), a "segurança ontológica", entendida como "a crença que a maioria dos seres humanos tem na continuidade de sua auto-identidade e na constância dos ambientes de ação social e material circundantes", baseada na "sensação de fidedignidade de pessoas e coisas", está ameaçada nos tempos que correm, o que dizer dos indivíduos permanentemente ameaçados pelo recurso irrestrito da força como princípio de organização de vínculos sociais? Nas favelas cariocas, um conjunto específico de perigos está permanentemente maximizado, seja pela ação dos bandos armados ligados ao narcotráfico, seja pela ação truculenta e aniquiladora da polícia.

Mesmo sofrendo pelas formas mais abjetas de discriminação, exclusão e predação violenta, são seres humanos que trabalham, casam, criam filhos, adotam variados tipos de fé, estudam, votam, distanciam-se das atrocidades, buscam ainda que desencontradamente sistemas de valores que garantam dignidade e agarram-se com vigor às poucas oportunidades que a vida lhes dá. Insistem em ficar de pé, ainda que muitos soçobrem pelo caminho.

A grande maioria dos favelados é obrigada a lidar com o crime inapelavelmente, sem chance de escolha. Mesmo assim, com gradações, consegue se distanciar moralmente e não se torna cúmplice. A relação dos moradores com os bandos armados de criminosos não é uma disposição avaliada racionalmente e perseguida como estratégia de vida; denota estratagemas de manutenção de um mínimo de segurança ontológica.

Nesse ponto, o trabalho de pesquisa solicitou maior sutileza. Para o entendimento dos símbolos e das representações associados a esse universo de referências não cabia pinçar nos depoimentos supostos traços de um tipo-ideal de uma moralidade atribuída "de fora", pela sociedade envolvente. Buscar o quê? Uma "subjetividade isenta" nas relações rotineiras com os traficantes como índice "bem-sucedido" do esforço de manutenção da segurança ontológica? Que nas esferas da sociabilidade violenta seres humanos se desembaraçam das referências arduamente construídas para a sustentação de sua frágil segurança ontológica? Mas ninguém é assim! Somente os indivíduos que experimentam o infortúnio da desestruturação mental permanente. A situação merece ser compreendida e dimensionada no esforço permanente dessas populações de manutenção da vida frente à radicalidade das forças que se abatem sobre o seu cotidiano.

Todo mundo conhece alguém do tráfico

É absolutamente comum que os moradores das favelas tenham parentes, amigos, colegas de infância, vizinhos ou convivas de jogos de futebol ou rodadas de cerveja envolvidos com os bandos armados que operam a economia das drogas. Nas regiões onde a separação territorial se adiciona à diferenciação por classes, a opção pela atividade criminosa bate às portas todos os dias. O esforço incansável de afastamento moral não resulta de uma deliberação prévia, nem de uma armadura protetora constituída pela introjeção de valores garantida em um percurso social assegurado anteriormente. Não há incolumidade nessas situações. A precariedade e a insegurança assaltam a vida dessas pessoas por todos os lados, e, portanto, não há uma consciência "limpa", "a salvo" (para usar os termos aqui repetidamente acionados), que expressa em termos absolutos fronteiras bem delimitadas entre as formas de vida escolhidas.

Os meios de comunicação de massa espelham e ao mesmo tempo reforçam um conjunto de valores que demandam dos moradores das favelas um desprendimento público impossível de ser adotado quando se está sob o cerco dos bandos armados ou da ação arbitrária dos organismos de repressão: são forças suficientemente poderosas que calam as vozes da autonomia dos favelados para a definição, no espaço público, de suas urgências e de projetos de uma vida digna. O Estado e a dinâmica atualmente existente dos organismos civis não lhes fornecem as garantias institucionais para que isso ocorra. Os favelados acabam simbolicamente punidos ou condenados por não responderem a essa "demanda ideal de incolumidade" por parte da mentalidade vigente, movida pelo terror dos fatos da violência fora de controle.

O que se quer ressaltar na análise, a partir dos relatos a seguir, é que o afastamento moral dos moradores, arduamente erigido, encontra-se em outro lugar, nas formas cotidianas de proteção e de vínculo em uma vida sob cerco. "Proteger" a cidade das favelas significa desproteger e desconsiderar o papel de grandes massas humanas que podem ter um papel efetivo no enfrentamento consistente do problema da violência.

Um primeiro relato expressa o sentido do esforço do afastamento moral:

> *Moradora A "Às vezes as pessoas acham que todo mundo que mora na favela é traficante porque quer, porque gosta, mas a realidade não é essa, entendeu, mas mesmo assim eu luto, eu acredito que nós temos que fazer uma comunidade diferente."*

Os depoimentos definem um percurso que faz referência à precariedade. Primeiro a infância, depois a juventude e posteriormente o comprometimento das unidades familiares:

Moradora A: "Porque às vezes a comunidade não tem nada que oferecer, as crianças só vêem o tráfico, só vêem essas coisas, então as crianças ficavam muito sozinhas, entendeu? Sem perspectivas de vida nenhuma. Não tinha um projeto, não tinha uma coisa que pudesse ocupar, entendeu, e eles acabaram caindo... pelo menos na minha família foi dessa forma."

Moradora B: "DVD, roupinha, comida 'à vera'."

Moradora C: "A mulher então... É roupinha, as madames da favela."

Moradora D: "Elas são as primeiras-damas."

Moradora B: "As chamadas primeiras-damas. Aí os pais, quer dizer, o tipo de vida muda, muda de verdade, porque é muito dinheiro, gente."

Moradora E: "Ih, já anda na favela se sentindo o tal. Porque tem dinheiro para pagar cerveja, jogar 'à vera', fazer e acontecer."

Primeiro distanciamento: os benefícios do dinheiro auferido das atividades ilegais podem ser sedutores, mas não demolem as referências de uma vida dedicada ao trabalho e a vínculos de integridade moral. Como destacado anteriormente, todos ou quase todos os depoimentos mostram relações de parentesco com integrantes do tráfico:

Uma moradora: "Eu tive dois irmãos meus envolvidos, através desses dois irmãos eles levaram os meus dois sobrinhos, aliás, foram cinco, porque o meu cunhado também foi nisso. E mesmo assim eu não me abati, fiquei triste, mas foi aí que eu entrei nesse trabalho comunitário... Morreram dois irmãos, dois sobrinhos e um cunhado."

Outra moradora: "Hoje quase todas as famílias da favela têm alguém envolvido no tráfico. Eu tenho um primo que é gerente lá do tráfico, entendeu? Eu não tenho muita ligação com ele, a gente não tem muito contato, mas ele é gerente do tráfico lá. [Pergunta: E os seus tios apoiaram esse tipo de comportamento?] Apoiavam. Apoiavam porque o meu tio usa droga, o outro usa droga, então está tudo em casa."

"Eu não me abati (...) foi aí que eu entrei nesse trabalho comunitário", essa frase parece particularmente expressiva, pois revela uma resistência admirável em um ambiente onde as execuções fazem parte do cotidiano. A dor se transforma na disposição de reduzir, pela atividade social, o incremento de novos eventos trágicos. Não parece ser apenas a dor da perda, mas também a repugnância frente às condições que provocam tais situações. Essa maneira de conceber denota indícios de uma tomada de consciência da causalidade social que afeta a vida dos favelados. Mas, antes de tudo, é uma forma de restaurar a segurança ontológica no ambiente da sociabilidade violenta. Aproveitando as sugestões de Anthony Giddens no tratamento do conceito, é um reforço para "seguir adiante" de acordo com sua expressão."

"Seguir adiante" é uma das chaves analíticas para se compreender as representações e as ações da população favelada cercada pela violência do tráfico e da polícia. Esse esforço inclusive mobiliza considerações mais amplas dos entrevistados como "o sistema está podre", "está tudo corrompido", mas primordialmente o trabalho comunitário revela-se uma forma de afastamento moral e de construção ou regeneração de um senso de identidade sustentável de pessoas que lidam com forças em que a aniquilação do outro é uma das possibilidades da ação.

Os protagonistas dos eventos trágicos se conhecem, tal como relatado a seguir. O esforço insubstituível é o de se manter de pé, ou "seguir adiante", perante a violência que as palavras mal conseguem exprimir:

> *"Foi assim, eles eram tudo amigos, eles eram de frente... Um foi chamar o outro, eles estavam em casa dormindo. Foram chamar ele para 'desenrolar'. Aí quando nós procuramos, e foi uma coisa muito ruim. Eles morrem e [o corpo] fica ali mesmo. A gente sabe quem mata, entendeu? A gente vê os nossos, eles matam, e se sabe quem foi que matou. A gente conhece, são todos vizinhos, são todos criados junto. E o corpo do nosso familiar fica jogado ali no chão, até que se decide a vir buscar. A família tem que ficar ali junto ao corpo; [fica] mãe, fica todo mundo..."*

> *"[Depoimento da moradora cujo primo é gerente do tráfico] Fui olhar o sofá, tinha dinheiro, um saco de dinheiro enorme, muita maconha e dinheiro. Falei: 'É ele!' E aí eu comecei a falar, discutir, entendeu? E daí a gente rompeu mesmo, tanto com a família deles e tal, porque eles apóiam, de certa*

forma eles apóiam, então a gente discutiu feio, meu marido ficou até meio assim, eu falei: 'Olha, eu não tenho medo não, não tenho mesmo não!' Minha mãe sangrava vinte e quatro horas por dia, deprimente a situação dela. A laje da minha mãe ficava cheia de moleque, entendeu? Enchia, escondia as coisas lá dentro, pulava pelo muro. Então eu falei que se deixar vai virar bagunça, porque os meus tios são coniventes, se eu não falar quem vai falar? Então foi uma briga braba, e a gente cortou relações mesmo, com a família do meu tio e tal, justamente por isso."

Supor uma experiência dos favelados "a salvo" de todos os vínculos e percalços da realidade é simplesmente desconhecer o universo de relações estabelecidas nas regiões onde estão condensadas a segregação territorial e a diferenciação de classe.

As barbaridades, a "velha guarda" e os "adolescentes Bin Laden"

A experiência da segurança ontológica é indissociada da rotina. Nas favelas cariocas, como já foi mencionado, a rotina é ameaçada por duas forças principais que utilizam predominantemente a violência como forma de interação: a polícia e os bandos armados ligados ao tráfico de drogas.

A "ordem" nas favelas compõe-se de um exercício de dominação em que os integrantes do tráfico dão a última palavra, se não a primeira, sobre o que é permitido nas atitudes e relações cotidianas. Mas essa "ordem", na atualidade, tem traços erráticos. Não há propriamente um padrão definido e compreensível para os moradores. A multiplicação de boatos é o atestado do sentimento de incerteza perante códigos que podem ser alterados subitamente. Veja-se, por exemplo, o depoimento sobre o uso da cor vermelha nas roupas, que distingue uma das grandes facções que dominam os morros cariocas:

Moradora: "Esses boatos ultrapassam fronteiras... eu não sei o que lá em (nome de favela) eles devem falar o que não pode vestir, que lá no (nome de favela) é vermelho, deve ser três corações, três 'C', sei lá como eles falam lá, que não pode chegar para o outro lado. Eu não sei, e aí acabou, ninguém sabe."

Outra moradora: "A minha mãe tem quase setenta anos. Então outro dia foi muito engraçado, isso de não poder usar vermelho. A minha mãe é com-

pletamente avessa a essas coisas, a minha mãe é abusada. Ela virou, vestiu uma roupa toda vermelha, que a minha mãe é muito bonita, uma mulata muito bonita. Anda sempre muito bem vestida, está sempre linda. Minha mãe vem toda de vermelho, aí deu de cara com o bandido. Aí ela falou assim: 'Ah, meu filho! Deixa eu te falar uma coisa. Eu posso andar de vermelho, porque eu sou velha!' Aí ele falou assim: 'Não, a senhora não é velha não. A senhora é nova!' Ela falou assim: 'Não, mas eu tenho quase cem anos!' Aí ele falou assim: 'Quem falou pra senhora que não pode andar de vermelho?' Ela: 'É o que se escuta aí, o boato!' Ele falou assim: 'Eu gosto de vermelho, eu ando de vermelho. Eu não estou sabendo dessa história, não.'"

Em outro caso, jovens de uma favela sofreriam represálias por terem ido a um baile funk em outra localidade, dominada por um bando rival. Uma mãe dirigiu-se ao "dono da boca" preocupada com a segurança de seus filhos e de amigos deles. O boato da ameaça já havia se espalhado e a apreensão era grande. No diálogo estabelecido com o chefe dos bandidos ficou esclarecido que a notícia era falsa, atribuída a componentes hierarquicamente inferiores do bando. Trata-se, portanto, de uma "ordem" sujeita a interpretações diversas, cujos resultados podem ser inócuos ou desastrosos. A incerteza perante os códigos dessa "ordem" torna as rotinas sujeitas a episódios de quebra da "sensação de fidedignidade de pessoas e coisas" ou da "constância dos ambientes de ação social e material circundantes", nas palavras de Anthony Giddens. O boato pode se instalar como "verdade" e contar com a passividade, o silêncio e a submissão. Mas no relato considerado há ação — cheia de riscos, é verdade — mas que propicia compreensão, distanciamento e movimentação, ainda que episódicos, frente às supostas regras dos bandos armados.

O que poderíamos chamar de "dissonância cognitiva" dos moradores frente às supostas regras é atribuída à passagem de poder da "velha guarda" para os "adolescentes Bin Laden". A "velha guarda" são os componentes dos bandos de uma geração anterior, cujo domínio era de certa maneira codificado pela população, o que incluía os mandamentos e as ações. Depoimentos dos moradores: [anteriormente] "a gente não via arma", "não era comum matar alguém", "hoje em dia eles matam por qualquer coisa, essa história de 'desenrolar'", "o pessoal da antiga tinha respeito", "no passado, pelo menos em (nome de favela), por exemplo, se fosse ter um bangue-bangue na parte da tarde, eles passavam de manhã, de porta em porta, avisando".

Os depoimentos mencionam que os moradores conheciam os traficantes pelo nome, negociava-se a entrada de desconhecidos na favela, as residências eram preservadas pelos criminosos nos embates com a polícia, mas que tal situação foi modificada porque essa geração foi presa ou morreu. Os que sobraram estão perdendo poder para os jovens, como aparece na seguinte descrição:

> *"Daqui a pouco eles vão matar os mais velhos e vão tomar mesmo, entendeu? Tem um desses chefes antigos, que foi solto há pouco tempo, lá de (nome de favela), e ele foi peitado por um moleque e saiu."*

Atualmente existe rotatividade dos componentes dos bandos no exercício do domínio nas favelas. Não são mais "crias da comunidade". Uma expressão curiosa define essa rotatividade, a "globalização":

> *"A maioria sai daqui pra tomar conta de outro morro, é a globalização. No outro morro eles não conhecem ninguém, dane-se! E o daquele morro vem pra cá, justamente para não ter elo nenhum, para não ter pena nem piedade!"*

A ousadia da nova geração na prática criminosa ganhou de uma moradora a expressão "adolescentes Bin Laden": "Aqui só tem menor suicida. Tanto que agora um dos símbolos deles é o Bin Laden."

O aceno de memória à "velha guarda" do tráfico evoca situações anteriores, onde havia algum controle sobre o rumo dos acontecimentos. Os antigos "donos do morro" reconheciam de alguma maneira a rede de relações que organizava o cotidiano dos moradores das favelas e, por derivação, não ameaçavam de forma acentuada e permanente a integridade física dessa população. Ainda que atravessada pelo desconforto — é necessário reparar que sempre há uma idealização do passado —, a experiência de outrora fornecia elementos mapeáveis da "continuidade de pessoas e coisas".

No regime atual de domínio, isso se modificou profundamente, pois os "adolescentes Bin Laden" tomaram conta das bocas a ponto de contestarem o poder dos antigos chefes. Esses "meninos" radicalizam a experiência do mundo como "coleção de objetos a serem apropriados, inclusive os demais seres humanos". Portanto, a relação dos moradores com os bandos armados envolve mais riscos que em momentos do passado recente. Eles descem o morro, chegam até o asfalto para a venda de drogas, atravessam o morro com as armas nas mãos e colocam em risco a vida de todos. Uma frase ecoou em vários "coletivos de confiança", evidenciando o tipo de relação estabelecida entre os adolescentes envolvidos na prática criminosa e os moradores: "Não respeitam ninguém." Outros relatos:

"É humilhante um menino de 14 anos dominar um cara de 65, gente, um homem que sempre trabalhou, trabalhou, trabalhou, isso é humilhante."

"Você imagina como é humilhante pra mim, uma mulher de 51 anos, eu trabalhei numa creche onde eu tinha em média por ano de turma 25 crianças, entendeu? E uma criança daquelas, que eu eduquei como se fosse meu filho, ele me impedir de eu usar uma blusa vermelha, e eu tenho que abaixar minha cabeça para ele e não botar minha blusa vermelha, por quê?"

"Mas isso é pouco diante da vida que a gente vive no cotidiano de violência, violência física, violência moral, violência em todos os sentidos. Eu posso falar isso porque quando eu assumi a guarda das minhas sobrinhas, elas eram meninas. Mas à medida que iam crescendo, iam ficando meninas bonitinhas, botando peitinhos e chamando a atenção dos 'papa-anjo', e dentro da minha casa, muitas vezes eu tive que enfrentar bandidos. E não era um só, iam cinco, seis, sete, até doze, com fuzil na mão porque a menina era bonitinha e o cara queria tocar e mandava recado, só que eu não deixava sair. E ele mandava o bonde dele bater na porta e falar: 'O fulano está chamando ali!' E muitas vezes eu tinha que sair pra falar: 'O fulano manda na casa dele, na minha casa mando eu, aqui não é açougue, não tem carne barata pra ninguém, se ele quiser que vá procurar em outro lugar!'... E eu passei por diversas vezes essa situação. De seis meninas, seis adolescentes, eu consegui salvar quatro, duas infelizmente acabaram realmente cedendo. Foram porque quiseram, não foram por cisma de bandido, porque enquanto eu pude lutar, eu lutei e eu não dava mole, não! Teve um que botou arma na minha cabeça, 'Ah, tia, a senhora está falando demais!' Eu falei: 'Eu sou tia, eu sou mãe, e se eu falo demais, eu falo para o bem delas, de repente você não teve nem uma tia, nem uma mãe que tivesse o zelo que eu tenho por elas! Se você quiser atirar, você vai ter que atirar, mas atira pra matar! Porque se você me deixar viva, é você que não vai ficar vivo!' É uma situa-

ção de confronto, isso não é bom, não falo isso como se fosse herói, eu falo, sabe, que é aquele mecanismo de defesa que você desenvolve ali na hora, ou é isso ou não é nada."

Depoimentos descrevem a morte de um motorista que tomou o caminho errado, entrou nos domínios da favela e foi morto pelos adolescentes. Ou de uma moça de outra localidade que fora visitar uma tia e foi obrigada a descer nua pelo morro depois de ter os longos cabelos cortados a partir da suposição de que era vinculada a uma facção rival de outra favela. Ou ainda, o corpo de um adolescente massacrado que foi transportado de um lado para o outro na favela. Um traço comum nesses testemunhos é que foram formulados por moradores e moradoras que se envolveram no trabalho comunitário. E, sem exceção, é possível perceber que a atividade foi uma forma de suportar esse tipo de experiência, garantindo a movimentação no território e robustecendo a postura de se diferençar da simples apatia ou submissão. O trabalho comunitário é uma forma de restauração da segurança ontológica, que favorece e aprofunda o afastamento moral.

A surra

Nos depoimentos coletados, uma das soluções extremas da pedagogia da salvação frente ao tráfico é a de submeter os filhos e crianças a palmadas e surras. A surra parece um recurso de ênfase moral, de transmissão autoritária e cruenta de valores, em contraposição à sedução oferecida pela participação na atividade criminosa ligada às drogas. Busca erigir uma barreira contra a "vida fácil" que traz dinheiro e acesso a bens de consumo. A surra é a última tentativa de imposição de valores referida à batalha penosa, árdua e íntegra pela existência. As circunstâncias da violência são tão próximas que o distanciamento moral pode se expressar em ditames severos na linguagem da relação entre pais e filhos. Bater pode significar "educar" perante as ameaças de aniquilação à integridade física e à transmissão de valores no interior do núcleo familiar.

Os relatos são diversificados. Alguns remetem às relações familiares e à surra como forma de cuidado e advertência, por mais que tal conduta em nada se pareça com uma educação liberal e cultivada emocionalmente. Outros dizem respeito a uma pedagogia brutal exercida fora do ambiente familiar, mas cuja intenção é a mesma. As situações não se equivalem, mas apontam para um destino comum — afastar os jovens do tráfico. Um depoimento do primeiro caso:

> *"Eu acho que o que estragou essa criançada foi esse Estatuto da Criança e do Adolescente, onde a mãe não pode dar uma porrada, o Siro Darlan [não deixa. Obs.: O personagem foi um expoente do Juizado da Infância e da Adolescência.] Eu comecei a trabalhar com 14 anos porque era preguiçosa, não gostava de estudar. Minha mãe falou: 'Não quer estudar, infeliz? Tu vai trabalhar!' E hoje eu tenho trinta anos de carteira assinada, e agradeço muito à minha mãe o couro que levei! Eu apanhava, era de levar soco nas costas, de levar um tapa aqui e cair duas casas após... Criei meus filhos assim. Sempre falei pro meu garoto: 'Está vendo ali, ó, o fulano está apanhando! Eu não vou ficar lá com minha xereca aberta na delegacia, não! Eu não vou tirar comida de quem está aqui dentro pra levar na cadeia, não. E outra coisa que eu vou te falar, quando vier te buscar, vai te levar. Porque eu não vou colocar meu peito lá, encarar bandido, não!' Para as meninas falava a mesma coisa: 'Quer dá? Dá!'... Foi difícil, gente, muito difícil. Você ter uma boca-de-fumo do lado da sua casa, em cima da tua casa... O seu marido chegar com o dinheiro, falar: 'Querida, o dinheiro não deu pra comprar vinte quilos de arroz, só posso comprar dez!' E o seu filho precisando de caderno, querendo sapato, entendeu, e você lutando. Mas, graças a Deus, eu lutei e consegui!... Mas eu falei: 'Se vier te buscar, vai te levar! Eu vou chorar uma semana, eu vou te perder, eu choro uma semana, mas eu vou te esquecer. Você vai ser um passado na minha vida.'"*

Essa é uma moralidade construída a golpes de marreta, mas naquelas circunstâncias talvez não pudesse ser efetivada de outra maneira. Está referida ao mundo das necessidades e às dificuldades de manter laços sólidos na extrema proximidade da sedução do dinheiro e do consumo e, como conseqüência plausível, a morte pela realização dessa escolha. Transmissão de valores por opções extremas: fidelidade aos princípios da mãe, evidentemente autoritários, ou cair nas garras dos traficantes ou da polícia, canceladas todas as expectativas de proteção familiar — "eu choro uma semana, mas eu vou te esquecer". Repare-se que nesta situação não há a opção por direitos, sejam familiares (a ponderação por uma educação ou relacionamentos afetivos dialogais) ou institucionais (defesas ou garantias contra a ação violenta dos criminosos ou da polícia). Daí a crítica explícita ao Estatuto da Criança e do

Adolescente, legislação que protege e confere direitos em acontecimentos de risco para a integridade de pessoas nessas faixas etárias no interior da família ou fora dela. Esse padrão, com todas as discrepâncias que ele contém, pode ser compreendido como a violência doméstica que busca neutralizar violências maiores; um esforço desesperado (que apresenta graus de eficácia) de assegurar um mínimo de segurança ontológica.

Outro relato descreve uma situação radical experimentada no contato com a polícia. A informante, junto com uma irmã ("metida a saber de tudo"), busca o paradeiro do irmão comprometido com as atividades criminosas. Informações imprecisas sugeriam que o rapaz poderia estar em (...) ou em (...) (nomes de municípios do estado do Rio de Janeiro). Elas seguiram para essas localidades, sem êxito. Em (município do estado do Rio de Janeiro) ocorreu o episódio marcante. Lá chegando, foram encaminhadas a uma casa cuja dona era uma "vovó do tráfico". Logo em seguida, chegou a polícia e deu voz de prisão a todos que lá se encontravam. Iniciou-se então a extorsão por parte dos policiais. Soltaram a "vovó do tráfico" para ela arrumar dinheiro e mantiveram as duas irmãs presas sob a acusação de formação de quadrilha, com a ameaça adicional de forjar um flagrante em que estariam de posse de um quilo de droga.

Na delegacia já estavam presos alguns rapazes do bando, originários da mesma favela que elas. Nossa informante recusou-se a cooperar com a polícia e enfrentou a tentativa de extorsão. Segue o depoimento:

> *"Eu cheguei na casa da mulher, meu irmão não estava, ele tinha dormido num hotel... A polícia soltou a dona da casa, era velha, detalhe, para buscar dinheiro! Aí eu falei: 'Olha, por mim o senhor não vai ganhar um real. Eles nem me conhecem'... O policial disse: 'Se a senhora não falar quem é o fulano, esses daí vão apanhar!' Eram os que estavam presos. Aí a minha irmã já foi falando tudo! Eu falei para minha irmã: 'Você não é malandra?... Por que você está falando?' Eu disse para eles: 'Nem ela vai falar nada!' Ele (o policial) falou assim: 'Quantas vezes você não falar, ele vai apanhar!' Eu falei: 'Moço, pode bater, sabe por que pode bater? Quando a mãe fala e o pai fala, não apanha. Então pode bater!' Aí o rapaz: 'Eu estou apanhando muito!'"*

"Eu estava falando sério: 'Olha, estou aqui com todo o meu documento.' Ele [o policial] falou assim: 'Olha, eu vou botar um quilo nas costas de vocês.

Vocês vão pegar assim dez, vinte anos.' Aí eu falei: 'Olha, pode botar! Pode botar! Olha aqui minha carteira de trabalho, eu presto serviço para um senhor que trabalha na rádio X. Ele me conhece, trabalho lá para mais de seis anos, o senhor não me conhece. Olha, eu posso pegar isso tudo, mas eu tenho certeza que o senhor também vai ficar ferrado! Por mim, o senhor não vai ganhar nada! Eu sei e o senhor sabe que eles [os rapazes] são envolvidos, isso não é surpresa. Agora, eu estava no lugar errado, na hora errada! E por coincidência eu estava lá, mas o senhor não vai ganhar esses dez mil nas minhas costas, não! E me solta, que eu vou correr atrás do meu irmão ainda! O senhor vai chegar em [município do estado do Rio de Janeiro] e vai me ver lá. Porque eu só saio de lá com meu irmão.' Ele [o policial] falou: 'Vem cá, o teu irmão é o fulano?' Eu falei: 'Não sei! Meu irmão é o (nome próprio)! Se o senhor apelidou ele de fulano o problema é seu!'... E depois que ele falou, descobri que era o nome do meu irmão, era o apelido... Entendeu? Então como se vê, muita gente fica preso, gente! É humilhado. 'Não pode ficar entre duas palavras, não pode titubear, tem que olhar na cara, entendeu, porque se eles vêem medo, eles esculacham, entendeu? Eu falei: 'Ó, pode bater! Pode bater, porque não escutou pai e mãe, apanha! Apanha do policial!' Olha, dois morreram, faleceram [dentre os rapazes presos na ocasião]... Depois disso, não saíram dessa vida, não. Mas um, por ter apanhado tanto, saiu, entendeu? E hoje ele fala: 'Poxa, fulana, mas eu apanhei de ficar doido!' Eu falei: 'Não serviu?'"

A moradora usou uma ética da convicção perante o exercício ilegal da força indiscriminada por parte da polícia. No relato durante o coletivo de confiança, isto é, posteriormente aos fatos, representou os efeitos da violência arbitrária da polícia a partir de seu comportamento como se fosse uma pedagogia. De uma forma ou de outra, sua narrativa enfatiza o ganho inesperado de conseguir que um dos rapazes presos posteriormente abandonasse a prática criminosa. Se os outros rapazes morreram por terem permanecido ligados ao tráfico, ela considera que a surra na delegacia foi um substituto à ausência de transmissão de valores na vida familiar daquele que acabou por abandonar a prática criminosa. Esse júbilo exposto diz mais do afastamento moral (através da surra, como apresentado na análise do relato anterior da mãe com relação à própria filha) do que propriamente a sucessão dos fatos ocorridos na delegacia frente à forte pressão da polícia. Ali ela precisava manter uma atitude firme e decidida para não sucumbir à chantagem, em evidente desamparo pela desigualdade de forças. Situação extrema e complexa onde não se divisa a "boa solução". Seres humanos sujeitos à humilhação e à iminência da aniquilação que, pela ausência de direitos, racionalizam essa experiência através de formas inusitadas de produzir referências.

Comunidade

Os moradores das favelas se referem aos seus locais de moradia e seu circuito de sociabilidade como "comunidade". Por contraste, uma das realizações arquitetônicas do sonho de segurança que atrai as classes médias e as elites são os condomínios fechados com suas cercas elétricas, vigilância eletrônica, barreiras, circuitos internos de televisão e guardas fortemente armados. Neles também se erige a representação de "comunidade". Lá dentro é possível encontrar cursos de línguas, escolas, lojas, espaços amplos de lazer, áreas verdes que mimetizam a "preservação ecológica" e toda uma série de equipamentos que compõem essa "cidade à parte".

A "comunidade" dos pobres é povoada por todas as ameaças, riscos e perigos. A desigualdade fundamental está no fato de que uma foi concebida para excluir indesejáveis, criminosos e "gente sob suspeita"; a outra expressa a tentativa permanente de restaurar sofregamente um mínimo de segurança ontológica através de redes de relações para mitigar a opressão da polícia e dos traficantes. A utilização do termo ganha, portanto, dois sentidos opostos: nos condomínios, expulsar; nas favelas, preservar o que pode ser invadido a qualquer momento.

A utilização do termo "comunidade" por parte dos moradores das favelas envolve, como foi ressaltado acima, algo a ser preservado perante situações que não podem ser resolvidas com os recursos de que dispõem ou com o auxílio da ação mediadora de instituições que detenham força e legitimidade para fazer valer regras e procedimentos respeitados e assimilados. Se a mentalidade dominante de variados segmentos da sociedade destina essa espécie de exílio para os favelados, "comunidade" também serve para proclamar uma rede de relações ao invés da mera degradação. Busca, por exemplo, afirmar laços de solidariedade e formas de interação que ultrapassam o individualismo, a frieza e a indiferença experimentados pelos moradores do "asfalto". Envolve a tentativa de demarcação positiva de uma alteridade que o "sonho de paz" com sua "permissão para matar" tenta cancelar.

As formas de defesa e de proteção implicadas na noção de "comunidade" dizem respeito ao mínimo de direitos evocados perante a ação aniquiladora das instituições policiais. A representação de "comunidade" pode ser acionada quando se trata de protestos ou da vocalização de tragédias que atingem essas populações e carrega a necessidade de reconhecimento dos moradores por parte das instituições, dos governantes ou dos meios de comunicação de massa. Nesse caso, "comunidade" diz respeito ao conjunto dos moradores em suas formas possíveis — ainda que muito frágeis — de agregação coletiva.

A ambigüidade da utilização da noção de "comunidade" reside na convivência, por contigüidade territorial, com os bandos armados ligados ao narcotráfico. Como os habitantes das favelas já são condenados por um certo tipo de ideologia que os trata como "bandidos" ou "quase bandidos", sofrem cotidianamente com a extrema violência policial e não contam com a proteção decisiva de nenhuma instituição que possa conferir rumos seguros às situações de ameaça e de risco, eles acabam incluindo na "comunidade" os "meninos", isto é, a pequena parcela (geralmente de jovens) comprometida com a droga e o crime.

Os favelados não têm como enfrentar as muitas barbaridades cometidas pelos bandos que impõem a "ordem" nas favelas, cujas regras — implícitas ou explícitas — nunca são totalmente claras e dependem da decisão abrupta desses "dominantes". Os casos de negociação bem-sucedida com os componentes do narcotráfico figuram nos relatos muito mais como situações extraordinárias do que como rotina de intercâmbio entre partes. Em suma, os moradores das favelas pouco podem com relação aos traficantes, e mesmo assim a polícia, os meios de comunicação e a mentalidade vigente em setores da população da cidade os colocam "do lado de lá". Portanto, fica muito difícil que os favelados consigam estabelecer linhas de marcação bem claras e possam se distinguir como cidadãos no interior desse conjunto de forças e valores. Destino trágico embutido na utilização da noção de "comunidade", pois acaba por cancelar, por impotência, diferenças fundamentais e ameaças permanentes que constituem o terror "de dentro", mesmo que sejam encabeçados por parentes, amigos de infância, vizinhos, co-partícipes de jogos de futebol ou rodadas de cerveja.

Por isso a palavra "comunidade", utilizada exaustivamente pelos favelados e incorporada ao discurso da política e da sociedade civil, carrega ambivalências. De um lado, serve como linha de demarcação de localizações geográficas e formas de interação social permanentemente sujeitas à invasão aniquiladora. Erige assim uma frágil e insistente defesa simbólica. De outro, infunde uma suposta unidade ou harmonia propiciadas pela "solidariedade" e pelo "calor humano" diferenciados do "asfalto". Mas deve ser sublinhado que o termo também se refere à segurança ontológica, pois torna minimamente suportável a convivência inescapável com os "meninos" do tráfico no conjunto das relações cotidianas. Relatos como "os meninos nasceram na comunidade", "tenho fotos de infância onde eles aparecem na minha festa de aniversário", ou nos conselhos enérgicos dados ao jovem pai de uma neta que andou fazendo algum "trabalho" para a "boca" atestam essa imiscuição incontornável. Tais situações mostram que o trabalho de afastamento moral realizado pelos moradores das favelas é infinitamente mais trabalhoso e árduo do que pode parecer àqueles que vêm a favela de longe e que descartam ou desconsideram o papel dos moradores das favelas como agentes indispensáveis no enfrentamento do problema da segurança pública.

CAPÍTULO 6

Favela é comunidade?

Patricia Birman

Em 25 de outubro de 2007, o governador Sérgio Cabral afirmou, no curso de uma entrevista,[1] que o aborto pode funcionar como forma de controle da violência nas favelas. Estas, segundo ele, seriam "verdadeiras fábricas de marginais". Vale a pena citá-lo mais longamente:

> *"A questão da interrupção da gravidez tem tudo a ver com a violência pública. Quem diz isso não sou eu, são os autores do livro* Freakonomics *(Steven Levitt e Stephen J. Dubner). Eles mostram que a redução da violência nos EUA na década de 90 está intrinsecamente ligada à legalização do aborto em 1975 pela Suprema Corte americana. Porque uma filha da classe média se quiser interromper a gravidez tem dinheiro e estrutura familiar, todo mundo sabe onde fica. Não sei por que não é fechado. Leva na Barra da Tijuca, não sei onde. Agora, a filha do favelado vai levar para onde, se o Miguel Couto não atende? Se o Rocha Faria não atende? Aí, tenta desesperadamente uma interrupção, o que provoca situação gravíssima. Sou favorável ao direito da mulher de interromper uma gravidez indesejada. Sou cristão, católico, mas que visão é essa? Esses atrasos são muito graves. Não vejo a classe política discutir isso. Fico muito aflito. Tem tudo a ver com violência. Você pega o número de filhos por mãe na Lagoa Rodrigo de Freitas, Tijuca, Méier e Copacabana, é padrão sueco. Agora, pega na Rocinha. É padrão Zâmbia, Gabão. Isso é uma fábrica de produzir marginal. Estado não*

---

[1] *G1 Política — NOTÍCIAS: Cabral defende aborto contra violência. g1.globo.com/.../Politica/0,MUL155710-5601,00.*

dá conta. Não tem oferta da rede pública para que essas meninas possam interromper a gravidez. Isso é uma maluquice só."

As declarações do governador se fizeram no curso de um período particularmente difícil para os que nesse momento viviam em Vila Cruzeiro ou em suas redondezas, onde, durante sessenta dias, armou-se um campo de batalha, com uma ocupação militar e uma movimentação de tropas do Bope e da Guarda Nacional que buscavam derrotar os chefes do tráfico local lá entrincheirados. As mortes que ocorreram e as inúmeras pessoas feridas foram consideradas "acidentes de percurso" que não retiraram, na esfera pública, a legitimidade da operação policial-militar. No mesmo mês, sob o impacto dessas últimas ações do governo, realizou-se o Seminário "Favela é cidade: violência e ordem pública"[2], do qual participei integrando a mesa-redonda "Favela é comunidade?", que deu origem ao presente texto. A mesa-redonda convidou os participantes do Seminário a debater as questões que associam as identidades atribuídas às favelas e seus moradores à criminalização de que são objeto. Os argumentos desenvolvidos neste texto buscam refletir a respeito dessas questões identitárias que envolvem múltiplos atores na cidade do Rio de Janeiro, sejam eles das favelas, de agências estatais ou ainda de outros grupos sociais.

Podemos perceber nas entrelinhas da fala do governador uma defesa velada (nem tão velada assim, aliás) de uma política de eugenia, diminuindo o número de nascidos nessas "fábricas de marginais" que seriam as favelas, com vistas a "purificar" a cidade. Sua opinião, tornada pública, juntamente com a ocupação policial e o cerco militar de favelas, demonstram cabalmente o quanto a forma de identificar pessoas e grupos não é uma atividade inócua, principalmente quando quem produz identificações deste teor é o responsável maior pelo governo, aquele que tem, a princípio, maior poder de conformar a administração do Estado aos seus julgamentos.

Não basta, portanto, apontar a relação entre o discurso sobre as "fábricas de marginais" e a política de repressão ao crime que o governo do estado do Rio realiza. Creio que é preciso refletir mais claramente sobre os nexos existentes

[2] "Favela é cidade: violência e ordem pública", seminário organizado pelo Iuperj/Ibase, em novembro de 2007, no Rio de Janeiro. Gostaria aqui de registrar o meu sincero agradecimento aos organizadores do seminário, principalmente a Luiz Antonio Machado da Silva e a Márcia Leite, que me convidaram também para integrar esta publicação.

entre as identificações promovidas por esse discurso e as políticas governamentais que são praticadas e que possuem as favelas como alvo.

O que o governador destaca é essencialmente uma proposta de tratamento epidemiológico da população favelada, que é coerente com o atributo através do qual ele a identifica: "uma fábrica de marginais". Para esta característica maior que ele aponta haveria técnicas de governo que poderiam ser adequadas para eliminar o problema. No caso aventado, ele sugere, como outros aliás já o fizeram, medidas de planejamento familiar. O que parece estar em causa é objeto de uma reflexão do historiador pós-colonial Partha Chatterjee.[3] Passemos a citá-lo:

> *"Diferentemente do conceito de cidadão, que carrega uma conotação ética de participação na soberania do Estado, o conceito de população torna accessível aos funcionários governamentais um conjunto de instrumentos racionalmente manipuláveis para alcançar largos setores de habitantes de um país enquanto alvos de suas 'políticas — políticas econômicas, políticas administrativas, justiça e mesmo mobilização política'." (Chatterjee, 2004: 107)*

As "tecnologias do governamental", afirma ele, cresceram em detrimento de políticas cidadãs nas sociedades avançadas que se constituíram como Estados-nação no século XIX, através de orientações liberais que prevaleceram nas últimas décadas. Este diagnóstico, no entanto, não cabe para sociedades que foram colonizadas como a nossa. Para estas, sociedades africanas, asiáticas e americanas, as tecnologias do governamental precederam largamente a questão da cidadania e continuam a prevalecer enquanto orientação do Estado, sem que grande parte dos indivíduos, membros das sociedades nacionais, tenha acesso à condição de cidadãos. O mencionado autor cita exemplos retirados de antigas colônias:

> *"No sul da Ásia, por exemplo, a classificação, descrição e enumeração de grupos populacionais como objetos de políticas públicas relacionadas à demarcação de terras, impostos, recrutamento para o exército, prevenção ao*

[3] Os argumentos desenvolvidos sobre as tecnologias do governamental foram originalmente publicados em Birman (2006).

crime, saúde pública, administração das penúrias e secas, regulamentação dos locais religiosos, moralidade pública, educação e uma multidão de funções governamentais têm uma história pelo menos um século e meio anterior ao nascimento dos Estados-nação independentes da Índia, Paquistão e Sri Lanka... Ali as populações tinham o status de sujeitos e não de cidadãos. Obviamente a dominação colonial não reconhecia a soberania popular." (Chatterjee, 2004: 110)

A intenção não é de estabelecer mais uma vez para as sociedades com um passado colonial um regime de falta em relação ao modelo europeu dos Estados-nação. O autor busca analisar a presença de um outro modelo que conectaria essas populações ao Estado, por intermédio de agências governamentais:

"A maior parte dos habitantes da Índia são apenas vagamente e ainda assim de forma ambígua e contextual, cidadãos portadores de direitos no sentido imaginado pela Constituição. Não são propriamente, portanto, membros da sociedade civil e não são reconhecidos enquanto tal pelas instituições do Estado. Mas não é como se estivessem fora do alcance do Estado ou mesmo excluídos do domínio do político. Enquanto populações dentro da jurisdição territorial do Estado tanto são visados como controlados por várias agências governamentais." (Chatterjee, 2004: 112)

O tratamento epidemiológico sugerido pelo governador do estado do Rio de Janeiro cabe perfeitamente neste modelo: diz respeito a um conjunto de técnicas governamentais que operam buscando identificar e caracterizar as populações com vistas a buscar soluções para os problemas engendrados no quadro dessas identificações. Os processos de identificação dos grupos favelados em curso, não é difícil supor, não os reconhecem como portadores de direitos civis, por um lado, e, por outro, qualificam-nos negativamente, o que tem dado lugar, ao longo da história, a políticas territoriais específicas como forma de controle de seus comportamentos e do seu acesso à cidade. O trabalho pioneiro de Valladares (2005) é precioso por descrever o que foi a "invenção da favela", isto é, o processo histórico que, envolvendo uma multiplicidade de atores, governamentais e não-governamentais, deu lugar à identificação de certos territórios como "favela". Os trabalhos de Machado da Silva e Leite nesta coletânea analisam a centralidade da política de criminalização desses territórios atualmente em curso.[4]

A pergunta da mesa-redonda *Favela é comunidade?* é, pois, do maior interesse pela importância social e política que possuem as formas de identificação da população favelada. A noção de *comunidade* ganha relevo, posto que é acionada em muitas circunstâncias, inclusive pelos agentes do Estado. Mas o seu maior interesse deve-se, em parte, ao fato de que é através dela que se acionam formas de auto-identificação dos moradores desses territórios em oposição a identificações vindas "de fora". Um dos usos mais generalizados do termo *comunidade* tem sido, pois, aquele de um contradiscurso que argumenta a favor dos habitantes das favelas, destacando as boas qualidades morais que estes teriam, passíveis de serem comprovadas pelos seus modos de vida e pela cultura que possuem. Esses contradiscursos buscam responder, no mesmo diapasão, àqueles que produzem enunciados segregadores como esse que citamos, que identificam, entre outras coisas, a *favela* como *fábrica de marginais*. Os jogos identitários que há muito tempo ocupam a cena pública em torno das favelas sugerem, pois, tanto uma presença constante de um tratamento dessas populações através de medidas segregadoras, como de resistência dessas populações a estas políticas e as formas variadas de serem identificadas em acordo com estas.

Favelado, como há muito tempo estamos cientes, é uma das designações mais segregadoras de uso corrente na cidade.[5] Este termo participa freqüentemente das formas de se criar e se reproduzir como "enclaves na cidade" as fave-

[4] Citemos um trecho em que estes autores trabalham a mudança que ocorreu nas formas de identificação das favelas e dos favelados mais recentemente: "Essa construção das favelas como uma espécie de subcultura, inclusive pela ciência social, nada tem de recente (Valladares, 2005). O que parece novo é que agora não se trata de basear este entendimento, como antes, na desorganização social dessas localidades, mas de associá-las diretamente ao crime violento... Os moradores de favelas são tomados como cúmplices dos bandos de traficantes, porque a convivência com eles no mesmo território produziria aproximações de diversas ordens — relações de vizinhança, parentesco, econômicas, relativas à política local etc. — e, assim, um tecido social homogêneo que sustentaria uma subcultura desviante e perigosa. Esta, por sua vez, fundamentaria a aceitação e a banalização do recurso à força, o que terminaria por legitimar a chamada "lei do tráfico". Em conseqüência, os moradores de favelas estariam recusando a "lei do país" ao optarem por um estilo de vida que negaria as normas e os valores intrínsecos à ordem institucional. Uma forte conivência marcaria, portanto, as relações dos moradores de favelas com as redes criminosas sediadas nessas localidades, levando-os a buscar sua proteção e apoio, bem como a protegê-las da polícia" (Machado da Silva e Leite, nesta coletânea).

[5] Cf. Leite (2008a), Valladares (2005) e Machado da Silva e Leite, nesta coletânea. A política de segregação tal como a entendo corresponde à principal forma pela qual o Estado se apresenta nas margens, entendidas aqui na acepção desenvolvida pelo trabalho de Das e Poole (2004),

las,[6] juntamente com dispositivos de submissão de seus moradores às políticas de segregação em curso. *Favelização*, podemos sugerir, é o nome que podemos dar a este conjunto de mecanismos relacionados às formas específicas de elaborar fronteiras para administrar esses "enclaves". A favelização parece gerar efeitos circulares que se perdem num emaranhado de relações de causa e efeito, as quais terminam, no seu conjunto, por negar os nexos históricos com os dispositivos postos em ação pelo Estado. Como se, por exemplo, a precariedade dos serviços públicos nesses territórios não fizesse parte da elaboração das identificações negativas de sua população, tal como exemplarmente enunciada pelo governador do Rio de Janeiro. As tentativas de contrapor o termo *comunidade* ao termo *favela* fazem parte de esforços, sob um prisma cultural, de oposição a essas políticas. São essas tentativas que irei discutir aqui.[7]

Apresentarei então rapidamente alguns de seus usos para tentar responder à questão que, provocativamente, os organizadores do colóquio nos sugeriram como matéria de reflexão.

O mais interessante nesta pergunta não reside certamente numa resposta cabal, positiva ou negativa, à pergunta "*favela é comunidade?*", o que nos levaria a indagar o impossível: quais seriam os "bons" critérios para reconhecer uma "verdadeira" *comunidade* ou definir um território como *favela*?

O que, de fato, interessa, é saber por que *comunidade* virou um termo "pau para toda obra", um grande vagão no qual tudo pode se acomodar, no quadro dessas relações discriminatórias intensas e situações tão conflitivas. Em outras palavras, meu interesse reside em compreender de que formas as referências que hoje se fazem às favelas, quaisquer que sejam os termos empregados, se associam a esta situação larvar envolvendo fundamentalmente práticas criminalizantes e tentativas de descriminalização.

Os atores dessas identificações não são somente aqueles que participam diretamente do governo, mas também as várias agências e associações que lá se encontram: igrejas, clubes de futebol, ONGs, associações culturais diversas. Contudo, não encontramos unanimidade em relação a essas identificações. De certo modo,

---

isto é, não como um lugar onde o Estado se ausenta, mas como lugares onde o Estado exerce uma política voltada para essas populações "periféricas".

[6] Conferir Machado da Silva (1967).

[7] Não pretendo discutir a imensa e rica bibliografia a respeito das relações entre as favelas e os moradores do "asfalto" e/ou com o governo e diferentes segmentos do Estado. Gostaria, no entanto, de assinalar que este texto é devedor das reflexões desenvolvidas nesta coletânea e também dos trabalhos hoje clássicos sobre favelas de Valladares (2005) e de Zaluar (2004; 1994; 1985).

todos os atores participam, contra ou a favor, das controvérsias relativas às políticas de governo e aos fundamentos identitários que permitem a sua efetivação.

O que prevalece nos discursos governamentais é a suposição, muitas vezes nem sequer explicitamente enunciada, de que a população desses territórios possui um perfil próprio, inconfundível, que faria dela um grupo com uma cultura específica no interior da cidade. Do meu ponto de vista, como estou tentando deixar claro, o mais importante aqui não é dizer que tal ou qual especificidade cultural atribuída à favela é falsa ou não foi "ainda" cientificamente comprovada: não se trata de responder ao governador e aos que pensam como ele que a favela *não é* um reduto de marginais, mas *é* uma comunidade de trabalhadores, ou de afirmar que ela *é* uma comunidade cristã ou, ainda, que ela atualmente estaria "perdendo" os seus valores e práticas tradicionais, como o samba e a capoeira. A meu ver, é mais interessante abandonar toda e qualquer tentativa de discutir as identidades para, em seu lugar, discutir *as políticas de identificação e seus efeitos*. Busco aqui desenvolver o argumento sustentado por Gérard Noiriel que defende a necessidade de realização de estudos sobre formas e políticas de identificação em lugar de privilegiar o estudo de identidades.[8]

> *"O problema não é mais, então, de se interrogar infinitamente sobre a definição de identidade nas diferentes "culturas", mas de estudar as práticas concretas e as técnicas de identificação "à distância", encarando-as como relações de poder, colocando em contato os indivíduos que possuem os meios de definir a identidade dos outros e aqueles que são objeto de seus empreendimentos." (Noiriel, 2007: 5)*

Assim, o termo *comunidade* será analisado sem que busquemos a sua maior ou menor correspondência à suposta identidade desses lugares. O que me interessa é perceber como e com quais intenções este termo é acionado nesse quadro de criminalização dos territórios favelados.

O uso generalizado do termo *comunidade* quando se quer referir a favelas ou a outros espaços estigmatizados relaciona-se, até onde posso distinguir, a quatro intenções maiores que gostaria de destacar. Dentro dos meus limites, procurarei mencionar quais atores sociais se encontram envolvidos com os seus usos e propor um alargamento das discussões sobre este tema.

---

[8] Ver também Noiriel (2005).

Um lugar-comum, o eufemismo

A primeira intenção seria, pois, evitar mencionar a identificação, supostamente verdadeira ou ao menos reconhecida como vigente, por aquele que fala, sobre um lugar, a *favela,* (e sobre ou com pessoas, os ditos *favelados*) através de uma categoria que reconhecidamente seria estigmatizante. Uma valorização do eufemismo parece importante na dinâmica das relações sociais. Seu emprego permitiria, em parte, contornar o valor negativo que certas expressões espelham. O eufemismo, no entanto, não afronta o estigma. Seu uso indica uma relação de cortesia, necessária, no curso das trocas sociais que se passam com aqueles que não podem se desfazer de suas marcas. Uma delicadeza, portanto, ligada às circunstâncias penosas que a vida imporia e também às muitas modalidades de relações que envolvem os moradores e as pessoas "de fora". Observamos que este uso é generalizado entre diferentes grupos sociais — a mesma preocupação pode levar a substituir o termo *comunidade* por outro equivalente, como *morro* ou *bairro*. Já que o emprego do primeiro termo não é reservado a um uso eufemístico e é também muitas vezes associado a situações de discriminação, a intenção de evitar ferir ou de trazer à tona esta ferida social não está garantida *a priori*. Contudo, sabemos todos que nas trocas sociais o mais importante é o sentido que se elabora no interior das suas dinâmicas. O esforço continuado para não ferir as pessoas que acompanha as trocas sociais correntes motiva o uso do termo *comunidade* em muitos momentos, inclusive por aqueles diretamente concernidos — as pessoas que moram em favelas —, quando se referem a seus locais de moradia. Empregado pela mídia, pelo governo, pelas associações locais, pelas ONGs, o termo *comunidade* muitas vezes explicita a dificuldade dessa operação de levar em conta o que pensam os que se vêem nomeados de uma forma negativa. Parece-me recorrente o uso de eufemismos quando aqueles que produzem as identificações e participam dos mecanismos de sua aplicação precisam negociar com as populações por eles identificadas. Em circunstâncias de negociação, como em contatos eleitorais e políticos, em inaugurações de obras públicas, entre outras atividades, *favelas* são tratadas como *comunidades* e seus moradores como *cidadãos*, capazes de exercer os seus direitos, como, por exemplo, aquele do voto.

Se este uso eufemístico é recorrente, vale observar que, em muitas circunstâncias, do ponto de vista dos moradores, o que é mais reivindicado é a não-identificação, ou seja, preferencialmente, a anulação de qualquer referência à identidade territorial em trocas sociais diversas. Neste movimento, ao contrário dos usos eufemísticos, o que parece estar presente é uma recusa de se ver reduzido às especificidades negativas que essa identificação "comunidade" busca, com pouco sucesso, ultrapassar.

O termo "comunidade" em seus usos eufemísticos não é capaz de impedir a associação da pessoa com os traços negativos provenientes dessa identificação; somente indica a suspensão destes pelo uso momentâneo de aspas que podem ser retiradas quando for preciso.

Samba, respeito e tradição

A segunda intenção, freqüentemente associada à primeira, é aquela que visa a explorar, em contraponto, certos sentidos positivos associados à tradicionalidade que seria própria à cultura da população favelada. Na história do país, a tradição católica orienta uma das percepções mais difundidas da noção de comunidade entre nós.[9] A harmonia seria um dos seus traços mais importantes. Prevalece como um viés católico dessa harmonia comunitária a valorização de um princípio hierárquico estruturando as relações entre os desiguais. As relações de poder, investidas pelo valor da hierarquia, dariam lugar a uma complementaridade dos papéis sociais, cujo ordenamento faria, num certo sentido, parte da sacralidade de uma vida comunitária, da qual o modelo já estaria presente desde os primeiros cristãos. A Teologia da Libertação, corrente da Igreja que, como sabemos, defendeu uma versão política e igualitária da comunidade cristã, espalhou pelo Brasil afora um ideal comunitário que se realizaria pela solidariedade política entre os pobres. A comunidade, neste caso, seria a coletividade dos pobres organizados.[10] Em quaisquer das versões mais ou menos conservadoras do catolicismo a comunidade possui um caráter substantivo e um sentido intrinsecamente positivo: dela emanariam valores morais que teriam sua fonte nos pobres, naqueles situados nos últimos lugares da escala social. A complementaridade entre ricos e pobres, pelas suas qualidades diferenciais, garantiria assim a harmonia das comunidades internamente diferenciadas, mas estruturadas segundo um mesmo e

[9] Ver, neste sentido, a discussão a respeito das comunidades e seus valores católicos em Boyer (2007). Consultar também Brandão (1980), para a discussão da hierarquia religiosa no cotidiano de comunidades, e Sanchis (1994), para o paradigma católico estruturando a nação brasileira.

[10] Ver Burdick (1993) e Oliveira (1992) para o caso da Teologia da Libertação. Sobre a ruptura com o paradigma católico, cf. Birman (2007) e Pierucci (2004).

único eixo, aquele da hierarquia. A pobreza no catolicismo, lembremos, possui um diferencial moral positivo que, ao longo dos séculos, sacralizou a hierarquia social mundana. Um eixo hierárquico informa também a associação entre esta noção de comunidade e o emprego de uma certa percepção da cidadania, fundada na idéia de uma pessoa "civilizada" que aceita agir de acordo com a ordem social na qual se integra, em contraste com outras que, de fato, não mereceriam ser reconhecidas como plenamente "humanas".[11]

A noção de comunidade, baseada em valores católicos, não precisa ser explicitamente religiosa, como, aliás, freqüentemente não é: as referências à comunidade como lugar de realização da hierarquia e da complementaridade entre os diferentes se encontra ancorada num catolicismo difuso que se confunde, em algumas circunstâncias, com o que seria próprio do patrimônio nacional. Ela ganhou, para certas agências governamentais e não-governamentais, um valor emblemático como lugar de realização de valores "tradicionais". A imagem que resulta dessa concepção identitária é positiva e fartamente acionada tanto por moradores de favelas quanto pela sociedade mais ampla, em momentos em que se quer valorizar os elos dos primeiros com a segunda. Assim, as lideranças locais de favelas podem se dirigir a agentes do Estado para falar da "nossa comunidade" e de seus problemas. No mesmo diapasão, as autoridades políticas podem mencionar seu compromisso com alguns projetos que pretendem desenvolver na "comunidade". Os mesmos procedimentos são acionados por associações locais e ONGs. Não é preciso mencionar o quanto este termo é empregado em momentos de congraçamento como o Carnaval, no qual as "comunidades" desfilam, aplaudidas pelas autoridades e pela "boa sociedade" carioca.

Não é difícil reconhecer certos movimentos de patrimonialização de manifestações culturais que ocorrem em favelas como maneiras de preservar o que nestas seria mais "autêntico" (Gonçalves, 1996). Políticas de tombamento, de

[11] Encontramos esta reflexão na excelente descrição que Vidal (1998) faz do uso da noção de cidadão entre os moradores de Brasília Teimosa, território favelado em Recife. Segundo ele: "O estatuto de cidadão não é, no entanto, de forma alguma desvalorizado. Ele atesta o reconhecimento do pertencimento social pleno ao qual os habitantes de Brasília Teimosa atribuem uma grande importância. Encontram-se, aliás, na (noção de) cidadão certos elementos que estão no coração da noção de respeito, entendendo que o cidadão é aquele que concorre à harmonia da ordem social pelo seu trabalho e pelo seu comportamento exemplar... O cidadão tal como é concebido em Brasília Teimosa é de fato essencialmente orientado em direção à civilidade, elemento no coração da construção do conceito de cidadania nas democracias modernas. A civilidade implica o sentimento de pertencimento à ordem social (e a sua preservação a despeito das diferenças sociais...)" (Vidal, 1998:136 e 147, tradução da autora).

preservação cultural por meio de incentivos fiscais, entre outras, fazem parte das políticas públicas e envolvem "comunidades" de favela em certos casos. Algumas "festas da comunidade" reafirmam a existência de um território guiado por valores desse catolicismo difuso, onde se ancorariam as raízes nacionais. Um viés romântico mantém-se nas tentativas de revalorizar as "tradições comunitárias" que aliam moradores com movimentos voltados para o incentivo à cultura local, à recuperação de atividades tradicionais como formas também, afirmam alguns, de salvar a "comunidade" da destruição em curso. A "cultura", seja esta "material" ou "imaterial", como se diz hoje em dia, é recorrentemente acionada como modo de contrapor a favela, lugar disruptivo e violento, à "comunidade", lugar da harmonia e de projetos civilizacionais associados às raízes culturais e étnicas da nação: a capoeira, o samba, o forró, a festa do santo padroeiro, a arte de origem africana.

A imagem da favela-comunidade traz um forte apelo: seria através dos muitos meios do seu emprego o lugar de encontro da favela com o ideal de harmonia e de tradição. Esta imagem da favela-comunidade cria espaços de negociação, pontes entre grupos de dentro e de fora e estrutura também uma certa presença do Estado, que busca realizar seus projetos de intervenção. Assinalemos que o crescimento do pentecostalismo nas periferias urbanas tem dificultado a percepção totalizante que esta noção de comunidade possui (Birman, 2007; Birman e Leite, 2000). Seu caráter conflituoso e em antagonismo permanente com a herança católica e afro-brasileira desfaz constantemente esta imagem comunitária, chamando atenção para a fragmentação que acompanha a heterogeneidade social e cultural de seus habitantes (Preteceille e Valladares, 1999). Mas os pentecostais propõem também um modelo civilizacional que tem sido apoiado pelo Estado. Muitas lideranças pentecostais têm buscado falar em nome da "comunidade", enfatizando a dominância evangélica nesses territórios. A imagem da "favela-comunidade" é, pois, constantemente acionada para desfazer os discursos que englobam seus moradores pela identificação destes com os traficantes e seus crimes. As tentativas de se distinguir desses grupos por intermédio da noção de comunidade têm se mostrado difíceis, não somente pelo fato do discurso criminalizador ser dominante, mas também porque este tem uma eficácia que se apóia na mídia e em um certo consenso social na cidade. A razão mais relevante, no entanto, reside no fato de o discurso de valorização da favela como "comunidade" não questionar os fundamentos segregadores da política de criminalização. Antes, busca afirmar primordialmente que tal política de identificação seria inadequada em relação a esta população específica. Esta teria bons motivos para garantir aos que os identificam assim que, ao contrário do que pensam, eles são moralmente confiáveis e culturalmente adequados para serem aceitos como cidadãos na cidade.[12]

As políticas de governo em curso freqüentemente justificam seus projetos como intervenções de caráter civilizatório que teriam o objetivo de promover uma integração à cidadania. Enfatiza-se assim a necessidade de uma mudança de valores para garantir aos favelados o acesso à cidadania.[13] Neste caso, temos, claramente, um deslizamento de uma concepção política que compreende a cidadania como direitos civis para uma concepção culturalista que subordina a demanda por direitos à aquisição de um passaporte cultural, a ser obtido progressivamente pela transformação de uma população vista como incivilizada em indivíduos reeducados através do reaprendizado de uma boa identidade (Farias, 2007).

Relações face a face: histórias em comum

Visto de dentro e empregado pelos próprios moradores, o termo comunidade pode também ganhar uma importância particular quando associado às relações face a face entre os habitantes do lugar.[14] Não imunes a preconceitos, nem ao uso dos estereótipos correntes, os habitantes das favelas nem por isso aceitam sem ambigüidade e desgosto estas identificações negativas. Sob o prisma das relações de proximidade, os moradores podem descrever os acontecimentos que ali vivem enfatizando que seus lugares de moradia teriam para eles uma densidade afetiva própria, ligada a suas experiências de vida. Por exemplo, o acúmulo de experiências que certas pessoas tiveram através do partilhamento de um mesmo espaço de lazer, como uma quadra de futebol, uma pracinha, uma creche, uma birosca, um curso noturno, um pré-vestibular "comunitário", um culto dominical, entre outros lugares, é subjetivamente importante e apresentado também por muitos como uma busca por reconhecimento. Pode-se indicar assim por meio do termo comunidade que expe-

[12] Consultar sobre o tema o capítulo de Machado da Silva e Leite nesta coletânea.

[13] Vale observar que, como assinalamos (ver nota 9), os moradores de favela também associam comunidade à civilidade. Ao contrário das agências governamentais, no entanto, consideram-se "cidadãos" exatamente por se verem moralmente adequados e perfeitamente dignos de se integrarem à cidade e à nação. De certo modo ninguém se identifica com esse lugar que é o alvo da ação governamental – incivilizados são sempre os outros.

[14] Cf. As análises pioneiras do cotidiano nas favelas, de Zaluar (1985).

riências pessoais significativas se encontram profundamente associadas aos seus lugares de ocorrência, a ambientes cujas características físicas, geográficas e sociais contribuem para a sua importância. Afinal, os acontecimentos se passam sempre em "lugares", e as suas ocorrências implicam um conjunto de percepções do "lugar" que se imbricam com os acontecimentos nas trajetórias das pessoas.[15] A referência à comunidade, neste caso, associa as experiências locais, ligadas ao cotidiano, à condição de pessoas reivindicada pelos seus habitantes. Vizinhos aqui ou na China, colegas de escola no Borel ou em Copacabana, indivíduos fazem de certas relações de proximidade algo subjetivamente relevante em suas vidas, mesmo que essas práticas não se ancorem todas em valores culturais partilhados com seus vizinhos e parentes.

Os espaços, pois, voltemos a reconhecer aqui, com as suas características sensíveis, participam da construção das pessoas, das relações interpessoais, das formas de sociabilidade e dos acontecimentos que as envolvem. Uma identificação com o lugar, a favela, assim é construída e reclamada em contraposição aos argumentos que "só valorizam" os crimes que ali ocorrem. Assiste-se no Rio de Janeiro a inúmeras manifestações de moradores de favelas que reclamam dos focos que cineastas e intelectuais utilizam para criar imagens sobre a favela. Ao invés de valorizarem a "comunidade", dizem, valorizam o que, no seu interior, mais orienta as políticas governamentais postas em prática, isto é, a sua identificação com o crime e com a suposta incivilidade de seus habitantes.

No entanto, se é verdade que o espaço pode ser fundamental para estabelecer certos sentidos compartilhados, relativos a acontecimentos que fazem parte da memória de um grupo, dificilmente seria possível a partir disto estabelecer uma identidade positiva comum. A experiência desse sentido de comunidade que se entrelaça com lugares e trajetórias não é suficiente para exorcizar as identificações negativas, generalizantes, que ignoram o valor positivo dessas relações de proximidade na construção da vida social de seus habitantes. Embora seja possível para os moradores contraporem essas experiências aos traços estigmatizantes

---

[15] Mafra chama a atenção para o valor, subestimado pelos cientistas sociais, da paisagem. Diz a autora: "(...) a definição de paisagem utilizada aqui (...) refere-se ao entorno como o testemunho de vidas e trabalhos executados por gerações passadas que se chocaram uns com os outros, constituindo camadas de um mesmo lugar. A paisagem, nesse sentido, se parece menos com cenário de fundo e mais com um sítio arqueológico, pois diz respeito a camadas de processos e de materiais que tanto ocultam como revelam significados." (Mafra, 2007: 2)

aos quais eles são reduzidos, este contraponto se faz em uma "micro" escala, que não é levada em conta nos grandes debates da cena política reconhecida.

Os processos de identificação criam tipos, e a tipificação é imune à diversidade de modos de vida, de escolhas morais, sexuais e religiosas. Seu movimento, por definição, é o de provocar generalizações. Um milhão de pessoas como contra-exemplo pouco serve contra uma única identificação negativa que, elevada à condição de emblema, pode legitimar e participar dessas políticas, reafirmando o que seria a "verdadeira" e "autêntica" identidade do grupo a ser considerada em termos de interesse público. Basta um único caso, um único acontecimento, para reiterar a especificidade negativa de um grande conjunto populacional. Procedimento curioso este, que nos questiona a respeito das formas pelas quais certos enunciados geram seus efeitos de verdade. Suas formas de convencimento não são simples, já sabemos. Envolvem a história da cidade, da formação de suas divisões internas, de seus guetos, de seus conflitos e de suas formas de poder cristalizadas e largamente dominantes.

Contrapor identidades à identificação?

Ao colocar em relevo as formas de sociabilidade positivas que os ligam entre si através de uma experiência do lugar, os habitantes das favelas buscam mostrar o "outro lado" desses territórios, um lado social positivo, que se mostra contrário e mesmo antagônico à visão totalizante que os identifica "de fora". Este movimento, como dissemos, não parece ser muito eficaz. Como acionar esses planos, cuja escala "menor" parece desaparecer diante dos traços largos das identificações estereotipadas que pretendem tudo incluir? Como tornar visíveis as muitas comunidades, no sentido de muitos grupos que existem localmente e que dão densidade à vida das pessoas? Com efeito, o Estado e os setores dominantes da sociedade não se interessam em "reconhecer" as dinâmicas sociais nesta microescala, mas se interessam, sobretudo, em fornecer identificações que reiteram suas políticas de governo nesses territórios. O caráter dominante dessa política não chega a ser ameaçado pelas tentativas dispersas de valorizar esses microuniversos que seriam facilmente postos em equivalência com demandas presentes em outras localidades, em muitos outros lugares. O movimento que gera essas identificações totalizantes parece deter um sentido político relacionado às intenções práticas de administração das populações faveladas. Os atores desses movimentos de identificação não estabelecem diálogos, não perguntam pelos critérios empregados pelas pessoas concernidas para dizerem quem são. Ao contrário, geram formas próprias de identificação que são propostas como se fossem um mero reconhecimento de identidades que já existiam desde o início dos tempos.

Se uma favela não é uma comunidade, o que seriam então os favelados?

As formas de identificação que mencionamos, bem como os termos utilizados, podem ser associados, a bem dizer, a todas as qualidades, positivas e negativas, que seriam pertinentes aos lugares previamente definidos como aqueles onde os segmentos menos favorecidos da população vivem e convivem entre si. Pode-se tanto acionar imagens que associam esses territórios à violência e à barbárie quanto a aspectos de uma cultura tradicional que lá residiria. A noção proveniente da tradição católica de comunidade é assim, ao mesmo tempo, um contraponto a identificações negativas e uma faceta de um lugar que também pode ser olhado por outro prisma. Os usos positivos do termo comunidade para se contrapor a outros, como favela, terminam por contribuir, apesar dos intuitos e desejos dos indivíduos que os empregam, para reiterar um sentido prévio a todas essas definições, quer dizer, uma diferença substantiva — que pode ser negativa no essencial, mas também positiva em certos momentos — acionando diferenças culturais/civilizacionais que distinguiriam os bairros da cidade das ditas favelas/periferias/morros/comunidades.

Mostra-se, assim, possível conjugar de forma não contraditória identificações negativas e positivas: lugar da tradição e também lugar da violência. Lugar de relações harmônicas entre vizinhos, mas também lugar da incivilidade, da barbárie e da morte associadas ao tráfico de drogas e às balas perdidas. Lugar da família, mas também lugar de uma juventude desregrada, das igrejas pentecostais, dos bailes funk e das metralhadoras. Em suma, territórios que parecem destilar uma especificidade inconfundível ligada ao caráter moral e cultural de sua população. Suas diferenças internas não apagariam o princípio maior dessa classificação dualista, que constrói dois blocos identitários na cidade. Para as pessoas, contudo, que são constantemente objeto de identificações territoriais, destacar os pontos e contrapontos, enfileirar os estereótipos nas suas oposições e contradições aparentes não me parece evitar o essencial: o caráter totalizante deste vínculo não reclamado como forma de inclusão/exclusão do morador de comunidade/favela/periferia como habitante da cidade.

A comunidade e suas práticas reflexivas

Antes de terminar, gostaria de me referir a um último sentido de comunidade que também encontramos entre os que vivem nos territórios favelizados. Talvez em função do seu caráter pouco cristalizado seja melhor falar de *reflexão comunitária*. Refiro-me aqui ao reconhecimento que os habitantes das comunidades/favelas/periferias fazem de sua condição comum, como alvos que são dessas políticas que mencionamos. Não raramente parece aflorar através de certas atitudes de moradores o que podemos entender como uma resistência crítica a essas formas de designação e a suas conseqüências.

Em outros termos, um reconhecimento coletivo, quase uma evidência partilhada, de que todos, ali, são objetos de uma política discursiva que os aloca numa posição subalterna e estigmatizada, independente de e contra as suas vontades. Li uma vez uma descrição de uma antropóloga (Goldstein, 2003) a respeito de atitudes assumidas pelos moradores de uma favela, no cotidiano de suas vidas. Ela coloca em relevo o uso constante da paródia, do riso e da brincadeira como forma de crítica permanente a essas identificações negativas. A autora destacou uma prática de autodepreciação irônica por parte dos moradores, que empregavam todos ou quase todos os estereótipos correntes. A troca de insultos, bem como o uso de xingamentos, daria lugar a um distanciamento crítico que assim se reafirmaria frente às identificações negativas. Como se este sentido de comunidade se desse pelo reconhecimento de que existe um "nós" cujo sentido é dado essencialmente pelo fato de serem, em conjunto, alvo dessa política que os governa.

Podemos nos perguntar sobre o alcance dessas práticas de derrisão que se somam, às vezes, a protestos agudos em relação a excessos policiais e a demandas por direitos civis.[16]

Esta pergunta e também a pergunta inicial do texto, *favela é uma comunidade?* podem ser respondidas talvez através de uma outra atitude, que quero que acompanhe a minha reflexão, a de apoio às resistências possíveis.

---

[16] Cf. O movimento das mães de vítimas de violência policial em favelas analisado por Leite (2004) e Farias (2007).

Capítulo 7

Violência, risco e sociabilidade nas margens da cidade: percepções e formas de ação de moradores de favelas cariocas

Márcia Pereira Leite

1. Violência e "classes perigosas"

Na última década, o tema da violência se tornou central na cidade do Rio de Janeiro. Violência e tráfico de drogas são os elementos que configuram hoje a imagem da cidade outrora "maravilhosa", definem os cuidados de seus habitantes no cotidiano e a circulação dos visitantes por seus territórios, repercutindo sobre os atores, as pautas e as modalidades de ação presentes no espaço público. Certamente o que se nomeia por violência, bem como a definição de suas causas, dinâmicas e possíveis soluções, diferencia-se a partir de pertencimentos sociais e territoriais diversos e projetos políticos distintos. Entretanto, é inegável que a percepção da "violência urbana" como problema[1] renovou os discursos sobre a pobreza, a juventude e as áreas faveladas da cidade, as propostas e os experimentos de políticas públicas e os projetos de organizações não-governamentais para combatê-la,[2] além de impactar as formas de ação individuais e coletivas daqueles que indubitavelmente sofrem mais de perto de seus efeitos: os moradores das favelas cariocas.

Como se sabe, o ponto de inflexão do incremento da violência na cidade do Rio de Janeiro foi o novo perfil do tráfico de drogas, que, desde os anos 1980, se conectou aos cartéis internacionais para promover a entrada de cocaína em larga escala no mercado. O tráfico de drogas se tornou um negócio oligopo-

---

[1] Para a discussão das representações sobre "violência urbana" no Rio de Janeiro, consultar os capítulos de Machado da Silva e de Machado da Silva e Leite neste livro.

[2] Cf., para a análise das diferentes modalidades de tematização da violência no espaço público, Leite (2008a; b; 2006; 2004; 2003); Machado da Silva, Leite e Fridman (2005); Machado da Silva (2004); Zaluar (2004; 1998; 1994); Birman e Leite (2000); Soares *et alii* (1996).

lizado, que movimenta bilhões de dólares e envolve sofisticados circuitos de comercialização no atacado e de lavagem de dinheiro, além de se articular ao tráfico de armas (Zaluar, 2004; 1998; 1996; 1995; Misse, 1999; 1998; Rafael, 1998; Sento Sé, 1998). Confrontos com armamento pesado passaram a marcar a disputa entre bandos rivais pelos pontos-de-venda e destes com a polícia. As quadrilhas de traficantes de drogas desenvolveram estratégias de controle cada vez mais estrito sobre os territórios onde essa ponta final de distribuição se concentrou — favelas, conjuntos habitacionais, loteamentos clandestinos, bairros pobres e periféricos — e sobre sua população residente.[3]

A expansão da violência urbana e sua associação a novas configurações das redes de criminalidade são, sem dúvida, temas relevantes que vêm merecendo a atenção de vários pesquisadores.[4] Mas não constituem o interesse específico deste texto, para o qual considero suficiente destacar que opero com a hipótese levantada por Machado da Silva (cf. capítulo do autor neste livro e 2004a; 2004b) de que o crime violento sediado nas favelas cariocas expressa uma modalidade de sociabilidade distinta da que articula seus moradores, mas em contigüidade territorial com esta — a "sociabilidade violenta", que teria na força seu princípio de interação e sua linguagem específica. Com efeito, a análise do material empírico recolhido nesta pesquisa sugere que o estatuto da violência nas favelas alterou-se significativamente nos últimos anos. E que isto levou seus moradores a vivenciar cotidianamente situações de perigo e risco e a experimentar sentimentos de medo e de insegurança que alteram suas rotinas cotidianas e interferem em suas formas e redes de sociabilidade, bem como nas relações que entretêm com os habitantes de outros territórios da cidade.

Como se sabe, até os anos 1980, a representação negativa da favela como lugar da pobreza e da marginalidade[5] era contrabalançada por sua valoriza-

---

[3] Essa concentração deve-se tanto às condições morfológicas desses territórios — caso das favelas com alta densidade populacional, traçados de ruas labirínticos, difícil acesso às partes mais internas ou elevadas e, quando situadas em morros, excelente visibilidade das ruas (Machado da Silva, 2002) — como à história de precária presença e funcionamento das instituições estatais e serviços públicos nessas localidades.

[4] Consultar, entre outros: Zaluar (2004; 1996; 1995); Machado da Silva e Rivero (2005); Machado da Silva (2004a; b); Dowdney (2003); Kant de Lima *et alii* (2000); Peralva (2000); Misse (1999; 1997); Rafael (1998); Soares *et alii* (1996); Santos (1995); Adorno (1993).

[5] Como demonstra Valladares (2005), desde seu surgimento, as favelas foram percebidas e tratadas como um problema para a cidade. Jornalistas, agentes das instituições estatais, médicos sanitaristas, entre outros, produziram e difundiram uma imagem negativa da favela como *locus* da pobreza e da marginalidade, a degradação moral somando-se à sanitária. O perigo do "morro

ção como berço do samba, do carnaval e da cultura popular. Desde os anos 1980/1990, porém, as favelas passaram a ser tematizadas quase que exclusivamente pela violência e insegurança que trariam aos bairros. Atualmente, no repertório simbólico do Rio de Janeiro, o termo "favela" abrange diversos outros territórios de pobreza (conjuntos habitacionais, loteamentos irregulares, bairros periféricos etc.), aludindo não mais à precariedade de equipamentos urbanos e a estatutos de propriedade da terra/moradia específicos, mas sobretudo ao estigma da marginalidade, desordem e violência que o recobre, transformando os favelados no arquétipo das "classes perigosas".[6]

Segundo uma interpretação largamente difundida no Rio de Janeiro, as favelas seriam o território da violência, e a população ali residente, conivente com seus agentes, os traficantes de drogas. Essa percepção, que se traduz nas metáforas de "guerra" e de "cidade partida" entre o "asfalto" e as favelas, faz transitar parte da discussão da violência do campo da segurança pública para um terreno moral, em que os moradores de favelas são tomados como cúmplices dos bandidos pela via das relações de vizinhança, parentesco, econômicas e da política local. Sua convivência com bandos de traficantes de drogas nos mesmos territórios de moradia é percebida como expressão de sua "moralidade duvidosa". A submissão dos moradores de favelas à chamada "lei do tráfico" vem sendo percebida como uma escolha entre esta e a "lei do país", como uma opção por um estilo de vida que rejeitaria as normas e os valores intrínsecos à ordem social. Para esta formulação, aqui residiria a raiz de uma forte ambigüidade que marcaria as relações dos moradores de favelas com as redes criminosas sediadas nesses locais, levando-os a buscar proteção e apoio destes, bem como a protegê-los da polícia.

Insegurança e medo marcam, assim, a percepção social sobre os moradores de favelas, levando à criminalização dos mesmos, a uma crescente segmentação so-

---

descer" passou a figurar no imaginário carioca como ameaça constante de irrupção da revolta e da violência na cidade. Também os cientistas sociais, que a partir dos anos 1950 voltaram sua atenção para a favela, tenderam a perceber a pobreza urbana como territorializada nas favelas.

[6] A identificação dos segmentos subalternos da população como "classes perigosas" tem suas origens na República Velha com a criminalização do movimento operário e sindical, mas atravessa o período subseqüente associada à disciplinarização da força de trabalho e ao controle de suas organizações sindicais e políticas (Pinheiro, 1981; Vianna, 1978). Nos anos 1980/1990, entretanto, a acepção de "classes perigosas" se transformou, perdendo sua dimensão política. Na correlação de forças ligada à reestruturação produtiva, a classe trabalhadora, enfraquecida, não é mais percebida como perigosa. O medo, ligado aos riscos à integridade física e patrimonial e sem dúvida bem fundamentado, decorre do novo sentido de perigo representado pela pobreza e marginalidade (doravante associada ao crime violento) que a favela tipifica no imaginário social.

cioespacial da cidade (Ribeiro *et alii*., 2003; Mello, 2001; Leite, 2008a) e à redefinição das políticas públicas e dos projetos sociais destinados a essas populações e a esses territórios.[7] Favorecem também a articulação de uma política de segurança pública que tem no confronto direto com os traficantes e na promoção de uma "guerra" contra as favelas e seus moradores seu principal foco (Machado da Silva, Leite e Fridman, 2005; Ramos e Lemgruber, 2004; Cano, 2003; 1997; Caldeira, 1998; Soares *et alii*, 1996). A ação truculenta da polícia contra moradores de favela desfruta de significativo apoio no restante da cidade. Considerações a respeito do uso policial da "força desmedida" (Brodeur, 2004), *i.e.*, ao largo de sua atribuição legal, que tem como uma de suas faces mais perversas as altas taxas de homicídios de jovens favelados envolvidos ou não nas redes de droga (Dowdney, 2003; Peralva, 2000; Soares, Milito e Silva, 1996), são descartadas pelos governantes e por uma forte corrente de opinião como tomadas de posição pelos "direitos humanos dos bandidos" contra os direitos e a liberdade dos "cidadãos de bem" (Leite, 2000).

Vale ressaltar que grande parte dessas mortes permanece impune a despeito dos esforços de muitos de seus familiares que se mobilizam, protestando contra a violência policial, denunciando presumíveis culpados e exigindo justiça. Note-se aqui a diferença de tratamento e repercussão entre os episódios violentos nos territórios favelados e no restante da cidade. São restritos o destaque que lhes confere a mídia, a indignação e a postulação por justiça que despertam, a solidariedade às vítimas e/ou aos familiares que envolvem, o compromisso e empenho dos poderes públicos com a apuração e a punição dos responsáveis que acarretam e as mobilizações sociais que suscitam. Dessa forma, os estigmas sobre os moradores de favela minam a legitimidade de suas denúncias e reivindicações no espaço público e dificultam, para além da ineficiência e lentidão das instituições estatais, seu acesso à justiça (Fridman, Leite e Oliveira, 2005; Zaluar, 2004; entre outros). As vítimas e seus familiares, quando provenientes dos territórios de favelas, encontram na criminalização prévia da população ali residente o viés que marca e limita a atuação da burocracia do Estado em relação a suas queixas e exigências quanto a inquéritos, procedimentos e reparações, usualmente respondidas com indiferença, desrespeito e descompromisso na certeza de que se trata de demandas espúrias de pessoas praticamente tidas como não-cidadãs (Birman e Leite, 2004; Justiça Global, 2004).[8]

---

[7] Ver, a respeito, o capítulo de Machado da Silva e Leite neste livro.

[8] O julgamento do policial acusado de comandar a chacina do Borel, que vitimou quatro jovens moradores dessa favela (evento que acompanhei em outra pesquisa), é exemplar do ponto

Uma permanente suspeição também paira sobre as organizações de base e as ações coletivas dos moradores de favelas. Como várias pesquisas têm demonstrado (Machado da Silva e Leite, 2004; Miranda e Magalhães, 2004; Alvito, 2001; Leite, 2008b; Leeds, 1998; Mafra, 1998; Zaluar, 1995), a representação política nessas localidades tem sido crescentemente dificultada pelo crime violento. É necessário considerar que a nova configuração do tráfico de drogas levou ao "desencapsulamento" do crime violento, que antes se situava em áreas menos acessíveis das favelas e era desinteressado da vida local,[9] e passou a envolver o controle militar aberto e sem disfarce do território e a submissão das organizações de base a suas ordens e seus desígnios, esvaziando-as de base social e legitimidade. Com base neste fato, as autoridades públicas e a própria mídia via de regra percebem e classificam quaisquer de seus atos e manifestações como "comandados" pelo tráfico (Machado da Silva, Leite e Fridman, 2005; Leite, 2003). A conseqüência perversa desta criminalização prévia e genérica é ampliar os já estreitos limites encontrados pelas organizações de base nas favelas para resistir aos agentes do crime violento. E, em decorrência, para agregar os moradores, desenvolver ações coletivas nesses locais e ter acesso legítimo ao espaço público em suas tentativas de fazer valer os interesses e demandas dos moradores frente às agências estatais, inclusive por segurança pública (Fridman, Leite e Oliveira, 2005; Leite, 2005).

É no interior desta configuração que as favelas cariocas se constituem como espaços que, por diferentes meios e relações, se encontram vinculados à violência. Constituídas na percepção social como território da violência na cidade, as favelas são habitadas por uma população que precisa levar em conta em seu cotidiano, de um lado, esta designação que os abrange e que essencializa uma diferença em relação ao restante da população carioca e do território urbano, demarcando seu lugar na cidade e suas possibilidades de acesso aos bens de cidadania e às instituições e serviços públicos. De outro, precisa considerar as diferentes modalidades de presença e atuação do crime violento e da polícia em seus locais de moradia. Ambas as dimensões constroem e reconstroem as

---

destacado. Grande parte da atuação do advogado de defesa resumiu-se a, dispensando-se de defender o acusado, apresentar o Morro do Borel como uma favela violenta. Destacando a relação de contigüidade territorial, aproximava moralmente os moradores dessa favela, inclusive os familiares das vítimas, das quadrilhas de traficantes de drogas sediadas no local e desqualificava seus depoimentos.

[9] Para o tema, cf. o capítulo de Machado da Silva e Leite neste livro e Machado da Silva (2004a; 2004b).

fronteiras entre "asfalto" e favela no Rio de Janeiro como distintos territórios físicos e morais na cidade. O que está permanentemente em jogo, no caso da primeira, é a renovação dessas fronteiras no afã de territorializar discursivamente a violência, envolvendo um esforço empreendido por meio de dispositivos[10] diversos de encapsulá-la às "margens" da cidade (Leite, 2008a). A segunda dimensão indica que a sociabilidade que se tece nas favelas incorpora a violência como um dado empírico com o qual sua população tem de lidar no cotidiano, como demonstra a análise dos relatos dos moradores realizada por Machado da Silva e Leite em capítulo deste livro.

Vivenciando o perigo e a insegurança cotidianamente nessas localidades, seus moradores buscam continuadamente e através de vários meios e mediações deslocar essas fronteiras de modo a possibilitar um outro desenvolvimento da vida cotidiana nesses territórios, como examinarei nas seções seguintes, tendo por referência a análise desenvolvida no capítulo acima mencionado. Antes, entretanto, é necessário situar brevemente a perspectiva analítica que orienta o exame das percepções e condutas dos moradores de favela.

2. Risco, confiança e cidadania

Como se sabe, os temas do risco, da insegurança e da confiança têm crescentemente despertado o interesse dos cientistas sociais para a compreensão das sociedades contemporâneas e de suas condições de "modernização reflexiva". Segundo Giddens (1991; 2002), o "lado sombrio" da modernidade, que se contrapõe ao "lado da oportunidade" traduzido nas idéias de "progresso" e de uma "ordem social mais feliz e mais segura" enfatizadas pelos pensadores clássicos, consiste precisamente na exponenciação dos perigos e riscos[11] associados ao desenvolvimento da

[10] A noção de dispositivo refere-se a "um conjunto decididamente heterogêneo que engloba discursos, instituições, organizações arquitetônicas, decisões regulamentares, leis, medidas administrativas, enunciados científicos, proposições filosóficas, morais, filantrópicas. Em suma, o dito e o não dito são elementos do dispositivo. O dispositivo é a rede que se pode estabelecer entre esses elementos" (Foucault, 1979: 244).

[11] Para Giddens, "perigo e risco estão intimamente relacionados, mas não são a mesma coisa. A diferença não reside em se um indivíduo pesa ou não conscientemente as alternativas ao contemplar ou assumir uma linha de ação específica. O que o risco pressupõe é precisamente o perigo (não necessariamente a consciência do perigo). Uma pessoa que arrisca algo corteja o perigo, onde o perigo é compreendido como uma ameaça aos resultados desejados. Qualquer um que assuma um 'risco calculado' está consciente da ameaça ou das ameaças que uma linha de ação específica pode pôr em jogo" (1991: 40).

tecnologia, às catástrofes naturais e ao desemprego estrutural. Riscos que afetam amplos contingentes da população mundial e que, como enfatiza Beck (1997), têm uma distribuição assimétrica em cada contexto local/nacional e por classe social.[12] Para os autores, na modernidade, a confiança derivaria sobretudo da existência de rotinas e da operação dos "sistemas peritos", constituídos pelos bens e serviços públicos implementados e/ou regulados pelo Estado e pelos conhecimentos peritos a eles associados, que assegurariam um mínimo de previsibilidade à ação social. Através de ambas, seria possível incidir sobre a contingência e o acaso que alimentam os perigos e a insegurança cotidianos e, assim, garantir a previsibilidade das rotinas e um mínimo de "segurança ontológica".[13]

Neste capítulo, considero o rendimento analítico da aplicação dessas categorias à compreensão e análise das descrições e dos relatos do cotidiano de moradores de favelas cariocas. Entendo, porém, que no caso brasileiro a "sociedade de risco" também assume outros contornos para além daqueles enfatizados pelos autores. Isto porque a desigualdade na distribuição de riscos é exponenciada pela desigualdade social e pela segmentação espacial do território urbano. Desta forma, não se pode presumir, entre nós, a confiança nas instituições estatais encarregadas da proteção aos cidadãos que, ao contrário, com freqüência trazem incerteza e insegurança à vida dos segmentos subalternos da população, uma vez que, de um lado, a extensão e qualidade da oferta dos bens de cidadania e dos serviços públicos diferenciam-se social e espacialmente e, de outro, a lei escrita não se aplica universalmente a todos os casos e segmentos sociais. A noção de "sistema perito", que está associada à burocratização do conhecimento sob a forma de organizações incrustadas na vida cotidiana, supõe um universalismo que não existe no caso de alguns sistemas no Brasil, cujas regras de funcionamento, embora burocratizadas, são ao mesmo tempo contingentes e contexto-dependentes.

Em termos comparativos, vale lembrar as formulações de Veena Das e Deborah Poole, em livro recente sobre a atuação do Estado no Peru, na Índia, em Serra Leoa, na Guatemala, na África do Sul, no Sri Lanka, no Chade e na Colômbia

---

[12] Para a diversificação de riscos na sociedade contemporânea e a atuação do Estado no sentido de monitorá-los/minorá-los através de diversas tecnologias de controle, ver Giddens (1989; 1991) e Beck (1997).

[13] Giddens considera "segurança ontológica" um fenômeno emocional, e não cognitivo, que "se refere à crença que a maioria dos seres humanos tem na continuidade de sua auto-identidade e na constância dos ambientes de ação social e material circundantes" (1991: 95 e ss.).

(2004). As autoras questionam a definição de Estado com base na centralização do poder, na monopolização da violência e na afirmação do princípio da territorialidade da obrigação política — o modo específico de constituição e desenvolvimento dos Estados-nação europeus — que é tomado explícita ou implicitamente como modelo para outros países, outras culturas, outras temporalidades. Criticando essa perspectiva analítica, Das e Poole sugerem aos estudos pós-coloniais "explorar as margens do Estado", referindo-se não necessariamente a fronteiras geográficas, áreas em que o Estado não teria penetrado completamente e que não regularia, ou o faria parcialmente. Mas, sobretudo, a territórios, populações, práticas produzidos pela dinâmica do próprio Estado moderno e às formas através das quais a lei e autoridade deste são experimentadas, vivenciadas, por essas populações. Desse ângulo, as margens do Estado variam segundo sua morfologia interna. Ou, como sustenta um dos colaboradores do volume, de acordo com "as diferentes maneiras de determinar pertencimento e inclusão, dentro e fora, a lei e a exceção" (2004: 280). Assim, o funcionamento do Estado nas "margens", entre outros aspectos, vincula-se aos critérios efetivos de cidadania e às diferentes modalidades de aplicação da lei em casos específicos (sempre em "situação"), às relações das instituições estatais e de seus agentes com os diferentes segmentos da população e à percepção destes acerca do funcionamento estatal.

A sugestão é interessante para a análise dos relatos e descrições sobre a vida cotidiana nas favelas cariocas e das percepções de sua população sobre insegurança e risco nesses locais, bem como das formas de lidar com estes e de sua relação com o Estado e a sociedade inclusiva. Considero ser também possível apreender essas relações como se desenhando com base em uma equação centro-periferia que não tem no espaço seu vetor exclusivo, nem determinante — embora a constituição dos territórios da cidade seja uma de suas dimensões mais importantes, como indiquei anteriormente. Mas que se estabelece através de fluxos e mediações diversas em relação às instituições e políticas estatais, ora incorporando, ora não os moradores de favela, e regras contingentes e contexto-dependentes. Esta situação é analisada por Lautier como expressão de uma "cidadania de geometria variável", desenvolvida no Brasil e em outros países, com o "abandono do postulado que define a própria noção de cidadão: a univocidade da cidadania e, portanto, do conjunto de direitos-deveres, sobre um dado território nacional" (1987: 87). Nestes termos, pode-se afirmar que a "geometria variável" permitiu à sociedade brasileira absorver a república, mas descartar o universalismo que a acompanha.

Como se sabe e Santos (1987) bem demonstrou, a institucionalização dos direitos de cidadania em nosso país não seguiu o postulado da universalidade com base no qual o estatuto da cidadania se desenvolveu nos países europeus e no ideário liberal-democrático e que foi sintetizado por Marshall (1967) como uma medida de igualdade que correlaciona, através de um elenco de direitos, indivíduos pertencentes a um Estado nacional.[14] Comparando os dois processos, Lautier destaca, na experiência européia, a assimilação da "cidadania plena" à "'cidadania salarial' que se caracteriza pela garantia dos direitos sociais correlata ao exercício do trabalho assalariado" e, em sociedades como a brasileira, a inadequação do modelo marshalliano, que se expressa atualmente sob a forma de uma cidadania fragmentada, "de geometria variável". Com isso, remete à incapacidade de o Estado "definir estatutos sociais, ajustá-los e unificá-los em um sistema único de direitos-deveres" e ao funcionamento diferenciado das instituições estatais a que, hoje em dia, a quase totalidade dos brasileiros tem acesso. Argumenta que "a economia informal é marcada pelo caráter muito parcial dos direitos sociais e pelo seu baixo nível de garantia", uma vez que não existe um "estatuto social de referência [a propriedade fundiária, a posse de uma pequena empresa ou a capacidade de participar do debate político] que possa se constituir em uma base da cidadania dos atores da economia informal" (1987: 86).[15]

A análise desenvolvida por Lautier sobre as modalidades de cidadania existentes nesta configuração pode nos fornecer pistas para refinar a compreensão dos riscos e inseguranças vivenciados pelos moradores das favelas cariocas. Indubitavelmente, do ponto de vista de uma definição jurídica da cidadania, isto é, enquanto detentores de direitos civis e políticos, os moradores de favela são cidadãos. Mas este estatuto é problematizado pelo fato destes segmentos po-

[14] Para Santos (1987), no caso brasileiro, a ampliação da cidadania sob o Estado corporativo, instituído nos anos 1930, vinculou os direitos sociais a direitos do trabalho, implementando uma "cidadania regulada" em que o princípio da eqüidade foi substituído pela diferenciação de direitos por categoria profissional e face à sua posição no processo de acumulação e à sua capacidade de luta e barganha políticas. Para as mudanças no estatuto jurídico da cidadania no país com a Constituição de 1988, ver Leite (1993). Ver também as análises, sob angulações diversas, de Carvalho (2001) e Carvalho (2000).

[15] "A imensa maioria dos atores da economia informal não está inscrita no sistema de direitos-deveres sociais ligado ao emprego assalariado: se uma pequena parte deles tem acesso ao sistema de saúde, quase todos estão excluídos da aposentadoria, da garantia jurídica do emprego etc." (Lautier, 1987: 86). Para uma tipologia dos cidadãos nessas sociedades, ver a análise desenvolvida pelo autor nas páginas seguintes.

pulacionais serem constituídos, em grande parte, por indivíduos sem trabalho assalariado estável e direitos sociais garantidos, sem propriedade fundiária ou empresarial, sem qualquer possibilidade de acesso ao sistema de seguros privados, em sua condição de assalariados precários ou de imersos na economia informal que desfrutam de poucos direitos sociais vinculados ao trabalho.[16] Além disso, a presença do crime violento em seus locais de moradia e os estigmas e a criminalização que sofrem obstaculizam ações coletivas para a expansão dos direitos através de reivindicações dirigidas às instituições estatais — o outro caminho possível para a obtenção de bens de cidadania, alternativo ao vinculado às relações de trabalho. Neste quadro, os moradores das favelas cariocas têm um acesso aos direitos de cidadania muito parcial,[17] e inclusive seus direitos civis, como o direito à segurança e à própria vida, são muito fragilmente garantidos pelo Estado e tematizados pelo restante dos habitantes da cidade. Esta configuração expressa uma situação de vulnerabilidade social e política dos moradores de favelas, que tem como contraface o que venho me referindo no âmbito deste capítulo como isolamento desses segmentos populacionais.

É neste contexto que se delineia o objetivo da análise que se segue: compreender de que forma os riscos são identificados e a insegurança é sinalizada nas narrativas dos moradores sobre a vida cotidiana em favela e as formas relatadas pelos mesmos para lidar com tais situações. É importante destacar aqui que a perspectiva analítica desenvolvida busca apreender as situações de risco e insegurança tal como elas se configuram para os atores e, nestes termos, também o contexto intersubjetivo no qual estes agem e desenvolvem suas formas e relações de sociabilidade.

3. "Comunidade" e favela/morro: laços sociais e formas de ação em contexto de violência

O primeiro eixo analítico desenvolvido neste capítulo busca compreender as percepções da população residente sobre seu local de moradia. O que os

[16] Para a caracterização socioeconômica dessa população, consultar Ribeiro e Lago (2000), entre outros.

[17] Para uma análise aprofundada do tema, sob diferentes angulações, consultar Leite (2007); Leite e Machado da Silva (2007); Ribeiro (2005); Zaluar (2004); Machado da Silva (2002; 1967); Ribeiro e Lago (2000). Ver também o sentido atual das políticas públicas destinadas às favelas nos capítulos de Machado da Silva e Leite e de Birman neste livro.

moradores nos diziam ao falar em "comunidade" e em favela/morro? No passado, as favelas eram usualmente representadas como "comunidades" por seus moradores. Esta representação destacava e valorizava uma vida cotidiana marcada por contatos primários, solidariedade, ajuda mútua etc., e possivelmente encontrava correspondência na sociabilidade que ali se desenvolvia. Embora muitas vezes também fosse formulada uma reação à construção da favela na percepção social e nos discursos dos agentes das instituições estatais como um problema para a cidade, isto é, como um "mundo à parte" da cidade e da sociedade, caracterizado pela ilegalidade, por atraso e desorganização social, constituindo uma ameaça potencial (cf., entre outros, Valladares, 2005; Machado da Silva, 2002; Zaluar, 1985; Leeds e Leeds, 1978).

Na atualidade, o recurso à idéia de "comunidade" nas narrativas de seus moradores seria uma forma de reconstruir esse espaço, conferindo um sentido positivo para o território e seus moradores, alternativo aos acionados pela "cultura do medo" (Soares, 1996). Referir-se a favelas com mais de dez, vinte mil moradores e atravessadas pela violência criminal como "comunidades" seria um recurso meramente argumentativo, isto é, uma forma de elidir a violência nas favelas e seus efeitos na vida cotidiana que ali se desenvolve? Uma maneira de enfrentar, de um lado, os estigmas sobre o território e a população favelada e, de outro, apresentar como injustificável a violência policial nesses locais?[18] Ou pode ser compreendido como uma descrição aproximada de certos aspectos da vida cotidiana nesses territórios? Para responder a estas perguntas, é importante analisar em que contextos e circunstâncias os moradores empregam as categorias "favela" ou "morro", buscando apreender como as representações sobre seu local de moradia se articulam às narrativas sobre as experiências com a violência nesse território.

Vários moradores relataram que, quando o tráfico irrompia no território, só lhes restava entrar na favela de "cabecinha baixa, sim senhor" e ir direto para casa, "fechar as janelas", "não ver, não tomar conhecimento, isolar-se, proteger-se, sair" (mudar-se para outra favela). Muitos, nos relatos sobre a violência praticada pelos integrantes das quadrilhas de traficantes de drogas, usavam a categoria "favela" ou "morro", e não "comunidade", para descrever as práticas

---

[18] Vale notar que a categoria "comunidade" também vem sendo recorrentemente utilizada pelas instituições governamentais e seus agentes em seus contatos com os moradores de favela e na apresentação de suas políticas nesses locais. Entretanto, neste caso, trata-se via de regra de um compromisso: referir-se às favelas como "comunidades" não passa de uma forma de evitar aludir a esses estigmas e confrontar a população ali residente.

dos criminosos nesses locais e seus desdobramentos, inclusive suas próprias reações e as de amigos e vizinhos.

> *"Antes cada comunidade tinha o seu pessoal e nem sempre conhecia o morro em frente... essa relação era menos violenta. Nunca deixou de ser violenta, mas era menos violenta. Porque, na verdade, ali também era uma família... um ou dois irmãos que tinha essa relação entre famílias. Ele respeitava teu pai, mas era um bandido local. Então ele respeitava: — 'Eu sou o bandido, mas, pô, eu conheço o pai dele.' Tinha uma relação de amizade pela família: — 'Eu estou aqui porque não tive oportunidade na vida... virei bandido. Vou ficar com o dinheiro daqui, mas, seu Joaquim, o cara não está legal, dá um papo... senão, vamos tomar umas providências.' E aí as coisas se davam dessa forma."*

> *"O pessoal da antiga, que tinha respeito... a maioria foi presa ou morreu... E essa garotada que está assumindo... eles não são crias daquela comunidade. (...) a maioria sai daqui para tomar conta de outro morro. É a globalização. E no outro morro eles não conhecem ninguém, dane-se! E o daquele morro vem para cá, justamente para não ter elo nenhum, para não ter pena, nem piedade."*

> *"Antigamente (...) conheciam o nome de todos [os moradores da favela]. Essa garotada não quer saber. (...) se não for mais acima que ele ou do bambambã (...) 'entra' você e o fulano. Se você põe uma cerquinha mandam tirar, porque eles querem pular lá no dia em que fogem da polícia, na tua casa (...) Duvido que antigamente um senhor de idade ou uma menina descesse nu pela favela."*

> *"Antes a coisa era escondida, era meio que..., aquele cara que usava droga, que vendia, ele era o errado da história. Hoje em dia ele passou a ser o status da favela. Toda criança, quando nova, fala: — 'Ah, eu quero ser bandido!' Ela sabe que sendo bandido vai ganhar algum status lá dentro, passa essa ideologia mesmo... É uma coisa já mais na frente mesmo, você passa, ele está ali armado e ali ele vai ficar armado."*

É importante ressaltar como o recorte temporal opera na avaliação da violência praticada pelos integrantes das quadrilhas de tráfico de drogas nas favelas.

Antigamente, dizem, o varejo de drogas nos morros e favelas cariocas era regulado pelo "respeito", desenvolvendo-se através da imposição (e do cumprimento) de normas claras e coletivamente seguidas (a "lei do tráfico") e envolvendo menos violência (ou modalidades diversas de violência). Falando do presente, quase todos os moradores ouvidos mencionaram diversos impedimentos, aos quais se submetem regularmente, ao desenvolvimento de relações com vizinhos, amigos e instituições residentes do outro lado das fronteiras definidas pelo tráfico em seus locais de moradia e em outras favelas/instituições da cidade.[19]

Mas tais relatos compõem de fato todo o quadro da vida cotidiana nas favelas?

Em seus relatos, os moradores também fazem referência a outros elementos que dariam uma certa modulação a essas práticas violentas: o fato de os traficantes serem "de dentro"/"crias" ou "de fora da comunidade". Assim, o conhecimento prévio e o "respeito" conquistado pelos moradores poderiam operar como uma espécie de "anteparo" às mesmas. Voltarei a este ponto logo em seguida. Por ora me interessa ressaltar que foi grande a divergência sobre a eficácia atual desses recursos. Para muitos moradores, a pouca idade/maturidade dos traficantes atuais igualaria os "de dentro" e os "de fora". Outros, ainda, apontaram para uma modalidade de crime/violência nos dias de hoje que não existia "antigamente", quase sempre designando-a como "crueldade" ou classificando seu autor como "bicho louco", isto é, sem regras, sem sentimentos, sem respeito aos outros.

Entretanto, paralelamente a seus pungentes relatos de dramas enfrentados em seu cotidiano que descreviam como a violência praticada por integrantes dos bandos armados abatia-se sobre eles próprios, seus familiares, amigos e vizinhos, muitos participantes dos coletivos de confiança também relativizavam indiretamente sua submissão à "lei do tráfico", pois referiam-se aos laços construídos no passado, na "comunidade", de modo a empreender uma certa moralização da conduta de alguns agentes do crime violento. Estariam, assim, tentando restaurar no presente, mesmo que imaginariamente, a dimensão perdida de "comunidade" como base de uma interação possível, ainda que limitada a certas circunstâncias, com os criminosos? De outro ângulo, isto indicaria uma "ambigüidade moral"? O que essas condutas, usualmente interpretadas pela opinião pública dominante como "ambíguas", traduziriam do ponto de vista do conjunto dos moradores de favela?

---

[19] Cf. os capítulos de Machado da Silva e Leite; Farias; Fridman e Rocha neste livro.

Em contraste com suas referências sobre a atuação policial nas favelas, examinadas no capítulo 4 deste livro, os moradores parecem expressar uma certa "ambigüidade" ao falar dos traficantes, justificando a idéia de que, mais do que mera contigüidade territorial, haveria uma certa proximidade social e moral entre moradores e traficantes. Essa interpretação, muito difundida na literatura, apóia-se na mencionada qualificação de muitos traficantes como "crias da comunidade", tornando complicada uma ruptura total com os mesmos e diferenciando-os dos "bichos loucos".

> *"A gente pega fotos e aí a gente vê aquelas crianças lá nos meus aniversários. Em festas... Aí você vê aqueles rostinhos que agora estão lá... O que a gente vai fazer? A gente vai simplesmente virar a cara? A gente não vira. Porque foram criados juntos, cresceram juntos... é família que mora há muitos anos... na favela. Comunidade é isso. São famílias que geralmente são crias. A gente diz 'cria'... Nasceu ali, então fica difícil."*

> *"Antes de ser bandido, ele é morador. Antes de ser traficante de drogas, jogou bola comigo. Jogou bola comigo... virou bandido. Estudou com ela... virou bandido... Se o cara foi, chegou desarmado, sem nada, e quer tomar uma cerveja... você vai conversar com ele (...). Agora, você não vai ficar participando do que ele participa, você não vai cheirar, fumar, assaltar com ele..."*

Minha interpretação é que a elaboração de formas de lidar com os integrantes dos bandos de traficantes sediados nas favelas desenvolve-se a partir do reconhecimento por parte dos moradores de sua inserção em uma ordem factual que é caracterizada, de um lado, pela contigüidade com o crime violento no território e pelas diversas situações em que sua presença e atuação alteram suas rotinas cotidianas e afetam seus familiares, amigos, vizinhos. De outro, pelo acesso precário dos moradores de favela aos bens de cidadania e às instituições e serviços públicos, que lhes dificulta recorrer a alternativas institucionais para se contrapor ao risco e à violência, tentando minorá-los ou enfrentá-los em seu cotidiano.

Desse ângulo, o que muitas vezes se apresenta como "ambigüidade" (a conduta usualmente interpretada enquanto tal) pode ser compreendido, em outro nível de análise, como o recurso social/simbólico disponível aos moradores de favelas para tentar lidar com o perigo e a insegurança acarretados pela presença e atuação do crime violento no território. Refiro-me aqui, de um lado, a uma atitude de não-confrontação, que envolve uma percepção clara do perigo envolvido em situações de contato — inevitáveis face à contigüidade territorial — com os agentes do crime violento e o cuidado (que demonstra compreensível prudência, diga-se de passagem) de não fazer ou dizer nada que possa provocar explosões de força sem correspondência com a conduta envolvida. Dito de outro modo, os moradores de favelas reconhecem o perigo dessas/nessas situações de encontro com traficantes, com quem não compartilham as mesmas regras de conduta. Perigo que é em parte previsível, pois social e cognitivamente mapeável — envolvendo um cálculo dos riscos inerentes a esses contatos — por aqueles que vivenciam em seu cotidiano o acionamento da linguagem específica de expressão do crime violento: a força (Machado da Silva, 2004). Porém, essas interações contêm também uma dimensão de imprevisibilidade, uma vez que não se pode antecipar com segurança que enunciado ou ação será tomado como confrontação, resultando em reação violenta.[20] Em vários grupos focais, o conjunto das narrativas tematizava o perigo da simples presença desses criminosos no território das favelas, revelando a impossibilidade de prever quando e calcular como eles acionariam a força.

> *"E tem pessoa que é mais receptível. O bandido também é assim. Ele é uma pessoa. Você gosta de uma pessoa chata pra cacete? Uma pessoa que não vale nada? O bandido também é assim. Pô, com o 'cara' posso conversar: — 'Pô, fulano, o que é isso? Vamos bater um papo!' Você consegue alguma coisa..."*

> *"De repente o 'cara', por te conhecer, pode dizer assim: —'Pô, rapaz, não sei que...' Dá um cascudo, deixa passar... Mas o outro 'cara' lá diz que acha que aquilo não tem nada a ver: —'Passa [mata] o cara, já era...'"*

Certamente a dificuldade dos favelados traçarem claras linhas demarcatórias que os separem dos criminosos também decorre de experiências comuns no passado, como é patente nos relatos acima. E possivelmente, no presente, são produzidos encontros em que os criminosos assumem as referências axiológicas dos moradores (até porque terão sido socializados nelas) apresentando-se e conduzindo-se a partir delas — mas isso é instável e contingente. Uma

[20] O que problematiza tanto a compreensão de moradores de favelas como a interpretação dos analistas quanto à existência de uma "lei do tráfico" nesses territórios, pois isto suporia a regulação das condutas com uma estabilidade que não existe ou é extremamente precária.

dimensão do risco para os moradores envolvidos nesses contatos é a impossibilidade de antecipar as orientações da conduta dos agentes do crime violento. Mas apesar desta imprevisibilidade, em certos casos os moradores assumem o risco desses contatos na hipótese de, sendo bem-sucedidos, minimizar os danos excessivos do exercício de força. Para viabilizá-los, precisam operar *como se* se tratasse de uma interação previsível e controlável. O que implica acionar, para dentro e para fora das favelas, o repertório da "comunidade" e suas "crias", mascarando, "para fora", o contexto de perigo e insegurança em que vivem. Essa fala rotineira, na medida em que se abstém de enunciar — como visto no capítulo de Machado da Silva e Leite, a palavra está "sob cerco" nas favelas — a percepção e as vivências de violência e perigo e de tematizar a própria impotência nessas circunstâncias, termina por corroborar a interpretação da "ambigüidade" entre integrantes das duas formas de sociabilidade.

Refinando a análise, é possível compreender a relação objetiva/subjetiva dos moradores de favelas com os agentes do crime violento escapando dos limites que a construção de problemas como "ambigüidade" e "conivência" colocam à interpretação. Meu argumento é que o que se apresenta como "ambigüidade" derivada da proximidade social e moral integra uma forma de atuação discursiva e prática que preserva os potenciais recursos de diminuição dos danos associados às situações de perigo que estamos analisando. O primeiro conjunto deles é defensivo e envolve a não-confrontação dos criminosos, até mesmo evitando o máximo possível os encontros. A maioria dos relatos dos moradores enfatiza que esse tipo de recurso é acompanhado pelo estabelecimento de fronteiras simbólicas em relação aos criminosos. Explicando melhor, trata-se de — sempre que possível — deixar claro na favela o distanciamento moral do morador em relação a esses agentes e a sua "ordem" como forma de reduzir as situações de contato com os mesmos e/ou limitar o seu escopo e, assim, conquistar "respeito". Não fumar, não cheirar, não se envolver em seus negócios e redes, não aceitar seus favores etc. se afiguram como modalidades do morador tornar claras sua condição de "trabalhador" e "pessoa de bem" e sua adesão à "ordem social".[21]

O segundo conjunto de recursos é ativo, no sentido de que envolve a preservação da possibilidade de contatos com os agentes do crime violento, revelando ao mesmo tempo a fragilidade inerente ao primeiro face à inapelável

[21] Cf. Zaluar (1995); Fridman, Leite e Oliveira (2005); Silva e Rivero (2005); Leite e Oliveira (2006).

proximidade com os traficantes. Nesses eventuais encontros, apresentam-se na condição de moradores da "comunidade" que, compartilhada no passado e se não rompida no presente, pode até mesmo facilitar eventuais conversas ("desenrolos") com os traficantes, às vezes suscitadas pelos próprios moradores. Isso não quer dizer que elas expressem necessariamente um conluio entre moradores e criminosos que se desenvolva livremente e com base em interesses comuns e/ou valores e normas compartilhados. Trata-se antes de um "ajustamento" das ações, como ressaltam Machado da Silva e Rivero:

> *[As] "representações, enquadradas nos encontros de força, produzem e reproduzem ações e expectativas de ajustamento (termo que deve ser entendido como coordenação prático-instrumental das ações, sem relação necessária com acordos morais ou reciprocidade) entre os atores, que acabam por se rotinizar, tornando 'vivível' e cognitivamente 'mapeável' um contexto marcado pela coexistência em paralelo entre duas ordens sociais e, portanto, duas formas de sociabilidade (Machado da Silva, 2004) incompatíveis entre si" (2005: 1).*

"Desenrolar", neste contexto, face à disparidade de forças envolvidas, significa acionar uma forma de ação e um repertório através dos quais os moradores tentam evitar que o exercício da força se abata sobre si mesmos, seus familiares e/ou amigos. Em suma, meu argumento é que os dois tipos de recurso analisados acima, potencialmente disponíveis para os moradores de favela, alimentam-se mutuamente, constituindo as formas disponíveis para lidar com o crime violento, que são acionadas como parte de sua compreensão dos perigos associados à contigüidade territorial com o crime violento e do cálculo dos riscos envolvidos. A propósito, vale novamente frisar que os relatos dos moradores revelam a impossibilidade de traçar fronteiras irredutíveis com o crime violento, tanto porque essa linha de ação contém o perigo de ser percebida pelos traficantes como afronta, desencadeando reações violentas de conteúdo imprevisível, como porque isto os privaria do recurso de que dispõem para tentar controlar ou reduzir os danos que a violência criminal produz sobre suas vidas cotidianas.

> *"Os 'caras' estão fortemente armados. A gente tem palavras. Todo mundo aqui, de uma certa forma, é um ativista, uma liderança local. Só que tem o*

seguinte. Você tem o discurso, o 'cara' tem uma AR-15, entendeu? E como [você] vai fazer, no final de contas? Por mais que o 'cara' te respeite e tal, mas fala: — 'É isso e acabou.'"

"A mão dele é mais forte do que a minha, porque se eu encostar nele, eu dou um tapa legal nele. Mas se ele vier a dez metros de distância de mim, ele dá um tiro na minha testa! Ele me expulsa da minha casa, entendeu? E [o morador expulso] ainda apanha, se duvidar ainda apanha..."

"Conversas com o tráfico" também são empreendidas por dirigentes das associações de moradores das favelas. Eles as relatam sob outro registro: afinal são contatos institucionais: os dirigentes conversam não como pessoas, mas na qualidade de representantes dos interesses e em benefício de suas "comunidades". Isso parece fazer uma grande diferença, pois distinguindo a pessoa da função exercida, não se "contaminariam" com os contatos. Estes parecem ser compreendidos no mesmo registro com que apreendem e classificam os contatos com a polícia: inevitáveis e indispensáveis para o bom desempenho de suas obrigações políticas. Como relatou um presidente de associação de moradores:

"Eu vou ao 'café da manhã'[22] *com o comandante do batalhão [*da Polícia Militar, responsável pelo policiamento da área*], porque assim eu tenho o telefone dele. Eu posso falar com ele e tentar controlar a barbárie na minha comunidade."*

Vale lembrar que a atuação dos dirigentes das organizações de base em favelas é marcada pelo duplo caráter de sua representação, envolvendo, como ressalta Machado da Silva (1967), de um lado, a mediação dos interesses e demandas dos moradores de favela "para fora", isto é, dirigidas aos poderes externos, instituições e políticos profissionais, e a articulação de ações coletivas no espaço público; de outro, as associações representam esses poderes e suas políticas nas favelas. No passado, esta segunda dimensão aplicava-se apenas às organizações de base mais tradicionais, as associações de moradores, por força de seu estatuto legal. Atualmente estende-se também a outros tipos de organização e aos "projetos".

[22] Política inaugurada no Rio Janeiro pelo governo Garotinho (1998-2002) como parte de "ações preventivas de segurança pública".

Como mencionado antes, com a mudança do estatuto da violência nas favelas, os contatos (reais ou presumidos) das associações de moradores com as redes de tráfico nesses locais e a criminalização de seus dirigentes vêm produzindo um esvaziamento das associações de moradores e favorecendo o crescente protagonismo das ONGs (de dentro e de fora das favelas) nesses locais, em aliança/parceria com os órgãos públicos para a implementação de políticas e projetos sociais (Pandolfi e Grynszpan, 2002; Machado da Silva e Leite, 2004). Por outro lado, como ponderam Miranda e Magalhães (2004), a operação das redes de tráfico nas favelas promove uma recuperação da relevância das antigas associações (ainda que inteiramente ressignificada e esvaziada de sua antiga base social). Face ao perigo associado ao controle das localidades pelos bandos de criminosos, as associações de moradores são percebidas pelas agências públicas e seus funcionários, bem como por outros atores que ali desenvolvem "projetos", como intermediários indispensáveis, ainda que ilegítimos, para negociar "licença" para entrar e atuar nas favelas com os agentes de crime violento. As associações de moradores também são acionadas pelos "de fora" a fim de mobilizar os moradores para as ações que pretendem desenvolver. Raramente, entretanto, elas conseguem utilizar as iniciativas "de fora" para agregar a população local em torno de propostas de ação coletiva. Via de regra, tanto as agências públicas e seus funcionários como outras organizações e atores desenvolvem estratégias de cooptação dos moradores com trânsito e capacidade de liderança na localidade, invertendo assim o sentido de sua representação, como indicado acima.

Todos esses elementos se combinam, fragilizando cada vez mais as associações de moradores, que indubitavelmente vêm perdendo poder e representatividade entre os moradores — fechando um círculo perverso, pois com isto elas se tornam presa mais fácil dos bandos de traficantes.[23] Nessas circunstâncias, a

---

[23] De acordo com os dados de pesquisa realizada pela Comissão de Direitos Humanos e Justiça da Assembléia Legislativa do Estado do Rio de Janeiro, divulgados pelo deputado Carlos Minc em diversos pronunciamentos públicos, no período compreendido entre 1992 e 2001, mais de oitocentos líderes comunitários da Região Metropolitana do Rio de Janeiro foram assassinados, expulsos ou cooptados por traficantes. Destes, metade estaria associada ou submetida às quadrilhas de narcotraficantes sediadas nos territórios favelados; trezentos teriam sido expulsos de seus locais de moradia e, pelo menos, cem teriam sido mortos por traficantes. Cf. *O Globo*, 20/06/2002. Vale destacar que esses dados têm sido usados pela mídia sobretudo como argumento que demonstraria a tese da conivência da população favelada com o crime violento, ignorando a dimensão de afastamento/resistência que o expressivo número de expulsões e assassinatos de líderes comunitários indica. Ver, para esse aspecto, Leite (2005).

ação coletiva encontra cada vez mais limites nos morros e favelas cariocas. Da mesma forma, restringe-se, ou mesmo elimina-se, a possibilidade de expressão dos interesses e demandas dos moradores de favelas no espaço público.

"Se a comunidade fizer uma manifestação reivindicando que acabou a água, não tem água, luz... Se ela resolver fazer essa manifestação, o que acontece? O traficante em muitos dos casos fala: — 'Ó, não vai... porque a polícia vai achar que é uma manifestação nossa em relação a alguma coisa... Para trazer a polícia pra dentro da comunidade?' (...) Você já está sendo violentado em seus direitos e você acaba também sendo violentado se fizer uma manifestação. Você também sofre esses dois tipos de violência. Você fica extremamente impotente."

"Quem está de frente na associação de moradores está com um pepino do tamanho de um bonde na mão."

"Fica sempre pisando em campo minado, tem que saber pisar."

"As ONGs sofrem pressão... [o traficante fica] mandando recado..."

Os relatos dos moradores revelam como a presença e a atuação dos traficantes em seus locais de moradia trazem insegurança e violência a seu cotidiano, subvertendo suas rotinas, influenciando sua conduta individual e provocando uma atenção desmedida para tentar controlar o perigo que eles representam, além de sufocar a articulação de ações coletivas para enfrentá-los. A isso se somam os estigmas e preconceitos derivados da criminalização que sofrem, os quais, por seu turno, dificultam o recurso a soluções institucionais de seus problemas.

Se um passado comum e a contigüidade no território aproximam os moradores de favela dos integrantes de alguns membros dos bandos armados (das "crias" da "comunidade"), muito os separa. Face à expansão e visibilidade do tráfico nas favelas, atualmente os moradores empreendem um esforço redobrado de "limpeza moral" para se diferenciarem, enquanto "trabalhadores", dos "vagabundos" e "bandidos". Essas tentativas, porém, esbarram em uma interpretação, baseada na "cultura do medo", que traduz "convivência forçada" por "conivência" ou "ambigüidade moral". A contigüidade entre os grupos é ainda potencializada pela noção de "comunidade", peça-chave no repertório dos moradores de favelas que, ao incluir sob certas condições os agentes do crime violento, faz deslizar as relações sociais no território para o terreno moral. Assim, repõe o problema que quer evitar.

Nas circunstâncias de insegurança em que vivem os moradores de favelas, o que usualmente se interpreta como "ambigüidade" resulta em grande parte do repertório e das formas de ação ou omissão de que dispõem para se proteger. De outro ângulo, representar alguns agentes do crime violento como "crias", "guardiões" ou "meninos", reaproximando-os de uma moralidade comum, tem o mesmo sentido de uma tentativa de organizar o cotidiano em condições intersubjetivamente reguladas e, assim, previsíveis.[24] Não há dúvida de que isso reincorpora discursivamente o crime violento, na medida em que essas categorias remetem ao passado idealizado da "comunidade". No entanto, ainda que — real ou supostamente — compartilhassem o mesmo modo de vida e se orientassem pelos mesmos valores, nunca deixou de ser traçada uma clara fronteira entre "trabalhadores" e "bandidos". Desse modo, a "remoralização" de um tipo de traficante simplesmente reitera a demanda por "respeito" (que os criminosos da "velha guarda" mantinham), considerado uma garantia da continuidade das rotinas na localidade. Nesta interpretação, o que os moradores de favelas buscam através dos discursos e práticas analisados são referências mínimas de continuidade de pessoas e coisas para suportar o insuportável.

Os moradores fazem uso dos repertórios possíveis, assim como desenvolvem diferentes formas de ação, buscando abrigo e apoio em suas famílias, amigos e grupos religiosos, para constituir esboços do que Giddens (1991) designou como "segurança ontológica"[25] e enfrentar a violência e a insegurança presentes cotidianamente em seus lugares de moradia.

4. As redes familiares e religiosas nas favelas

Esta seção aborda o segundo eixo analítico do capítulo, que busca compreender as formas de construção e de gestão da vida cotidiana que os morado-

[24] Ver, a respeito, Leite e Oliveira (2005); Fridman, Leite e Oliveira (2005); Machado da Silva e Rivero (2005); Peralva (2000).

[25] Giddens compreende a segurança ontológica como um fenômeno emocional e não cognitivo que "se refere à crença que a maioria dos seres humanos tem na continuidade de sua autoidentidade e na constância dos ambientes de ação social e material circundantes" (1991: 95 e ss.). Neste sentido, pode-se pensar que certas práticas se associam a uma *busca* por segurança ontológica, envolvendo tentativas de incidir sobre a contingência e o acaso que alimentam os perigos e a insegurança, e, assim, "prosseguir" a vida.

res de favelas relatam vir desenvolvendo nesses territórios. Envolve o exame de como eles tematizam os laços baseados na confiança interpessoal e os vínculos de natureza comunal no âmbito da família e dos grupos religiosos face à presença e atuação do crime violento nessas localidades.

Sabe-se que a religião pode "organizar a vida" sob condições de enorme precariedade material, de desagregação moral e de vulnerabilidade permanente. Vários autores (Zaluar, 2004; Birman, 2003; Birman e Leite, 2000; Mafra, 1998; entre outros) argumentam que, no caso do Rio de Janeiro, a filiação religiosa, especialmente a evangélica, tem sido um poderoso elemento de distanciamento dos moradores de favelas dos agentes do crime violento. Isto permite, inclusive, que alguns religiosos (em particular os evangélicos) estabeleçam uma relação de autoridade com os criminosos, invertendo, para certos efeitos, a hierarquia, sem serem moralmente contaminados por essa associação.

"Eu sou dona de casa, né? Sou dona do lar (...) Para mim é rotina, né? Levanto cedo, vou para igreja (...) Vou evangelizar as comunidades, de porta em porta, para aqueles que estão no meio da rua. Isso, evangelizando tudo, tanto como trabalhadores como traficantes. Nós (...) fazemos todos esses tipos de trabalho na comunidade."

"O meu trabalho consiste assim em levar a Palavra no presídio. (...) E o meu tempo, que eu sou aposentado, o meu tempo é estar preparando mensagem (...) para falar na cadeia e sobre drogas também. (...) É um trabalho gostoso, um trabalho onde a gente vê a reforma, entendeu? Presos que são necessitados realmente como todos nós, todos nós somos necessitados da Palavra de Deus, entendeu?"

"Muitas vezes, numa favela um quer ser o maioral, um quer ser o 'bambambã', mas dentro da proximidade que Deus te dá, você se impõe, nessa situação dela, ela se impôs, venceu, está vencendo e vai vencer."

A filiação religiosa, articulada a um modo de vida consistente com os preceitos das respectivas igrejas, também permite aos moradores uma evitação, prática e discursiva, do contato com o crime violento.

"Eles [bandidos], se eles vêem os evangélicos passando, levando aquela folha de mensagem para ir visitar a igreja, para ir conhecer Jesus, aí eles

guardam o armamento. Se tem algum viciado fumando maconha, usando cocaína, eles se afastam, eles não ficam. Então [os traficantes] falam: —'Vão para lá, que o pessoal está vindo aqui fazer o trabalho espiritual deles.' Então, neste ponto, *eles respeitam, entendeu? E na igreja católica é a mesma coisa. Quando está passando a procissão por dentro da comunidade, se eles estão com algum tipo de infração, drogas ou armamento, eles escondem, eles não deixam, entendeu? E quando a gente vai passando, eles abaixam a cabeça." (Grifo meu, para indicar que o "respeito" dos traficantes tem limites muito estreitos.)*

"Você passa, aí tem um menino novo na boca. [Os traficantes dizem]: 'Ó, respeita! A garota estuda, trabalha, é da igreja, não é menina para a gente se envolver, não!'"

[Morador respondendo à pergunta da pesquisadora sobre como vivia o conflito entre traficantes e polícia que estava ocorrendo em seu local de moradia] "A gente, evangélico, não tem quase tempo para estar olhando essas coisas. Quando eu entro na minha casa, faço a minha oração: —'Senhor, bota os seus anjos no meu quintal, no meu portão, na minha porta, nas minhas janelas.' Bato na minha cama; o que acontece fora do portão, já não é nem mais, já não é... (...) Eu sei que os anjos estão me guardando. (...) [Mas se o filho não está em casa], aí eu fico de joelhos. (...) Oro e vigio!"

Com efeito, os resultados da investigação demonstram que a adesão religiosa vem operando como um recurso que possibilita aos moradores minimizar a submissão aos criminosos e a subversão de suas rotinas. Alguns relatos indicam, inclusive, que vários moradores de credo evangélico dispõem de grande autoridade moral perante esses agentes, desfrutando uma espécie de "salvo-conduto" para circular nas favelas e nos presídios pregando sua fé. Há até mesmo exemplos de conversão religiosa de criminosos que os levou a uma intensa dedicação pastoral. A conversão religiosa pode ser assim compreendida como uma alternativa no "campo de possibilidades" (Velho, 1994) dos moradores de favelas, demarcado pelo quadro da permanente limpeza moral que efetuam.

A despeito disso e ainda que as religiões se constituam em poderosas ferramentas para a percepção das injustiças, essas redes religiosas não logram romper a "asfixia" da palavra dos moradores,[26] mesmo entre os que, inspirados por valores religiosos, participam das organizações e dos movimentos locais.

Por outro lado, as mulheres, especialmente as mães, ocupam um lugar central na vida das favelas, tanto nos contextos das relações de parentesco como pelo "respeito" a elas devotado, que lhes assegura, por vezes, a possibilidade de conversar ("desenrolar") com os criminosos, em geral para a proteção física e moral dos filhos, em especial as jovens cobiçadas por eles.

Moradora 1: "(...) acho que a gente é muito especial, sabe por quê? Porque Deus, ou [aquilo em] que vocês acreditem, ou a força interior que a gente tem... (...) a gente que é mulher (...) consegue que... por exemplo, quando eu fui lá na 'boca-de-fumo' por causa desse meu primo, o meu marido foi, mas ficou quietinho no canto. Só quem falou fui eu."

Moradora 2: "Ah, os maridos têm medo!"

Moradora 1: " Morrem de medo!"

Moradora 3: "Dá dor de barriga!"

Moradora 4: "É que muitas vezes para o homem se colocar (...) é constrangedor para eles [os maridos], porque eles [os traficantes] respeitam até muito mais a mulher."

Moradora 3: "A mulher não, a mãe."

Moradora 2: "A pessoa [os maridos] fica muito humilhada. Eles preferem não ir. Quem vai? A mãe ou a irmã mais velha."

Por isso mesmo, as mães — e na falta ou impedimento destas as irmãs mais velhas, que detêm posição central na vida familiar —, por iniciativa própria ou instadas por parentes e amigos, são um dos personagens mais legítimos nas favelas para "conversar" com os traficantes. Seu estatuto lhes dá condições de ar-

---

[26] Ver o capítulo de Juliana Farias neste livro.

gumentar com eles, tentando evitar que o exercício puro e simples da violência se abata sobre si mesmas, seus familiares e/ou outras pessoas próximas.

> *"Surgiu um boato (....): — 'O 'cara' disse que vai matar todo mundo, porque descobriu que não sei quem, não sei quem, freqüenta, vai em baile em outra comunidade!' Aí eu falei: — 'Como é que é?' 'Olha, tem uma lista aí para morrer!' Saí correndo (...) porque eu sei que meus filhos freqüentavam baile, então eu falei* [para os filhos]*: 'Está acontecendo isso, assim, assim! O que é que eu falo para vocês? A história do farelo: come, vira porco ou o porco vira farelo. Agora é agora. Eu não quero saber. Eu já disse para vocês que eu não vou morrer no lugar de ninguém! Mas não vou mesmo, eu não vou a baile! Bom ficar aí, vão ficar na casa do tio.' 'Eu não vou ficar, eu vou voltar!' 'Não, porque eu nem tenho dinheiro para enterrar um, que dirá dois de uma vez só! Vão ficar na casa do tio até a gente esclarecer isso.' Resultado, isso foi um dia, minha úlcera (...) Passaram dois dias, aí o bonitinho desceu o morro, o dono do morro (...). Ele desceu e falou que queria falar comigo. Falei: — 'Caramba, e agora? (...) com todo o medo que eu tenho, eu vou subir o morro.' Nunca tinha visto ele na minha frente, nunca! (...) Os meus dedos batiam, as minhas pernas (...), quando alguém falou: 'Fulano já chegou!' (...) Despejei tudo (...): 'Vem cá, o que é que está acontecendo? É verdade? (...) Se você disser para mim que os meus filhos estão traficando em outro comando, ou isso ou aquilo, se você disser isso para mim... Eu vou acreditar no que eles sempre disseram para mim porque eu confio na educação que eu dei, mas se eles entraram nessa, é com eles mesmos. Agora, se eles não fizeram isso, eu quero saber o que é que está acontecendo porque não é só com os meus filhos, são nove famílias que estão aí sem os jovens...' Ele falou: 'Quem falou isso para a senhora? Não houve isso, eu quero saber onde é que começou isso!' Foi simplesmente um boato de que nem ele sabia. Então ele mandou dizer que ele queria falar com as* [outras] *mães (...)... o medo que eu estava de estar ali."*

Opera aqui um reconhecimento generalizado do que Geertz (1978: 261) designa como "laços primordiais": "as igualdades de sangue, fala, costumes" experimentadas como "vínculos inefáveis, vigorosos e obrigatórios em si mesmos". Isto permite às mães, em certos contextos, acionar uma esfera de valores reconhecida como legítima — base do "respeito" obtido por elas —, que formaria uma barreira tênue, mas eventualmente eficaz (Leite e Machado da Silva, 2007; Farias,

2005; Leite, 2004), contra a arbitrariedade que caracteriza as explosões de força dos criminosos.

> *"Tem muitos pais que fazem isso, infelizmente tem. Vivem acuados pelo próprio medo, mas pelo próprio lugar em que a gente mora você vai criando assim, sabe?, uma resistência, uma força. Ou você põe o que tem de força para fora, ou você se acua, deixa eles tomarem conta da situação. E eu passei diversas vezes por essa situação."*

> *"Isso me fez sobreviver com mais força, eu tive que realmente buscar forças aonde eu não tinha. Chamei ela [a filha envolvida com um traficante], ela teve que se esconder, ficou dois dias escondida porque o sujeito estava muito irado, né? Eu chamei ela e falei: — '(...) eu não sabia que você tinha ido buscar algo com ele e não quero. O que nós viermos a passar, vamos passar juntas, se tivermos que passar fome, vamos passar fome juntas, mas você não vai se dirigir a esse cara para pegar um nada!'"*

Estes esforços de proteção nem sempre são bem-sucedidos, pois, como mencionado anteriormente, o domínio do crime violento nas favelas é aleatório, flutuante, dependendo dos aspectos específicos que cercam cada situação e dos humores dos criminosos. No entanto, mesmo que de forma limitada, apesar de profundamente enraizada na experiência vivida,[27] as mães conseguem estabelecer uma certa superioridade moral que conserva evidente importância e lhes confere um estatuto diferenciado no tratamento com os traficantes. Não se trata, evidentemente, de uma completa "blindagem" moral. Entretanto, a força dos "laços primordiais" na sociedade brasileira e, particularmente, entre suas classes subalternas dota as mães de um poderoso recurso para lidar com as situações de perigo e risco nas favelas cariocas.

5. Conclusão: qual comunidade?

Para concluir este capítulo, retomo as formulações de Giddens. Para este autor, as situações de perigo, insegurança e risco produziriam uma valorização

---

[27] Consultar a respeito os capítulos de Machado da Silva e Leite e de Fridman, neste livro, e Leite e Machado da Silva (2007).

de "contextos tradicionais de confiança" por parte dos atores nelas envolvidos (Giddens, 1981; 1989). Esta hipótese encontra ressonância nos relatos de moradores de favela analisados neste e em outros capítulos do presente livro.

Com efeito, os relatos revelam uma clara percepção da exponenciação dos riscos associada à "cidadania de geometria variável", como algo que marca o lugar dos favelados no Rio de Janeiro e na sociedade brasileira. Tematizada como expressão de seu isolamento na/da cidade, esta percepção encontra tradução em profundo sentimento de impotência e desamparo. Por outra parte, como foi visto, em contrapartida ao contexto de violência, risco e insegurança e risco que conforma o cotidiano das favelas no Rio de Janeiro, as redes religiosas e familiares hoje constituem os "contextos tradicionais de confiança" mais valorizados pelos moradores. Nestes, vêm se desenvolvendo vínculos baseados na confiança interpessoal, de natureza comunal (como indicado pelo recorrente uso de "nós" e a "gente" ou "evangélicos" e "católicos" nos depoimentos analisados na seção anterior) e/ou com base nos laços primordiais, que não apenas se sobrepõem ao recorte da "comunidade" a partir do território e de laços estritamente vicinais, mas terminam por definir a esfera de "comunidade" que hoje realmente parece ter efetividade nas favelas.

Por fim, vale ressaltar que a análise desenvolvida neste capítulo aponta para a pertinência de se considerar a sugestão de Wacquant (2001b) quanto à erosão do sentido de "lugar" em contextos de violência, estigmatização e segregação. Com efeito, é preciso levar a sério a hipótese de que a modalidade de presença e atuação do crime violento nas favelas cariocas esteja transformando algumas dessas localidades de "lugares" densos no plano da sociabilidade em "espaços" onde os laços sociais seriam frágeis e a interação social crescentemente esvaziada de seu sentido e possibilidades. Esta é, entretanto, uma outra linha de argumentação.

CAPÍTULO 8

Elevar a voz em uma ordem violenta: a indignação colocada à prova pelo silêncio

Jussara Freire

1. Introdução

Este capítulo tem como objetivo descrever e interpretar formas possíveis de agir político em uma ordem violenta. Esta abordagem implica delinear um perfil — não exaustivo — da crítica presente em certos movimentos sociais de moradores de favelas.

Trata-se de entender como se modelam e configuram os enquadramentos cognitivos de porta-vozes de duas formas de ação coletiva: de um lado, as "tradicionais" e, de outro, as que surgem diretamente de uma reação a eventos violentos, como é o caso de movimentos de mães de vítimas de violência policial. Esta escolha se justifica pelo fato dessas duas formas de movimento apontarem para enquadramentos distintos — se não contrários — da relação entre ação coletiva e "sociabilidade violenta".[1] No primeiro caso, os protagonistas da ação coletiva afastam de suas gramáticas[2] políticas as experiências da ordem violenta das favelas. No segundo, a crítica "ao erro" quanto ao objeto da violência praticada (e não à violência em si) é o que

---

[1] Sobre a noção de sociabilidade violenta, cf. Machado da Silva (1999; 2004a, 2004b e o capítulo 3 deste livro).

[2] Neste trabalho, o termo "gramática" designa o conjunto de regras ou coações (*contraintes*) a serem seguidas por participantes de uma mesma *situação*, unidade espacial e temporal onde pessoas coordenam suas ações de modo a comportar-se de forma adequada ao contexto. O ajustamento a estas regras reflete um trabalho prévio de definição de situação que se caracteriza pela capacidade de relacionar o "ajustamento" (*justesse*) da gramática mobilizada com um princípio superior comum compartilhado por todos os participantes.

fundamenta a ação coletiva. Em ambos os casos, as relações de força estão na base da vida social.

Assim, buscarei analisar como esses diferentes porta-vozes descrevem seus engajamentos em ações políticas marcadas por um quadro em que o recurso (e/ou a ameaça do recurso) à força é uma constante das situações vivenciadas por lideranças,[3] quer esta constante seja (intencionalmente) afastada da ação coletiva, quer seja sua causa. Esta descrição permitirá oferecer elementos para a compreensão da ação coletiva dos moradores de favelas observadas na presente pesquisa, que poderia se caracterizar pela busca de uma voz que se encontra invariavelmente silenciada.

Mais especificamente, proponho descrever, de um lado, os processos de problematização e de definição de "problemas sociais", considerados prioritários pelos dois tipos de liderança mencionados. De outro lado, proponho descrever por que certos assuntos, mesmo quando reconhecidos como prioritários por estes atores, não são necessariamente tratados em um horizonte de publicidade. Mesmo quando há um movimento direcionado para a publicização, veremos que o silenciamento transborda o território da favela e pode ser percebido no próprio espaço público e nas suas instituições.

A perspectiva teórica deste trabalho se fundamenta na sociologia dos problemas públicos, particularmente na abordagem de Gusfield (1981), que consiste em focalizar o processo de publicidade do ponto de vista dos atores nele envolvidos e no seu movimento espacial-temporal, sempre em curso de elaboração. Complementarmente, baseio-me nos trabalhos de Boltanski (1990) e de Boltanski e Thévenot (1991), que oferecem preciosas ferramentas conceituais para observar operações críticas, provas e disputas.

Esta abordagem fornece "conceitos de sensibilização" (Blumer, 1969) que permitem focalizar os processos de constituição de espaços públicos a partir das críticas elaboradas pelos atores sociais *em situação*. Assim, trata-se de analisar os movimentos sociais a partir das representações dos próprios atores sobre o que eles consideram justo/injusto nas situações coletivamente definidas, e entender como esses "sensos do justo" constituem a trama da construção da ordem pública. A temática da ação coletiva é assim analisada a partir da forma como é lida *pelos atores* envolvidos.

[3] Ainda que em algum momento uma favela não apresente violência policial e/ou do tráfico, percebe-se que as orientações das ações dos moradores voltadas para a sociabilidade violenta também podem ser observadas (como, por exemplo, nos casos analisados nos capítulos de Rocha e de Mesquita neste livro).

Adotar este ponto de vista implica compreender a relação com os protagonistas observados de um modo que não se baseia numa relação de desconfiança ou suspeita quanto ao entendimento contido nos discursos ouvidos, cujo sentido profundo (inacessível aos próprios atores) seria "desvelado" pelo pesquisador, mas, sim, numa postura descritiva e interpretativa do ponto de vista de um agente considerado *competente*.[4] Estes dois referenciais propõem a passagem de uma sociologia crítica para uma sociologia *da* crítica, considerando que as operações críticas e os "sensos de justiça" são os princípios interpretativos para analisar as ações pessoais, as quais precisam ser contextualizadas nos seus universos sociais, espaciais e temporais.

O pressuposto básico dessa perspectiva é que os atores sociais são *agentes competentes*. Assim, uma "descrição densa" (Geertz, 1989) de *casos particulares do possível* elucida não somente o entendimento da pluralidade de espaços públicos particulares, mas também, por extensão, da ordem pública, a partir de um esforço de reconstituição desse mosaico. Neste sentido, o cerne desta discussão é o conjunto de modalidades de indignação e de silenciamento desses atores em vista de analisar os dispositivos mobilizados para entender as modulações da "vocalização" e suas restrições (Boltanski e Chiapello, 2000; Thévenot, 1994; Ion, 1999).

As gramáticas de ação adquirem um sentido peculiar na ordem social carioca, caracterizada pela experiência contínua de convívio de repertórios antagônicos. As que são seguidas em ações políticas têm sido continuamente confundidas com as gramáticas da ordem violenta. A opacidade das fronteiras gramaticais que regulam a ação coletiva e a expansão desses repertórios para as outras esferas da ação fazem com que a gramática da ordem violenta acabe sempre se convertendo na regra que convém seguir em todas as outras situações cotidianas nas favelas cariocas. Neste sentido, as operações críticas dos moradores serão analisadas sob o ângulo da relação entre integridade física e integridade moral de alguns porta-vozes. Buscarei discutir se esta relação poderia se caracterizar como o que chamarei de "clivagem do *self*", retomando a construção de "clivagem do eu" da teoria freudiana, resultante de um conflito interno onde coexistem dois grupos de fenômenos, duas personalidades,

---

[4] Esta postura foi amplamente discutida na obra de Boltanski (1990: *passim*, esp. 40-1), que propõe um quadro analítico voltado para a descrição das competências que as pessoas desenvolvem nas suas ações cotidianas, e não para uma análise que revelaria suas ilusões, a partir de uma atividade científica marcada pela externalidade em relação à realidade observada.

que podem ser antagônicas e que podem se ignorar mutuamente (Laplanche e Pontalis, 1976).[5]

Antes de desenvolver esta discussão, vale ainda apresentar a seleção dos porta-vozes. Esquematicamente, os atores que serão observados estão envolvidos em ações coletivas de diversos tipos: associações de moradores, participação em projetos e movimentos de reivindicação de acesso à justiça. Para a compreensão da ação coletiva sob a ótica da ordem violenta, esta escolha se justifica pelo fato desses grupos não articularem da mesma maneira a relação entre ordem pública e ordem violenta. De um lado, muitas lideranças de associações de moradores realizam um trabalho de evitação do tratamento em público da violência do tráfico e, neste sentido, expressam um "silenciamento" (ou uma "asfixia da palavra", para retomar a expressão de Farias, em capítulo deste livro) característico da "sociabilidade violenta", mas que se observa de forma exacerbada nas situações em que esses porta-vozes se apresentam às pessoas de fora de favelas. No caso das lideranças, o silêncio a respeito da violência nas localidades assume uma dupla tensão, que não somente decorre da forma de vida constitutiva de certas favelas cariocas, mas também põe à prova e tensiona a legitimidade do porta-voz e o horizonte político desta forma associativa. Por outro lado, a segunda forma que será descrita neste texto apresenta-se como oposta à primeira, pois mobiliza um repertório de indignação contra a violência (caso de mães que sofreram a perda de um filho), mas que, ao mesmo tempo, se defronta com um horizonte de publicidade continuamente comprometido. A repercussão que chamarei de direta da violência é, neste segundo caso, o que inicia a ação coletiva e a problematização da violência. Sua descrição permitirá apreender como se explicitam sensos do justo na favela, provocados pela vivência de uma situação que poderia ser classificada de *quase*

[5] Criado por Freud, o conceito de clivagem do eu apresenta grande interesse no âmbito do complexo de problemas analisados neste trabalho. Freud evidenciou duas atitudes psíquicas em uma psicose: uma que leva em conta a realidade e outra que, influenciada por pulsões, desamarra o eu da realidade. Esta clivagem não é uma defesa do eu, mas uma forma de fazer coexistir dois procedimentos de defesa, um voltado para a realidade e outro voltado para a pulsão. Mais importante ainda, este conceito foi desenvolvido para insistir no fato de que a clivagem do eu não se dá entre as instâncias do psiquismo (o eu e o isso), mas é intra-sistêmico e, neste sentido, apresenta uma grande diferença em relação ao retorno do recalcado. Pois, não se trata de um compromisso entre as duas atitudes em co-presença. Trata-se de um recurso psíquico que permite mantê-las simultaneamente sem que haja entre elas uma relação dialética. Cf. Laplanche e Pontalis (1976: 67-72).

limite.[6] Especificamente, retomo um ponto do argumento de Pollack (1990): a definição de "situação-limite" como uma tensão, que pode ser antinômica, entre a defesa da integridade física e a preservação da integridade moral.

Para desenvolver o argumento, este capítulo se estrutura em torno de dois eixos. O primeiro é a descrição do repertório político acionado pelas lideranças em duas sessões dos coletivos de confiança, buscando especificamente refletir sobre o tópico do silêncio. Neste momento, proporei interpretar a relação entre este tópico e o da indignação. Para pensar o tópico da indignação, partirei da descrição de experiências das "situações-quase-limite" das mães de vítimas. Quanto ao segundo eixo, buscarei descrever as operações críticas na orientação das ações políticas dessas mulheres.

Nota sobre a metodologia

Vale destacar desde já que a exploração das operações críticas se fundamentará nos relatos das pessoas (líderes de associações de moradores, mães de vítimas ou, ainda, lideranças de "projetos sociais" diversos) reunidas em coletivos de confiança.

O material extraído dos coletivos de confiança foi abordado como um trabalho de problematização de determinados assuntos, em alguns casos propostos pelos pesquisadores, mas em muitos outros formulados *in situ* pelos próprios porta-vozes a partir de relatos de experiências. Assim, os depoimentos se enquadram em um contexto que se caracteriza por múltiplas relações face a face, nas quais entrevistados e pesquisadores se encontraram em situação de justificação de determinados assuntos que, assim, deixam de ser evidentes e *taken for granted*. Em outras palavras, a situação criada pelos coletivos de confiança implica uma quebra da forma rotineira de apresentação do *self* em outras ocasiões cotidianas. É precisamente essa qualidade, em que uns se encontram em situação de fornecer explicações a outros — alguns estranhos, alguns nem tanto (logo, simultaneamente para um "fora" e um "dentro") —, que será explorada neste texto. Claro está que o interesse cognitivo é entender a forma segundo a qual se configura a apresentação do *self* em público, que considero material rico para a compreensão de um agir político e de suas mais diversas modalidades de repertórios.

---

[6] Pollack (1990) lidou com a experiência dos campos de extermínio nazistas, que obviamente não é comparável à da vida nas favelas do Rio de Janeiro. Retomo seu conceito de situação-limite apenas como *metáfora* útil para a compreensão do agir político das mães de vítimas.

Sem negar sua singularidade, os coletivos de confiança serão objeto de uma limitada generalização enquanto *casos particulares do possível*, expressando uma tensão entre diversas gramáticas de ação. Assim, essas situações serão tratadas como momentos em que os atores selecionam o que *eles* consideram relevante para ser mostrado aos pesquisadores e aos demais participantes. Neste sentido, seja nos "coletivos de confiança" com lideranças, seja nos "coletivos de confiança" com mães de vítimas, minha descrição focalizou o que todas essas pessoas quiseram mostrar ao "outro". A base empírica difere, portanto, do material etnográfico mobilizado em outros capítulos do presente livro. Em resumo, considerarei esses grupos como situações abertas aos entrevistados, para que eles possam selecionar os assuntos — por vezes com algumas orientações de pesquisadores — sobre os quais desejam refletir e justificar o motivo pelo qual operam uma tal seleção. Este ponto é fundamental para a compreensão deste capítulo, na medida em que fundamenta as minhas observações sobre a forma como esses atores se apresentam (e, conseqüentemente, escolhem os assuntos que vão tratar) publicamente para quem é "de dentro" — no sentido de que é sabido que compartilha rotinas semelhantes — e para quem é "de fora".

2. Ação de líderes e sociabilidade violenta

Nesta seção, buscarei mostrar como as reivindicações desses líderes, não podendo ser tratadas sem considerar a interferência eventual da sociabilidade violenta, dificulta simultaneamente qualquer possibilidade de tratamento público dos problemas sociais definidos em arenas políticas. Por esse motivo, o ajustamento da gramática política de alguns desses atores a outros contextos torna-se uma operação quase impossível pelas próprias coações gramaticais impostas pela contigüidade com a sociabilidade violenta, provocando a clivagem dos *selves* dos protagonistas entrevistados. Ainda assim, outras competências desses agentes se esboçam na sociabilidade violenta, como o silêncio e a evitação.

Buscarei analisar como os moradores enquadram situações que avaliam como problemáticas para agir de forma ajustada às situações de recurso e/ou de ameaça do uso da força. Esta perspectiva permite entender como eles orientam as suas ações e como se ordena a vida social em situações que ocorrem em todo o território do Rio de Janeiro, não se restringindo à dinâmica interna das favelas. Entretanto, como é nelas que se baseiam os "portadores" da sociabilidade violenta, analisar as formas de indignação ou de silêncio dos moradores de favelas em relação ao tópico da violência torna-se um recorte que permite descrever, do ponto de vista dos líderes, esta forma de sociabilidade.

Entender como favelados percebem suas ações políticas na sociabilidade violenta equivale a descrever o trabalho de *enquadramento* (*frame*) que organiza a experiência política. Neste sentido, torna-se indispensável esboçar uma "gramática dos motivos" (Mills, 1940) sob o ângulo das percepções do justo desse segmento. De forma geral, as percepções dos atores envolvidos em movimentos sociais se distinguem nitidamente. Quando as conseqüências do recurso à força estão situadas em contextos de perda de familiares, os relatos recolhidos apontam para o fato de que essas experiências particulares são problematizadas e expressadas (pelas mães de vítimas) no interstício entre a indignação e a incompreensão. O incerto — se não improvável — tratamento dessas críticas, cujo campo semântico é aquele da busca por justiça, em um horizonte de publicidade gera uma dupla submissão: em relação aos autores dos homicídios, policiais, mas também aos demais protagonistas de instituições estatais, surdos às críticas dessas mães. Neste caso, por mais que o recurso à força seja problematizado e selecionado como assunto prioritário a ser tratado publicamente por essas mães, o tratamento no horizonte da justiça é comprometido. Por este motivo, elas realizam um intenso trabalho moral que lhes permite dar formas às suas críticas, notadamente com recursos emotivos. Em outros casos, o enquadramento da coabitação cognitiva e física com o emprego continuado da força pode ser apresentado de forma mais difusa. O recurso à força, da parte de policiais e/ou traficantes, pode não ser apresentado como assunto prioritário. Como veremos, isto não significa, porém, que a evitação deste assunto não seja percebida como prioritária. Vários elementos apontam para o fato de que para certos protagonistas e em certas situações este assunto é dificilmente "problematizável", como se houvesse uma fronteira moral entre o que é dizível e o que é indizível. Em ambos os casos, percebem-se duas formas singulares de abafamento da crítica: a evitação e o silêncio.

Essas situações desencadeiam um mecanismo de definição imprecisa da situação e, assim, um trabalho mais difícil de orientar determinados assuntos em um horizonte de publicização. Quando os líderes problematizam "a violência", como se verá adiante, não é tanto o recurso à força o motivo de indignação (diferentemente das mães de vítimas), e sim diversos outros elementos dispersos e tangenciais a este assunto. O núcleo temático não aparece imediatamente. Em seu lugar, são apresentados como problemáticos "assuntos-partículas" que gravitam em torno do núcleo, mas sem problematizar o recurso à força diante de quem é "de fora", mas principalmente diante daqueles que são "de dentro" e que compartilham a mesma experiência. Neste sentido, a definição dos "assuntos-partículas" não é somente um reflexo da submissão de parte dos moradores, mas também um recurso moral, seja na forma da evitação de falar do núcleo, seja no silenciamento pela força. Em outros termos, a experiência da violência sofrida pelos moradores encontra dificuldade de tomar a forma de um sentimento de injustiça porque a força é vivida, muitas vezes, como estando "fora do lugar", tornando difícil "problematizá-la" através de um repertório reivindicativo. Não sem certo paradoxo, o silêncio passa a constituir o aspecto essencial da gramática, e por isso uma competência própria da sociabilidade violenta, que norteia as rotinas dos líderes aqui analisados.

Como foi dito, elemento central do quadro de referência deste trabalho é descartar uma sociologia crítica em favor de uma sociologia *da* crítica. A este respeito, seria possível contra-argumentar que a interpretação das gramáticas políticas a partir do recorte do silêncio já apontaria para uma sociologia preocupada em trazer à luz as idéias subjacentes de atores que se expressam por intermédio de seu silêncio, cujo sentido seria revelado pelo pesquisador. Entretanto, perceber-se-á que os significados adiante apresentados se sustentam diretamente nos relatos dos entrevistados e não remetem a interpretações do observador sobre o que estaria implícito na fala deles. De fato, pode-se observar que os relatos dos líderes são marcados por uma constante evitação do tratamento da criminalidade violenta quando problematizam assuntos em torno dos quais se iniciaria uma mobilização coletiva. Este é o ponto de partida para analisar o ponto de vista dos próprios atores sobre este silêncio. É evidente que o silêncio sobre um tópico não indica que ele esteja ausente da percepção dos atores; apenas que ele não é passível de ser incorporado a uma gramática política, de onde os líderes extraem seus repertórios.

2.1. Recurso da ação coletiva na ordem violenta: a evitação e a "fala do silêncio"

Em um dia do inverno carioca de 2006, no final da tarde, oito líderes esperam, bem-humorados, o início de um dos coletivos de confiança. Timidamente algumas piadas são contadas, recurso para amenizar a tensão provocada pela desconhecida dinâmica de coletivo de confiança que se iniciaria em breve.

Quando os moderadores assinalam o início do debate, a conversa se interrompe bruscamente, dando lugar a um silêncio quase cívico. Um silêncio que visa respeitar a ordem das falas e lembra o *savoir faire* de outras reuniões e assembléias onde o desrespeito à ordem e ao tempo concedido a cada intervenção representa uma ofensa.

Um depois do outro, os participantes se apresentam. Em cada uma dessas apresentações, os participantes cooperam com a ordem da situação e descrevem o mais detalhadamente possível suas atividades, trajetórias e seus engajamentos políticos. Cada apresentação é entrecortada, aqui e acolá, por um comentário que desperta risos:

> *Eliza:*[7] *"Pode ser! Trabalho na [*nome de uma instituição*], projeto de crianças e adolescentes na comunidade, projeto que já funciona há dezesseis anos, e na comunidade eu sou vice-presidente da associação de moradores. Sou viúva."*
>
> *Edilson: "Oba!"*
>
> *Eliza: "Sou viúva, quero ver o restante, qual vai ser a ação. Sou viúva, sou mãe de seis filhos, tenho vinte netos e vinte bisnetos."*
>
> *Edilson: "Eu desisto, estou fora!"*

Seguindo a ordem, o quarto participante, Pedro, toma voz e se apresenta de maneira mais detalhada que os demais. A intervenção se destaca pela insistente operação de valorização de seu *self* diante do público, ancorando a fala em uma forte gestualidade. Ele detalha as viagens a vários países, o conhecimento de dois idiomas, a longa experiência com projetos sociais e culturais. Descreve sua carreira de músico e dançarino, lembrando as tensões familiares provocadas por esta opção, que foi considerada "coisa do demônio" por seu irmão evangélico... Pedro encerra a narração dessa lembrança com uma alusão ao envolvimento desse mesmo irmão com drogas.

Após certo tempo, vários elementos aparecem de forma inesperada no fluxo do discurso de Pedro. Deixa escapar muito brevemente sua experiência como "men-

[7] Os nomes dos participantes dos coletivos de confiança foram trocados para manter o anonimato.

digo", sobre a qual não se atém. No final da apresentação, Pedro ainda menciona o recente assassinato de seu filho pela polícia, em outro estado brasileiro. Novamente, a narração dessa experiência é rapidamente reorientada, focalizando quase imediatamente a superação da perda do filho e não as circunstâncias da morte.

Uma vez concluídas as apresentações, os moderadores abriram o debate a partir de perguntas gerais: "Como é que é a vida nas favelas? O que tem de bom, o que tem de ruim?" Repentinamente, cada participante se tornou um definidor dos problemas sociais de *suas*, e "da" favela em geral, ou das mudanças sociais próprias da vida na favela. Note-se que esta postura se observa imediatamente nas falas desses atores, porque iniciam suas falas com a expressão "o problema da favela hoje é..." ou "um problema muito sério na favela é...".

Pedro, inicialmente cauteloso com a singularidade de seu lugar de residência, define que uma das principais mudanças (ou melhor, problemas) de *sua* favela pode ser observada nas práticas sexuais cada vez mais precoces de prostituição:

> *"Na minha comunidade de [nome da favela], o pessoal da minha comunidade de [nome da favela], [nome da favela — repetição]... (...) Hoje em dia o que mais acontece, o que mais... O que muda é a, as meninas com dez anos que estão transando, né? E estão transando com dez anos, sem seio, engravidando, sem seio, né? Então dessa parte toda, virou praticamente a favela do grupo 'sexo', né? É, sexo, porque eu consigo ver sábado algumas pessoas fazendo à noite, né?, assim no escuro, a partir de uma hora, duas horas da manhã, é como eles colocam lá, né?, fazendo gravações, gravações, é aquela coisa do cara que está em pé e a menina se abaixar. Está pagando por cinco reais, um real, né?, dependendo de como a menina é."*

A repetição do "né?", por seis vezes consecutivas (e que desaparece nas falas seguintes), pode ser interpretada como uma certa insegurança quanto à posição que Pedro assume, nesta seqüência em particular, sobre "o problema da comunidade", tentando compartilhar o ponto de vista com os outros participantes, já que este recurso busca verificar a aprovação do restante do grupo. Este detalhe tem sua importância, uma vez que a definição deste tema é em seguida comentada e compartilhada pela maioria dos outros participantes.

Contudo, observe-se que quando Pedro descreve o que considera uma "mudança", ele a enquadra em estreita relação com o tema do tráfico, que se relaciona, por sua vez, com a denúncia que começa a ser formulada do consumismo dos jovens moradores de favela. Assim, ele associa condutas sexuais desviantes, tráfico, consumismo e a rede de relações dos jovens, seguindo um movimento generalizador que se estende de sua favela para as demais. Pedro não localiza este problema apenas na favela onde mora, mas em várias outras:

> *"(...) Pagando por cinco reais, um real, né?, dependendo de como a menina é, então quer dizer, e às vezes ela briga com a mãe ou briga com o pai, que sai de uma favela e vai pra outra, como acontece lá, o pessoal que é, que mora em [favela onde reside], geralmente tem pessoas que vêm da [nome de outra favela], que brigou com a mãe, aí sai da [nome de favela] e vai para a [nome de uma terceira favela]. Ou que, de outra, outro lugar que seja a mesma facção [de traficantes], né? Como o [morador] de [nome de favela] vai para [nome de favela] e aí começa a se enturmar. Faz um barraco e aí tem aquele cara que toca um pagode, aí tem aquele outro cara que está mais ligado no esquema do baile funk, né?, Tem aquele cara que está mais chegado, que conhece o gerente [do tráfico local] ou que tem uma ligação, os celulares virou como um ponto de partida para qualquer um. É o que mais virou de um jovem de uma comunidade carente, é o celular que usa e o tênis de oito molas, agora é essa visão que eles têm."*

Observe-se, também, que a operação crítica se elabora em um movimento que segue a direção de um particular "na *minha* comunidade" (na primeira seleção) para um alto nível de generalidade ("de um jovem de *uma* comunidade carente", na segunda seleção). Voltarei a este ponto, mas vale destacar desde já que *este movimento singular/geral não se refere a uma relação eu/nós, e sim a eu/ele.* Esta dualidade expressa uma crítica, construída segundo um movimento de "de-singularização", que justifica, em seguida, o próprio engajamento político de Pedro:

> *"(...) eu tenho um projeto chamado [nome do projeto, que evoca a cultura afro-brasileira], eu coloquei esse nome [nome do projeto], mas por causa disso, porque tudo é herança que vem, né?, dos pais, dos avós, do tio, do primo, então eu coloquei o nome do projeto [nome do projeto], então* tem pessoas que foram do tráfico, ou que foram, que já foram mulas, porque as mulas de lá, de primeiro as meninas que eram mulas no caso" *(grifos meus).*

De-singularizar a pessoa e o território, generalizando a crítica a todos os *territórios da pobreza*, é um recurso que se observa recorrentemente nas falas dos líderes das tradicionais associações de moradores ou dos mais recentes formatos de "projetos sociais".

Mas, no caso específico desta situação onde lideranças falam diante de estranhos e de próximos, observa-se que a passagem da causa pessoal para uma causa geral configura um dispositivo que impede o surgimento de outros assuntos. Em outro local e em relação a outro tipo de crítica, tento demonstrar que o emprego do "nós" é o recurso adequado a situações que envolvem vários líderes oriundos de organizações semelhantes (Freire, 2005). Nessas situações, quando algum deles passa a intervir em seu próprio nome ("eu"), percebe-se um desajuste em relação às gramáticas de enfrentamento, e a pessoa em questão será imediatamente corrigida por um dos "grandes" presentes (o representante de uma federação, por exemplo), que lembrará criticamente que não se deve intervir como pessoa singular em nome de uma causa geral. Por outro lado, em outras situações, ou em alguns momentos dos coletivos de confiança aqui analisados, o compartilhamento de experiências singulares será reconhecido e aceito como discursivamente adequado, na medida em que sustenta uma crítica mais geral e se ajusta a uma seqüência da situação.

Ora, é interessante observar que não se verifica nos relatos dos líderes quase nenhuma tentativa de preservar o espaço de um "eu" que operaria como ponto de ancoragem de elaboração de crítica de um "nós". Nas situações cobertas na presente pesquisa, os líderes economizam insistentemente a crítica em nome pessoal e se colocam sempre-já no campo de um "nós", como se a causa comum fosse pressuposta como quadro no interior do qual se processa o debate.

Se este movimento particular/geral caracteriza o político nesta precisa situação, ele aparece também como um dispositivo de evitação. Quando uma das moderadoras pede maiores detalhes sobre a expressão "mula" e a diferença com a expressão "avião", Pedro responde em tom didático:

> *"A diferença é, o avião é o seguinte: o avião é quem sai pra comprar, mas o avião é tipo assim, é, eu tenho que ir daqui pra Copacabana, aí o cara marca o tempo, então o cara diz assim: 'Ó, você vai daqui em Copacabana, você tem meia hora para ir, meia hora para voltar.' Então esse é o avião. Então o cara pega, arranja uma moto, ou arranja um carro e tem que ir, nesse espaço e voltar no espaço. Se ele não volta, o avião já quebrou. Então já não vale mais o arregado que tem. Porque se o cara pega e manda você sair daqui pra Copacabana, para levar uma droga, no caso, vai levar uma droga,*

o outro cara que está esperando, tem um horário pra entregar, então se ele entrega no horário, ele ganha, vamos supor, ele tem que levar um sacolé, né?, de maconha, e esse sacolé, você vai ganhar cinqüenta 'contos' quando você voltar. Então isso se chama avião. Só que a mula é diferente, a mula ela tem, ele tem que levar na mochila, pode levar dentro do tênis, pode levar dentro do tamanco, pode levar no órgão sexual, pode levar... (...) Ela só tem que entregar. Então o que é que acontece, às vezes tem uma menina de 12, 14 anos, mas ela é mula, mas aí ela pega e leva o filho dela, porque ela não tem onde largar a criança, então ela sai."

Poder-se-ia esperar, nesse momento, que Pedro formulasse uma transição para a crítica, na lógica discursiva equivalente à que foi mencionada acima, quando associa condutas sexuais desviantes ao tráfico. No entanto, *imediatamente* após explicar a diferença entre "avião" e "mula", ele continuou com uma ruptura, sem agregar uma justificação que levasse os ouvintes a compreender a transição de um assunto para outro.

"Uma coisa interessante é o seguinte: eu tive a oportunidade de conhecer [nome próprio]... era pagodeiro no morro do [nome da favela] e fez grandes sambas-enredos para o [nome da favela], e nesse período o pagodeiro, ele era marginalizado, tanto que ele fazia grandes sambas, passava, o [nome da favela] era campeão e ele nunca teve o seu nome reconhecido. Só que a gente começa a ver o seguinte; primeiro a gente tem que ver que questão é essa, o seguinte, se você... na favela, né?, e muitos das favelas não aceitam o fato de ser da favela, aí vêm falar que mora numa comunidade, né?, na comunidade, né?, identificar..."

Esta quebra é, a meu ver, a chave analítica que permite entender parte das operações de evitação do tratamento da violência como experiência singular de um "eu" e, por extensão, de um "nós". Apenas porque foi convidado a se expressar sobre este assunto (ou seja, não foi ele que o selecionou), Pedro fala das categorias de entendimento do tráfico. Mas assim que entrevê a possibilidade de mudar de tópico, ele o faz. Dessa maneira, afastando-se da discussão das categorias do tráfico, ele — ao menos parcialmente — evita tematizar a experiência de violência dos favelados, de quem se apresenta, desde o início, como um porta-voz.

Da mesma forma, quando ele apresenta o projeto que coordena, o repertório mobilizado por ele para indicar a relevância da iniciativa é a "herança". Embora mencione a participação de antigos traficantes ou pessoas que tiveram alguma atuação no tráfico, este aspecto não é claramente associado à importância atribuída ao projeto. Tampouco sua experiência (a perda do filho) sustenta *discursivamente* seu engajamento político. *Discursivamente*, no sentido de que esta experiência "não pode" ascender à superfície e ser reconhecida como um correlato das formas de crítica operadas. Mas surge esporadicamente e oferece uma ferramenta para a descrição das práticas cognitivas e da postura moral do ator. O observador apenas considerou o corte na continuidade da fala e destacou a separação operada entre uma experiência singular e uma crítica geral, desconectando a perda pessoal do sentimento de injustiça que deflagra a crítica pública.

A primeira seqüência do coletivo de confiança foi quase monopolizada por Pedro, com poucas intervenções dos demais participantes. Contudo, isso não implicou retração ou desinteresse destes últimos. Enquanto ele falava, as outras sete pessoas ouviam, trocavam olhares, ou analisavam com atenção as palavras e os gestos de Pedro. Alguns anotavam, outros liam documentos ou suas próprias anotações. Percebe-se que essas atividades têm como objetivo preparar e planejar a intervenção de cada um. Isto fica muito claro quando um dos participantes toma a palavra após Pedro, comentando ponto por ponto o que ele afirmou. De certa forma, esses pequenos rituais de preparação traduzem o forte envolvimento dos participantes na dinâmica do coletivo de confiança. Mas eles também indicam uma operação cognitiva política mais geral, observável em outras situações, como reuniões de associações de base: a análise da situação para poder intervir de uma forma adequada ao fluxo discursivo e temático que surge nessa ocasião.

É assim que podem ser entendidas as palavras de João, líder de uma associação de moradores, que interviera anteriormente para reforçar uma afirmação de Pedro sobre a marginalização do pagode como manifestação artística. Esta abriu a possibilidade dos outros participantes se manifestarem, diversificando as intervenções e os tópicos tratados. Rapidamente, surgem novos assuntos: a estigmatização do favelado, a necessidade de orientar a ação coletiva para a elevação da auto-estima, o funk como gênero musical que seria próprio ao tráfico (e que reforçaria as condutas sexuais desviantes)... Todos, como Pedro, orientam as críticas relativas a estes assuntos de forma de-singularizada.

Pela metade do desenrolar do coletivo de confiança, Carlos toma a palavra, e volta ao primeiro assunto, reforçando a posição de Pedro:

Carlos: "Eu acho que o problema, hoje, da comunidade é o seguinte: conscientizar essa juventude, rapazes, meninas, porque como eu disse a vocês, nós fazemos um trabalho na [nome de favela], é específico, ou seria específico pra meninas, só meninas de 15 a 21 anos (...) O que eu noto é que o grande problema das comunidades é principalmente o que ele tinha falado, é o problema da sexualidade da juventude. Que a maioria são mães já, 13, 14, 12 e, além disso, as doenças sexualmente transmissíveis, que tem muitos que estão doentes, né?. É onde eles vão conversar com a psicóloga, com Aids mesmo, a maioria de jovens com Aids dentro da comunidade é uma coisa fantástica! Elas sentam, conversam. Algumas sabem, não contam para os pais."

Moderador: "Carlos, você diria que hoje o problema das comunidades é a sexualidade?"

Carlos: "A maior parte do problema da comunidade é a sexualidade."

A definição do "problema da comunidade" é importante, uma vez que foi debatida, na seqüência anterior à intervenção de Carlos, a diferença entre "favela" e "comunidade". "Favela" foi aproximada de uma categoria empregada por quem não mora nessas localidades e associada a mecanismos de estigmatização. Neste sentido, ao empregar a expressão "problema da comunidade", Carlos acaba por colocar-se na posição de quem é "de dentro" e, portanto, pode falar com legitimidade. Isto se confirma quando ele apresenta o diferencial de seu projeto, que seria mais adequado à definição dos problemas prioritários "da comunidade" do que os apresentados por instituições "de fora", que não seriam capazes de captar tão bem o que é relevante do ponto de vista dos moradores. Projetos organizados "de fora" são percebidos como erros de enquadramento dos problemas das "favelas" e, por isso, criticados e percebidos com desconfiança:

"Então é um trabalho só de auto-estima, não é um trabalho de profissionalização, *então nós ensinamos todas as artes (...), de hip-hop (...).* Não é um cabide de coisas para os jovens. *Coisas para chamar a atenção desses jovens. Tem mais, pegamos jovens trazidos para a comunidade, para os cursos, oferecemos, e oferecemos mais o certificado depois (...)."*

Pode-se observar que o recurso mobilizado por Carlos é muito semelhante àquele de Pedro. A definição do "problema favela" (ou "comunidade") se elabora em um movimento de generalização que descarta a descrição de experiências singulares dos moradores de sua favela e, particularmente, as relacionadas à co-presença da sociabilidade violenta. Ao mesmo tempo, na afirmação inicial, Carlos inverte a intervenção de Pedro. Antes de definir o "problema sexualidade", salienta que ele está relacionado a uma "falta de conscientização", idéia que, entretanto, depois de apresentada, não participa mais do "problema sexualidade". Se a estrutura da crítica de Pedro foi despertada pela definição da categoria "mula", a de Carlos se apresenta de forma difusa e os tópicos que constituem o restante de sua fala encontram-se desvinculados uns dos outros. Quando o moderador critica a referência à conscientização, para que Carlos possa desenvolver melhor o argumento, a resposta é curta e segue a direção de uma saída da defesa da causa geral anteriormente apresentada por ele: "Eu estou falando uma coisa muito minha", encerrando a intervenção sem mais palavras.

Como se pode perceber, os "problemas da comunidade" foram apresentados a partir de um tópico prioritário a ser problematizado: a sexualidade. O tráfico de drogas só aparece de forma tímida e eventual, e mesmo assim para alguns protagonistas, no trabalho coletivo de problematização. Se Pedro estabelece uma relação mais nítida entre a sexualidade e o tráfico, em outros casos, como o de Carlos, pode-se observar certa dificuldade de vincular as duas questões.

Exceto em algumas seqüências, apenas quando os participantes abandonam a definição dos "problemas da comunidade", o tema do tráfico surgiu de forma mais pronunciada, e mesmo assim, uma vez mais, de forma difusa e geral. Raros foram os relatos de experiências particulares ou concretas. E, quando eles existiram, foram acompanhados de rápido deslocamento para uma reflexão mais geral sobre o "tráfico no Rio de Janeiro" ou o tráfico "da comunidade" (quase nunca se emprega "o tráfico na minha comunidade"). Este movimento pode ser observado claramente em uma intervenção de Carlos, que trata do tráfico de forma altamente geral, aproximando-o da "mineira".[8]

"(..) o grupo do tráfico dentro da comunidade, ele tem vários fatores que psicologicamente ficam afetados, por exemplo, grupos rivais que chegam pra

[8] Para o tema, consultar o capítulo de Mesquita neste livro.

tomar o terreno, isso é uma constância, todo dia, é quase todo dia isso, grupos rivais que vêm pra tomar outra área, a mineira, que também entra para matar, a mineira que também entra para matar, e ainda tem uma outra particularidade, além da mineira, além dos grupos rivais, olha só, eles mesmos não se encontram mais, 'armam' entre eles mesmos, eles se perdem."

Vê-se também o relato de Marcos, que começa a descrever formas de submissão dos moradores da favela onde mora, mas logo amplia o discurso para várias favelas, sem nomear nenhuma, até chegar às favelas da "zona sul" (claros recursos de generalização para tornar anônima uma localidade específica). Neste movimento, Marcos insere a crítica que sustenta difusamente a definição do problema sexualidade, mas que não se vincula com as atividades do tráfico de drogas:

"Agora, o que eu vejo é que tem muitos meninos novos, que têm 12, 13, 14, 15 anos, que não conseguem nem segurar aquele fuzil, que é pesado mesmo, né? É aquela AR-15, o fuzil, e com arma, tu não conhece eles, tu passa, diz: 'Oi!' Ele até fala: 'Oba! Oba.' Tem que passar, cumprimentar: 'Oba, oba', meio que desconfiado assim. Antigamente conhecia todo mundo, a gente passava e conhecia todo mundo, agora não conhece. Agora sabe por que isso? Sabe por que isso? Porque se hoje naquela comunidade X, naquela favela X, naquele morro X, tiver o, tiver a polícia, a polícia está hoje naquele morro tal, então aqueles traficantes dali, eles vão para o outro morro que é do mesmo comando, então está assim, tanto na [nome de favela], como no [nome de favela], como no [nome de favela], [nome de favela], lá no [nome de favela], [nome de favela], são os morros da zona sul que eu estou falando, que eu conheço, eu convivo ali, né? Por ali, conheço alguns, algumas pessoas, antigamente não, você ia, saía até do morro para ir para o outro, em festa, assim, pelo menos você conhecia alguém, até que: 'Aquele cara ali é do morro tal.' É do morro tal, você conhecia o seu fulano, seu sicrano, era já o traficante já com vinte anos, hoje não, hoje é traficante, traficante, mas é criança, criança, são crianças, na fase da adolescência ainda. Puxa, fica difícil a gente... Por quê? Não vai à escola, não gosta de estudar, e agora as meninas que estão fazendo sexo, são meninas de dez, 11, 12 anos. Não são meninas que estão fazendo sexo com traficantes dentro do tráfico, não, elas fazem na escola, fazem em casa, esperam a mãe sair para trabalhar e levam o menino para dentro da casa, são meninos, são crianças com crianças mes-

mo. Levam eles pra dentro de casa e vão fazer ou fazem no meio do caminho, de noite, de madrugada, né? Fazem mesmo, ele faz sexo e acabou. Isso é, essa questão é transformação."

Pode-se ainda mencionar Júlia, que desloca o "problema do tráfico" para a "responsabilidade do poder público" quando analisa os motivos pelos quais jovens entram em atividades do tráfico:

"Uma questão, quando falou do poder público, uma questão muito séria que eu vejo a realidade onde eu moro, é a questão da educação, a maioria dos meninos, eles com 13, 14 anos, estão ainda bem atrasados na escola, entendeu? E eles, eles se evadem da escola. Ao parar de estudar vão fazer o quê? Então grande parte dos meninos hoje também que eu conheço, que estão no tráfico, são crianças que deixaram de estudar. Por quê? Porque a escola não tem mais incentivo para eles, entendeu? Então aí eu vejo a questão do investimento do poder público, certo?"

O conjunto de operações críticas descritas nesta seção permite entender como se opera o silêncio, apesar das palavras. Linhas de fuga, sem ponto de ancoragem, caracterizam o movimento de construção das críticas desses atores quando se encontram em situações que demandam a definição da favela e seus problemas. A imanência da crítica fica prejudicada, pois torna-se impossível ancorar o sentimento de injustiça no pressuposto de que todos podem manifestar seu sofrimento e que este será coletivamente reconhecido, ou em um horizonte de tratamento público. Mesmo o surgimento, talvez inesperado para o observador, da sexualidade como assunto prioritário aparece como algo que é momentaneamente formulado, mas que logo se torna insustentável cognitivamente, por implicar o tratamento de outros assuntos, que devem ser evitados, conforme as coações gramaticais da sociabilidade violenta. Neste sentido, as várias maneiras de evitar o tratamento público de determinadas experiências singulares de um eu que nada mais é que um "outro generalizado"[9] (Mead, 2006) e de se esquivar do sofrimen-

[9] Que se expressaria, por exemplo, através de alguns recursos observáveis em assembléias ou em situações públicas com as reuniões de associações de moradores, cuja realização não é diretamente ameaçada pela sociabilidade violenta. Em outras ações coletivas de associações de base, pode-se lembrar da insistência de certos líderes em sua condição de moradores do bairro para ancorar uma reivindicação mais geral, que fundamenta o trabalho de definição de assuntos

to representado pela submissão à gramática da sociabilidade violenta tornam-se recursos centrais dessas lideranças, apesar de sua custosa contrapartida: a desorganização da experiência do sujeito político, no sentido das dificuldades de elaborar um trabalho de definição dos assuntos considerados prioritários — não apenas como operação cognitiva de uma pessoa, mas de uma liderança, de um porta-voz que expressa um conjunto de vozes de um coletivo político.

2.2. Gramáticas políticas dos líderes frente à sociabilidade violenta: *exit*[10] e desinvestimento da forma tradicional de ação coletiva

Durante a realização de outro coletivo de confiança que reuniu líderes, surgiram outros recursos de ação na sociabilidade violenta. Nele, observou-se que os participantes não assumiram a posição de definidores do "problema das favelas", provavelmente devido ao fato de os moderadores terem orientado diferentemente o debate. A questão de partida focalizou, desde o início, as avaliações dos participantes em relação a seus engajamentos políticos em associações de moradores. Desta forma, o material que pode ser extraído dessa situação se refere às avaliações do efeito da presença da sociabilidade violenta sobre as gramáticas políticas, e suas conseqüências nas orientações das ações das lideranças.

Quando os participantes foram convidados a se expressar sobre as dificuldades enfrentadas cotidianamente enquanto líderes, uma das primeiras inter-

---

prioritários. Por exemplo, em uma reunião com a presença de pessoas "de fora" e "de dentro", um representante exclamou, lamentando-se: "na *minha* comunidade não *temos* saneamento básico" (Freire, 2005). Esta passagem mostra um movimento singular/geral no qual se envolve o próprio porta-voz e expressa de forma quase radical este outro generalizado, onde o porta-voz antecipa o sofrimento do outro (expresso no tom de voz) devido à carência de infra-estrutura ou de serviços públicos. Ora, nos relatos recolhidos pela presente pesquisa, este movimento é quase inexistente, como se o porta-voz tivesse grande dificuldade de se envolver e se confundir com "sua" comunidade. Percebe-se, inclusive, que as citações apresentadas nesta seção tratam a categoria "jovem" de forma quase externalizada.

[10] Hirschman (1970) elaborou um modelo analítico para entender disfunções microeconômicas e a falência de certas empresas a partir das condutas dos consumidores. Assim, os dois recursos que o consumidor pode mobilizar para expressar seu descontentamento diante de um bem de consumo insatisfatório são a "saída" (*exit*) ou a "tomada da palavra" (*voice*). A primeira se caracteriza pelo fato de o consumidor insatisfeito deixar de consumir aquele produto, podendo se dirigir a outro bem equivalente, oferecido pela concorrência. A segunda é a expressão pública do descontentamento. Neste caso, ele toma a palavra e se lança em ações que oscilam da ação privada (pedido de reembolso) à ação pública de interesse geral (interpelação na justiça) (Hirschman, 1982: 111-115).

venções insere o tema do tráfico na discussão: "A única coisa, para mim, no meu ponto de vista, que atrapalha muito as comunidades, é a interseção do tráfico nos nossos trabalhos." Mauro apresentou a presença do tráfico como uma barreira que pode provocar um movimento de saída ou o recuo de alguns líderes, mas que, como no outro coletivo de confiança, é anonimizada através de expressões como "nosso trabalho" ou "nossas comunidades". Logo após este comentário, ele explica o motivo pelo qual saiu de sua associação:

> *Mauro: "Acabou meu segundo mandato, eu logicamente fiquei quase mais um ano, até alguém poder botar uma chapa. Quando alguém botou, a primeira coisa que eu fiz foi do mesmo jeito. 'Meu irmão, assume aí que é teu, estou indo embora!'"*
>
> *Moderadora: "Você estava querendo..."*
>
> *Mauro: "Não, porque o trabalho não rendia. De vez em quando, você tem que dar satisfações para pessoas que não têm nada a ver com o trabalho [sem mencioná-los, refere-se aos traficantes]. Você tem uma linha de trabalho, alguém quer te puxar, sabe? Infelizmente... Quem disser hoje que não sabe que não acontece isso, acho que é meio preocupante. Não é verdade?"*

Ainda que Mauro não atribua a sua saída da associação ao tráfico, percebe-se um movimento bastante claro de *exit*, uma libertação das imposições da sociabilidade violenta ("dar satisfação para pessoas que não têm nada a ver com o trabalho"), perceptível com as palavras exclamativas trocadas com o novo presidente ("Meu irmão, assume aí que é teu, estou indo embora!").

Outros líderes criticaram o crescente "individualismo nas comunidades", acompanhado de uma burocratização das tarefas, que tornam cada vez mais difícil e complexa a atuação de uma associação de moradores. Progressivamente, esta crítica se desdobrou em uma referência ao crescente descrédito da associação por parte dos moradores, e a presença do tráfico aparece novamente. Mencionou-se a ação coercitiva sobre as associações de moradores, mas não houve manifestação explícita de um sentimento de desaprovação do tráfico.

Na seqüência seguinte a temática do individualismo ressurgiu, nas palavras de outro líder, com um forte teor crítico. Ao mesmo tempo, outras lideranças também se indignaram diante da burocratização das tarefas da associação, do acúmulo de responsabilidades que é conferido ao presidente e da percepção dos moradores sobre as associações, avaliada como utilitarista. No final desta seqüência, um líder formulou uma crítica de maneira mais intensa do que as anteriores (mesmo longa é preciso citá-la na íntegra):

> “*(...) todo aquele acumulado de pessoas [aponta] o dedo para uma só. E eu ficava dizendo comigo: ‘Mas é tão fácil de ver a culpa!’ Não tem água, liga para o presidente, não tem luz, faltou luz, o presidente liga para Light, está sem luz no morro.* Chegou a polícia, deu tiro, o vagabundo correu, as crianças também da escola. *‘Ah, o presidente* filho-da-puta! *Vai lá, liga para o comandante, não sei o quê.’ Isso é assim, anos essas coisas acontecem, e aí bate na cara do presidente, liga para o presidente, manda recado pela filha do presidente, será Deus o impossível! Pode ter dez líderes na associação, ele vai na casa do presidente. Gente, isso é um ato de* covardia, *porque a instituição, a associação de moradores, aí a gente vai lá atrás, a gente começa a resgatar isso tudo, não foi construída, tem que pensar, por uma só pessoa. Foi um grupo. Grupo esse que era um lá, outro ali, outro ali, representante da comunidade toda. Um cara que pensava na água, outro pensava como ia ser a manilha de esgoto, outro pensava como ia acabar pra fazer a escadinha. (...) E eu fico pensando: ‘Como é que pode? Hoje atribuir, assim dez mil moradores, apontar só para um cara e dizer: ‘A culpa é tua, hein!” Não tem como. E o cara está lá, bate na porta [das autoridades], toma chá de cadeira, corre para um lado, corre para o outro. Na luta do dia-a-dia, quando chega lá, o outro mete a mão na sua cara, chama de filho-da-puta: ‘Não serve pra nada esse muquirana, não sabe nem falar direito!’ Cansei de escutar isso! E aí começa assim uma, uma coisa que me deixa tanto* indignada. *Será que um dia as pessoas vão começar a perceber a comunidade como sua também? Que até então é de uma só pessoa toda essa responsabilidade, você não se sente perto dela. E aí a gente começou, de uns seis anos pra cá, a trabalhar isso de uma forma diferente. Que é muito fácil apontar os erros dos outros. Muito fácil o morador vir na porta da associação pedir uma cesta básica. ‘Quando eu tenho obrigação de te dar uma cesta básica? Será que eu não estou precisando mais do que você?’ ‘Seu filho-da-puta, você é o maior ladrão!’ Eu e ele, né?, ladrão, ladrão.*”

Esta intervenção, crítica da percepção dos moradores sobre o presidente de uma associação, constrói-se por meio de uma sucessão de exemplos que demonstram o acúmulo de tarefas e a relação utilitarista que os moradores tecem com o presidente. Para fundamentar a crítica, esse líder mobilizou vários recursos: a simulação de interlocuções cotidianas com moradores; o palavrão para reforçar o aspecto absurdo da responsabilização do presidente devido ao individualismo dos moradores; o relato de xingamentos gratuitos; a descrição da postura calma e confiante da líder; a mímica gestual que acompanha as palavras. Após esta demonstração, a fala se encerrou com uma pergunta que, por si só, interrogava a categoria "comunidade", no sentido de que todos defenderiam o mesmo bem comum: "Será que um dia as pessoas vão começar a perceber a comunidade como sua também?"

Implícita no fluxo desse discurso, percebe-se uma apresentação quase naturalizada da violência, equivalente à descrição anterior da obrigação do presidente em relação à luz. Ainda que possa haver um instante de dúvida sobre se a indignação se refere ao crime ou à crítica dos moradores à atuação dos presidentes, ela fica quase imediatamente superada após a citação acima. O que poderá surpreender são os termos usados pela líder quando se refere aos tiros: "o vagabundo correu e as crianças também da escola. 'Ah, o presidente *filho-da-puta*! Vai lá, liga para o comandante, não sei o quê.'" Fica evidente que o objeto da crítica são os "membros da comunidade", indiferentes ao trabalho da associação, não focalizando o recurso à força.

É interessante observar que a construção desse discurso tem certa linearidade e a mobilização de um repertório agressivo fundamenta a crítica, mas não se observa nenhum comentário indignado sobre a violência dos traficantes. Por outro lado, as intervenções precisam ser contextualizadas na situação do coletivo de confiança. Elas se inscrevem numa apresentação de si diante de outros que são — exceto os pesquisadores — considerados pares na posição de liderança, de modo que podem ser poupados maiores detalhes sobre as experiências correspondentes. Deve-se acrescentar que o relato citado foi acompanhado de uma aprovação geral por parte dos outros participantes, que aquiesciam com a cabeça, como se o conteúdo geral dos comentários da líder fosse evidente. Em outros termos, as palavras, a forma como são empregadas e a reação provocada podem estar sugerindo uma ausência de indignação a respeito do assunto tratado. Para este grupo, o tópico da indignação está dirigido, nas primeiras seqüências da reunião, para os moradores, e não se refere à força, a não ser quando esta ameaça as rotinas políticas dos líderes.

Em várias ocasiões, quando surgem temas relacionados com a violência, recursos semelhantes aos descritos são mobilizados, sugerindo que, se há indignação, ela permanece reprimida. Mesmo quando o tráfico é indicado como obstáculo para a atuação da associação de moradores, não se observa indignação nas palavras dos líderes nos momentos em que o mencionam — ao contrário, alguns líderes buscam justificar as ações dos traficantes (um deles afirmou que o traficante "é alguém que teve todos seus sonhos de vida destruídos", por exemplo). Em várias outras seqüências onde líderes descrevem situações em que traficantes estão presentes, geralmente se referindo ao controle exercido sobre alguma associação, os relatos não acionam recursos de crítica, o que é totalmente diferente das seqüências de comentários sobre a atuação de policiais.

Assim, o traficante não é percebido como um perseguidor (Boltanski, 1990), mas como vítima de um sistema mais amplo, diminuindo sua responsabilidade pelas condutas que adota. Isto é particularmente visível nas seqüências em que os líderes se referem ao tráfico como um problema internacional ou globalizado. Este trabalho de limpeza moral apresenta uma modalidade que passa pela aproximação dos traficantes à "comum humanidade", excluindo simultaneamente o policial. Tal aproximação só pode aparecer no quadro de uma *crítica* que desloca a indignação, da droga e da violência, para o "sistema" e a exploração econômica. Por outro lado, esta "voz" (no já mencionado sentido de Hirschman: a crítica ativa do "sistema") é, ela mesma, parte de uma formação discursiva que reproduz o repertório que estigmatiza e silencia os líderes.

O segundo tema que mobiliza os comentários críticos é o das políticas municipais e intervenções urbanas. Nesses casos, as percepções de justiça se voltam para uma crítica das estratégias políticas que não representam os interesses dos moradores de favelas, como pode ser observado nas várias avaliações do projeto Favela-Bairro. Este tema se entrecruza com um terceiro: a violência policial. Se a crítica do tráfico, como dito anteriormente, é amenizada por princípios que, evidentemente, não se expressam claramente na linguagem dos direitos. Vários relatos chegam a inverter a relação traficante–policial, tratando o primeiro como vítima e a polícia (o aparato estatal, não os seus funcionários) como a verdadeira criminosa. No entanto, a denúncia da violência policial se constrói como um tópico que pode se referir, à primeira vista, ao direito de segurança pessoal:

> *"Como a gente vê a polícia? A polícia, ela está a serviço de quem? Ela está a serviço de quem? Ela está a nosso serviço? Ela está aqui para garantir a nossa*

segurança? Como ela nos vê? Como é que o poder público é assim, esse modelo que nós temos aí, de atuação nas comunidades, isso tudo, isso aí já vem de muitos [anos], isso aí não muda. Isso aí não muda! Isso aí não muda?"

Mas este tópico também pode ser rapidamente generalizado como uma crítica à violência institucional, estrutural, na qual está incorporada a própria violência do tráfico (o que reitera a operação de limpeza moral do criminoso):

"(...) essa bala não é da polícia, essa bala é do poder público, o alvo dessa bala deixa de ser o vagabundo desde o momento em que a polícia entra para essas operações desordenadas dentro da comunidade."

Nesses dois casos, observa-se um movimento que tem como pano de fundo o repertório dos direitos humanos. Contudo, não se materializa uma reivindicação — que caberia esperar dessas pessoas pelos seus vínculos com associações de moradores — construída em termos de ofensa ou de privação dos direitos. Uma hipótese para a compreensão desta ausência poderia partir da própria percepção dos líderes sobre suas funções: vários deles iniciam uma apresentação de si como "representante da comunidade", "pessoa [que] tem que estar, [que] tem que falar, (...), que é representante do povo, né?. Vão ter que representar". Nestas definições do papel de lideranças, verifica-se uma certa indefinição sobre a natureza da representação, que não convoca explicitamente a defesa dos direitos dos moradores de favelas. Outra explicação para a ausência da linguagem dos direitos, a meu ver mais relevante, é o efeito da diferenciação realizada entre o policial e o traficante, que, ao generalizar a crítica do primeiro para o "sistema" e reaproximar o segundo da "humanidade comum", acaba por justificar uma das duas formas de violência. (É desnecessário acrescentar que o exercício de violência física por agentes não qualificados é incompatível com a linguagem dos direitos.)

Cabe ainda acrescentar que a palavra "direito" é empregada apenas oito vezes ao longo de todo o coletivo de confiança com líderes de associação de moradores: ela é formulada como negação ("a gente não tinha o direito de falar"), em dois casos como dever ("a pessoa tem que ter consciência de seu direito") e, nos outros, de forma impessoal ou como simples relato ("eles levantaram a cabeça e disseram: 'Conseguimos, era direito'"). Ademais, a palavra "justo" aparece apenas duas vezes e "injustamente" uma única. Esta baixa incidência também ilustra como são raros os momentos em que os líderes se apresentam como representantes de sujeitos de direito.

Não obstante esta ausência, os líderes desenvolvem um esforço de pertencimento a uma humanidade comum, condição prévia que, como se percebe na análise dos relatos de todos os "coletivos de confiança", não pode ser pressuposta para acionar a linguagem dos direitos. Nas palavras de um deles:

> *"Mas muito tiro ontem lá, e o cara fala: 'Oh, só quero bandido, não quero morador, não!' E [incompreensível] tudo olhando lá de cima, né? Que eu conheci os caras que já foram expulsos e tal, então, gente, eu fico muito preocupado, porque ele mandava tiro aqui assim, na direção do pico. 'Meu Deus do céu, deve ter alguém dentro daquelas casas, vai atingir alguém.' Fiquei muito preocupado e hoje de manhã fiquei... Eu fui dormir assim, tremendo, não por mim, os tiros estavam dando... Poxa, cara, a gente é ser humano, é, não é? A gente sofre muito (...)."*

Verifica-se a busca de inserção em uma humanidade comum a partir do sofrimento, sentimento humano que constitui um dispositivo a partir do qual o indivíduo pode ser reinserido na humanidade, uma vez que o sofrimento pode ser um princípio de equivalência por abranger todos os seres humanos.

Finalmente, vale ainda mencionar um aspecto suplementar que reforça o que foi dito anteriormente. No final da sessão, um líder convidou todos os participantes do "coletivo de confiança" para participar de uma reunião com a comissão de direitos humanos e várias ONGs que ia ocorrer na sua associação:

> *A: "Vai ter uma reunião com a comissão de direitos humanos da Uerj, Viva Rio."*
>
> *Pesquisador: "Justiça Global?"*
>
> *A: "É, Justiça Global, Anistia Internacional."*
>
> *(...)*
>
> *A: "Vai discutir essas questões das mortes nas comunidades (...) Que conscientizam as pessoas."*

B: "Esse é um ponto bom para a gente falar."

C: "Aí você consegue articular com a Justiça Global, com os direitos humanos, consegue articular tudo. E lá eles se envolvem mesmo, eles (...) se preocupam com as pessoas, eles querem ajudar a resolver, aí quando tocou no assunto, que as pessoas têm... [fim da fita, impedindo o registro do final da frase]."

As três seqüências selecionadas nesta seção permitem entrever o enquadramento das agências que representam a defesa dos direitos humanos. Em primeiro lugar, o líder convida para este evento citando apenas duas instituições, ele é corrigido e acrescenta, além da organização mencionada pelo pesquisador, outro órgão internacional. Percebe-se que as primeiras instituições do relato são a ONG brasileira Viva Rio e a Universidade do Estado do Rio de Janeiro. Somente quando corrigido o líder acrescentou duas instituições internacionais, como se isso conferisse maior visibilidade e atração ao evento.

Após informar horário e data, o líder quase define o que entende como direitos humanos, estabelecendo uma clara associação entre este tema e "as questões de mortes" nas favelas, ou seja, a segurança pessoal e o direito à vida. Porém, os direitos humanos não aparecem como reivindicação, mas como intervenção externa que participa de um trabalho de conscientização. Esta intervenção é pensada como um meio disponível de *organização*, e não como *repertório político*. Torna-se clara a percepção confusa dos "direitos humanos", apresentados a partir de instituições e não acionados como recurso para uma reivindicação.

Essas percepções sobre os direitos humanos são abstratas, envolvendo uma identificação difusa com "as mortes da comunidade" e com organizações internacionais. Num movimento quase oposto, os movimentos das mães de vítimas de violência policial mobilizam explicitamente a gramática dos direitos humanos como fundamento de suas reivindicações e de sua ação política. Além disso, também se observa um movimento contínuo de articulação de suas reivindicações com organizações internacionais de direitos humanos — mas, neste caso, a diferenciação entre o nível reivindicatório e o nível organizacional é nítida.

3. O silenciamento do sofrimento: indignação em situações quase limites

A partir de testemunhos publicados e entrevistas diretas com sobreviventes, Pollack (1990) recorre à idéia de situação-limite para se referir às vivenciadas pelos detentos de campos de concentração nazistas. Para o autor, esta noção permite analisar não somente as experiências dessas situações, como também as maneiras pelas quais os sobreviventes reconstroem sua identidade social e sua memória em torno dessa vivência. O foco da análise recai sobre os processos de redefinição da identidade a partir dos quais se reconstruíram as relações sociais nos campos de extermínio. Nos relatos dos sobreviventes, essas experiências foram marcadas por uma ruptura brusca, uma passagem de um meio familiar para outro, em uma instituição total. Nesse momento, o que passa a estar em jogo é a permanência de si à custa de uma relação antinômica, profunda tensão entre a busca da integridade física e a preservação da integridade moral, tensão que se mantém mesmo após a experiência de vida no campo de concentração (Pollack, 1990: 12). Enquadrados a partir da bipolaridade dessa situação-limite, os testemunhos dos sobreviventes são analisados como formas de reconstruir identidades. Os relatos se constroem, de um lado, no limite do possível e, de outro, no limite do dizível. A partir dessa consideração, o autor interpreta o silêncio, tomado como parte integrante do processo descrito. Assim, a pesquisa de Pollack analisa as modalidades de ajustamento a situações extremas. Vale realçar que os testemunhos descrevem o que poderia ser sintetizado como uma "saída da humanidade", marcada por seqüências de co-presença entre SS e deportados, em situações nas quais a extrema violência da coerção física não requer justificação de qualquer espécie.

Evidentemente, no cenário carioca a submissão dos moradores de favela pela força não pode ser igualada à experiência dos deportados. Para Pollack, o núcleo da noção de situação-limite é o extremo e abrupto "desenraizamento" vivido pelos prisioneiros nos campos nazistas. Não é isso que ocorre com os moradores, mesmo considerando que muitos são forçados a abandonar as localidades onde tinham relações estabelecidas, às vezes durante toda a vida. Ainda que afetem as identidades construídas, esses deslocamentos nem de longe têm impacto semelhante à deportação no nazismo.

Contudo, tomada como metáfora, a noção de situação-limite se revela fecunda para a compreensão dos recortes operados por alguns moradores em seus relatos. Pode ser elucidativo abordá-los considerando a dualidade proposta por Pollack entre a integridade física e a integridade moral. Os sentimentos de injustiça — não apenas, mas também quanto às coações físicas que sofrem — operam em um horizonte de publicidade, isto é, de reconhecimento público e garantia da integridade moral dos moradores, mas as respostas institucionais constantemente tendem a bloquear esta possibilidade. Fica, assim, muito dificultado o tratamento público da experiência de injustiça, restando apenas a busca da manutenção da integridade física. O que deveria (ou poderia) ser uma unidade acaba por se transformar em uma oposição, na qual um aspecto só predomina à custa do outro.

Estas considerações podem ser úteis para a compreensão de outro coletivo de confiança, onde são relatadas as experiências, no limite do possível e do dizível, das mães de vítimas e do movimento que algumas protagonizam. Elas vivem a situação extrema da morte dos filhos por policiais, à qual se acrescenta o desaparecimento dos corpos, a indiferença pública e a ausência de reconhecimento institucional-legal do assassinato. Precisamente pelo fato de estar atravessando uma situação *quase* limite, na medida em que só muito marginalmente é requerida justificação para a violência cometida, suas críticas mobilizam o tópico da justiça disponível. Esta crítica se fundamenta no repertório do sofrimento e da dor, que, assim, se torna uma modalidade de ação política. (Leite, 2004: 156-57).

Neste sentido, quando, no coletivo de confiança, as mães apresentam o início da mobilização do movimento, todas estão de acordo quanto ao objetivo de suas lutas — a justiça, embora algumas se manifestem céticas quanto à probabilidade de chegar a este resultado. Ademais, o quadro desta luta por justiça se inscreve diretamente no sistema institucional-legal sobre o qual se assenta o tópico da justiça:

> "*Como eu falei, se tivesse matado e jogado por aí [sem que os corpos estivessem desaparecidos], a gente ia chorar, ia enterrar e não ia buscar justiça, porque num país de injustiçado não tem como você procurar justiça.*"

Um dos relatos menciona a inexistência da pena de morte para justificar a busca de justiça e condenar moralmente os assassinatos cometidos por policiais. A demanda por justiça pode ser também mobilizada para tentar descartar insinuações de envolvimento dos mortos com o tráfico e para questionar o desinteresse institucional que seria decorrente do simples fato de se tratar de moradores de favelas. A indignação e as críticas de algumas mães mobilizam os princípios de igualdade dos seres humanos e aproximam a integridade física da moral da pessoa ("Tenho certeza que eu vou encontrá-la [a filha], entendeu? Isso é certo! Ninguém vai tirar isso de mim, não. Eu vou ter esse direito de enterrar os restos dela").

Ao mesmo tempo em que é mobilizada esta gramática, percebe-se uma oscilação constante nas palavras dessas mulheres. Elas fundamentam suas ações no repertório dos direitos humanos, porém os limites e obstáculos que enfrentaram ao longo dos muitos anos de investigação judicial e busca por justiça foram tão freqüentes que algumas questionam o horizonte de sua mobilização: "Não, e nós não temos direito a nada." Acrescente-se o descrédito manifestado em relação às secretarias de direitos humanos. A indiferença ou respostas evasivas e por vezes humilhantes apresentadas tiveram uma forte repercussão e levaram as mães a questionar a viabilidade do horizonte de justiça.

Assim, por mais fundamentada que seja a reivindicação na gramática dos direitos humanos, a distância entre o conteúdo semântico e as instituições que representam esta gramática parece responsável pelo sentimento de desamparo dessas mulheres. Essa distância pode também estar relacionada com o medo que várias delas mencionaram e que chega à participação de várias outras mães na demanda por justiça.

4. Considerações finais

A análise comparada dos três coletivos de confiança apresentados neste capítulo aponta para fortes variações nas percepções de justiça, segundo as situações e os movimentos nas quais se inscrevem. Os líderes expressam de forma difusa as vivências da injustiça decorrente do agir em face da sociabilidade violenta. No limite, não criticam diretamente a violência — viu-se que em algumas situações eles justificam a coação pela força dos traficantes, amenizam a presença do tráfico ou justificam a carreira no tráfico. Neste sentido, a predominância da sociabilidade violenta sobre as gramáticas políticas impede não somente a definição de assuntos prioritários nas arenas públicas, mas a própria constituição de públicos que se sintam concernidos e se mobilizem na definição de problemas a serem tratados com prioridades e publicamente. Como foi visto, essas definições se realizam em torno de um autoproclamado "representante", o que, no entanto, não significa que sua liderança seja suficiente para torná-lo o porta-voz de um coletivo político real.

Dessa forma, o horizonte de publicização de antigas e novas reivindicações, de assuntos problemáticos e de movimentos de base se afasta cada vez mais desse tipo de liderança e ação coletiva. Ainda que a vivência da injustiça possa ser observada nas avaliações dos dirigentes de associações de moradores, sua problematização dificilmente se formula publicamente. Recalcado, ele desorganiza a experiência da ação coletiva, tornando-a difusa, desorientada e desajustada em relação aos contextos nos quais se insere. Assim, pode-se observar uma "clivagem do *self*" do porta-voz: ao mesmo tempo em que ele representa formalmente outras vozes, a sociabilidade violenta o submete a uma cisão interna que seleciona certos assuntos para *não* serem problematizados, na representação do conjunto de vozes. A fim de preservar ao mesmo tempo a integridade física e moral, sobrevivendo enquanto sujeito político, o porta-voz opera uma cisão interna que permite ignorar os antagonismos que constituem seu ambiente, desconsiderando determinados elementos da realidade. Sem possibilidade de problematizar a experiência e a presença da sociabilidade violenta cujo território compartilha — e, no limite, é levado a justificar —, o líder seleciona certos assuntos, sem colocar à prova sua própria atuação. A alternativa que resta, aqui representada por Mauro, é escolher o *exit*. Mas, contrariamente ao modelo de Hirschman, este *exit* não traduz uma tomada de voz ao avesso, mas a radicalidade da "clivagem do *self*".

Ainda que o sentimento de injustiça esteja presente no movimento de mães de vítimas, a escassez dos recursos judiciais disponíveis inviabiliza o reconhecimento da experiência de injustiça, que pode fundamentar seu tratamento público. Pode-se observar que a ausência de reconhecimento da injustiça da perda de filhos e dos conseqüentes sentimentos de injustiça das mães cria um mecanismo de perversão institucional que intensifica a experiência de vitimização e a torna cada vez menos legível e compreensível. Em decorrência, aumenta a intensidade do trabalho de autojustificação que permite discernir, diante do outro (e no caso dessas mães, este outro parece ser surdo e mudo), o verdadeiro do falso, o justo do injusto, o correto do incorreto. Analisando as interações perversas, Hirigoyen (1998) sugere no final de seu livro posturas alternativas que permitiriam romper com algumas lógicas de perversão, sejam elas domésticas ou institucionais. Dentre elas, a psicanalista propõe que as vítimas evitem quaisquer formas de justificação, uma vez que a figura do perverso intensifica, para sua vítima, a necessidade de justificar o injustificável. Mas como essas mães poderiam seguir tal orientação, uma vez que a perversão atravessa a ordem violenta e a ordem pública?

CAPÍTULO 9

Da asfixia: reflexões sobre a atuação do tráfico de drogas nas favelas cariocas

Juliana Farias

1. Apresentação

O fio condutor deste capítulo é o substantivo "asfixia". A partir dele, na parte inicial do texto opero uma distinção entre a conduta violenta de policiais e a de bandos de traficantes. Em seguida, desenvolvo uma análise descritiva de depoimentos de moradores, a fim de refletir sobre algumas implicações da presença de traficantes de drogas em diferentes favelas da cidade do Rio de Janeiro, quanto à organização de suas rotinas cotidianas. Privilegio especialmente os relatos dos moradores mais jovens.[1]

2. Violências no plural

Rio de Janeiro, verão de 2006. A cidade inclui no seu histórico mais uma operação violenta em que favelas foram ocupadas pelo Exército: a Operação Asfixia.[2] O substantivo "asfixia" significa "falta de ar; sufocação". O verbo tran-

---

[1] Ver os capítulos de Oliveira e Leite neste livro.

[2] Esta operação teve início quando dez fuzis FAL e uma pistola foram roubados de um quartel em São Cristóvão, no dia três de março deste ano. Já no dia 4 de março, dez favelas foram ocupadas pelo Exército. (Fonte: http://www1.folha.uol.com.br/folha/especial/2006/exercitonorio.) O feito foi apresentado na mídia como *Operação Asfixia*, mas gostaria de ressaltar que essa designação já havia sido utilizada em situações anteriores. Em maio de 2002, o jornal *Folha de S. Paulo* publicou a manchete: "PM do Rio ocupa 16 morros e inicia 'operação asfixia' contra tráfico." (Fonte: http://www1.folha.uol.com.br/folha/cotidiano/ult95u51918. shtml.) Em setembro de 2003, o *site* da Secretaria de Segurança Pública do Estado do Rio de Janeiro comemora: "Operação Asfixia, montada pelo governo do Rio de Janeiro para encurralar os traficantes em seus pontos-de-venda, começou a dar resultados. Pelo menos na sensação de segurança. Uma enquete feita pela faculdade Unicarioca, a pedido do jornal *Extra*, com 640 moradores

sitivo "asfixiar" significa "causar asfixia a" ou "matar por asfixia; sufocar, abafar" (Ferreira, 1977). De acordo com as regras gramaticais da língua portuguesa, o verbo transitivo exige um complemento — o objeto que será regido pelo verbo. Qual seria o complemento do verbo asfixiar na Operação Asfixia? Quem ou o quê estaria sendo morto por asfixia, sufocado ou abafado?

> *"Eles chegaram a atirar contra mim. Corri para a casa do meu pai. Eles queriam entrar e meu pai não deixou. Aí eles quebraram as lâmpadas e arrebentaram a madeira da janela com coronhadas de fuzil."*[3]

> *"A partir das oito da noite eles mandam todo mundo entrar. Quem fica na janela é xingado e até agredido."*

> *"Foi horrível. Eles chamavam trabalhadores de vagabundo e as crianças, de semente do mal."*

Nesses depoimentos de moradores do morro da Providência, o pronome "eles" faz referência a alguns dos mil e duzentos homens fardados e equipados com armamento pesado que ocuparam diferentes pontos da cidade do Rio de Janeiro, concentrando-se na maior parte do tempo em dez favelas: Dendê, Favela do Metral, Jacarezinho, Jardim América, Mangueira, Manguinhos, Nova Brasília, Parque Alegria, Providência e Vila dos Pinheiros.[4] Para realizar a operação, os militares ainda contaram com o reforço de helicópteros, tanques de guerra e carros de combate Urutu.[5]

No morro da Providência, uma mulher e seu filho (um bebê de 26 dias) foram feridos por estilhaços de balas, e um adolescente de 16 anos morreu após

---

de seis bairros da capital mostra que, para 52,1%, a violência diminuiu em seis meses." (Fonte: http://www.ssp.rj.gov.br/noticia.asp?id=12). E em maio de 2004, Marcelo Itagiba, então subsecretário-geral de Segurança Pública do Estado do Rio de Janeiro, explicou como funciona essa modalidade de operação: "Na Operação Asfixia, criaram-se obstáculos ao livre trânsito de armas, drogas, traficantes e consumidores, com o cerco e a fiscalização nos principais pontos de entrada das comunidades carentes mais afetadas." (Fonte: http://clipping.planejamento.gov.br/Noticias.asp? NOTCod=126430.)

[3] Esta e as duas citações seguintes encontram-se em "Moradores acusam exército de violência", *Folha de S. Paulo*, 10 de março de 2006.

[4] Fonte: http://www1.folha.uol.com.br/folha/especial/2006/exercitonorio.

[5] Os "Urutus" são blindados anfíbios que, na época, também estavam sendo utilizados pelo Exército brasileiro durante sua missão no Haiti.

ser baleado durante a Operação Asfixia. A associação de moradores local organizou uma manifestação, na qual podia ser lido o texto "Queremos, sim, invasão social",[6] numa faixa de pano branco pintada com *spray* de cor preta.[7] Poucos dias após a retirada dos militares, moradores da Providência se reuniram com representantes do Ministério Público, da Secretaria Estadual de Direitos Humanos e integrantes da Comissão de Direitos Humanos da Alerj — Assembléia Legislativa do Estado do Rio de Janeiro. Decidiram ingressar, através da associação de moradores, com uma ação civil pública contra o Exército.[8]

Mesmo sabendo das dificuldades enfrentadas pelos moradores das favelas cariocas nas suas lutas por justiça, por acesso à cidade e contra a violação dos direitos humanos, acredito que seja pertinente chamar a atenção para reações como a dos moradores da Providência. Tanto a coragem de realizar os protestos quanto o interesse pelas ações judiciais podem abrir um espaço, ainda que pequeno, para "retomar o fôlego" — já que se trata de uma reação à "asfixia" — dentro desse quadro sufocante que caracteriza o cotidiano nas favelas atualmente.[9]

Pode parecer que, ao falar de fôlego, pretendo encaixar de forma forçada um "final feliz" numa história de sacrifícios, mas não é esta a minha intenção. Meu objetivo neste trabalho é justamente refletir sobre diferentes situações que poderiam ser definidas por uma espécie de "asfixia" mais aguda — situações em que a retomada do fôlego ainda não é possível. Refiro-me às modalidades de definição das situações segundo as quais os episódios de violência não podem ser denunciados; um quadro de referência no qual diversos dispositivos simbólicos de controle já foram incorporados pelos moradores das favelas cariocas;

[6] A faixa traz implícita uma diferenciação entre duas modalidades de ocupação das favelas pelo poder público: uma ligada aos projetos sociais e aos projetos de urbanização, e outra ligada às políticas de segurança pública.

[7] "Do carnaval à guerra", *Folha de S. Paulo*, 9 de março de 2006.

[8] "Providência vai à Justiça", *Jornal do Brasil*, 16 de março de 2006 (http://jbonline.terra.com.br/jb/papel/cidade/2006/03/15/jorcid20060315007.html).

[9] Neste texto, utilizo como exemplo a reação dos moradores da Providência devido ao interesse em explorar a idéia de asfixia trazida com o nome da operação realizada este ano na favela. Entretanto, gostaria de destacar que desde 2004 acompanho diferentes mobilizações contra violência policial nas favelas, dando especial atenção para a atuação do Movimento "Posso me identificar?" e da Rede de Comunidades e Movimentos Contra a Violência, o que me permite afirmar que moradores das favelas cariocas têm se articulado e desenvolvido estratégias para atuar no espaço público e legitimar seus protestos. Para uma análise do primeiro ano de atuação do Movimento "Posso me identificar?", ver Farias (2005a; 2005b). Para uma leitura específica sobre a utilização da linguagem religiosa nas manifestações contra violência policial em favelas, ver Leite (2008b) e Leite e Farias (2006; 2005).

um contexto no qual nomes próprios ou grupos concretos pouco valem, substituídos por siglas que acumulam poderes de orientação das condutas — enfim, falo da "expectativa da asfixia" causada pelo tráfico de drogas.

É fundamental deixar claro que não estou afirmando aqui que a atuação das polícias militar e civil ou do Exército seja menos violenta que a do tráfico nas favelas. A utilização da expressão "asfixia mais aguda" está ancorada, basicamente, na impossibilidade de se denunciar as coerções e ações violentas dos traficantes, frente à possibilidade de se denunciar ações tão ou mais graves, porém concretamente desempenhadas por agentes potencialmente identificáveis de instituições ou órgãos estatais.

Mais uma ressalva: falar da possibilidade de denunciar a violência institucional não é o mesmo que dizer que estas denúncias são freqüentes, que não geram represálias ou que resultam diretamente na punição dos culpados. Muito pelo contrário: inúmeros familiares de vítimas de violência policial sentem medo e se calam (esta parece mesmo ser a atitude mais comum). Dentre os casos em que os familiares se encorajam e se responsabilizam pelas denúncias, existem aqueles que passam a ser constantemente ameaçados (alguns, inclusive, tendo que se mudar da favela onde moram para tentar proteger a si e a sua família). Entretanto, seria negligente da minha parte não citar aqui: a) denúncias de episódios de violência policial em favelas que se transformaram em processo judicial;[10] e b) a repercussão internacional dessas denúncias — o que interfere de alguma forma no debate público sobre violência policial nas favelas.[11] Nenhum dos dois fatores é sinônimo de acesso (ou sucesso) pleno à

---

[10] Dos 16 policiais militares envolvidos na operação que resultou na chacina do Borel (abril de 2003), por exemplo, cinco foram indiciados por homicídio qualificado em junho de 2003 (os demais não foram indiciados por falta de provas). Em outubro de 2004, o terceiro-sargento da Polícia Militar, Sidnei Pereira Barreto, foi julgado e absolvido pelo júri popular na 2ª Vara Criminal, II Tribunal do Júri, Rio de Janeiro, acontecendo o mesmo com o comandante da operação, o segundo-tenente da PM, Rodrigo Lavandeira Pereira, em fevereiro de 2005. Em novembro de 2006, o cabo Marcos Duarte Ramalho foi julgado pelo júri popular na 2ª Vara Criminal, II Tribunal do Júri, Rio de Janeiro, e condenado a 49 anos de prisão (45 por três homicídios e quatro por uma tentativa de homicídio).

[11] Destaco: 1) as visitas de Asma Jahangir, relatora da Organização das Nações Unidas para Execuções Sumárias, Arbitrárias e Extrajudiciais, e de Irene Khan, secretária-geral da Anistia Internacional, ao morro do Borel em 2003; 2) a atuação de Tim Cahill, pesquisador da Anistia Internacional para o Brasil, promovendo na Europa a divulgação dos casos de violência policial nas favelas e periferias do Rio de Janeiro; e 3) a efetiva participação da Anistia Internacional como co-organizadora da atual campanha contra o *caveirão* (o veículo blindado utilizado pelo Batalhão de Operações Especiais [Bope] em incursões às favelas), juntamente com a Rede de Co-

justiça e à cidadania, mas ambos evidenciam meu argumento inicial: é possível denunciar a violência policial, mas não a violência do tráfico.

Finalizando esta introdução, vale explicitar, ainda, que a questão aqui tratada tem como pano de fundo uma diferença que deve ser considerada: os policiais precisam justificar publicamente suas ações. É por isso que muitas vezes elas devem ser "reconstruídas" — isto é, negadas e empurradas para o mundo privado e clandestino — por meio da ocultação de provas e negociações escusas. Muitas incursões policiais em favelas ainda se valem, por exemplo, do "auto de resistência" para justificar o uso indevido da força).[12] Já os traficantes não precisam justificar o que fazem: esse tipo de justificativa não tem função no contexto da "sociabilidade violenta" (Machado da Silva, 1999) — uma forma de vida na qual a coordenação das ações não precisa se basear em acordos de sentido moral.

3. Das facções e as pistas que se oferecem para pensar

Data da época da ditadura militar no Brasil a origem do que hoje se conhece como as facções criminosas que ocupam a maior parte[13] das favelas localizadas na cidade do Rio de Janeiro. O Decreto-lei nº 898, de 29 de setembro de 1969, enquadrava tanto os assaltantes comuns quanto os ativistas políticos envol-

---

munidades e Movimentos Contra a Violência, o Centro de Justiça Global e o Centro de Defesa dos Direitos Humanos de Petrópolis.

[12] O auto de resistência se caracteriza pelo registro feito pelos policiais em casos de confrontos seguidos de morte, em que esta é qualificada pelo policial como resistência armada à voz de prisão; o assassinato deixa de ser crime e passa a resultado de uma operação rotineira. "Por meio de um documento sem bases legais — os autos de resistência —, a atividade policial mascara sua letalidade, pois inverte a situação em que um homicídio é praticado por um policial, colocando-se este como vítima (de tentativa de homicídio) e o morto como seu autor. A justificativa, quase sempre, é a resistência à prisão — por tráfico de drogas —, situação esta que supostamente o teria levado à morte." (Direitos Humanos no Brasil 2003 — Relatório Anual do Centro de Justiça Global.) Para uma descrição detalhada da chacina de Vigário Geral (1993), chacina do Borel (2003), chacina do Caju (2004) e outros casos emblemáticos de violência policial em favelas, ver as publicações da Anistia Internacional (2003) e do Centro de Justiça Global (2002; 2003; 2004a; e 2004b).

[13] Nem todas as favelas localizadas na cidade do Rio de Janeiro são "dominadas" por traficantes de drogas ilícitas. Ainda que não seja tema deste trabalho, é importante considerar que parte das favelas "dominadas" por facções criminosas passaram a ser "dominadas" por grupos conhecidos como polícia mineira ou milícias (grupos formados por ex-policiais e integrantes de grupos de extermínio). Dados recentes divulgados em relatório elaborado pelo coordenador do Gabinete Militar da Prefeitura do Rio de Janeiro revelam que já existem 92 favelas "dominadas" pelas milícias no Rio de Janeiro. (Fonte: jornal *O Globo*, 10 de dezembro de 2006.) Sobre as milícias, cf. capítulo de Mesquita neste livro.

vidos na guerrilha urbana no mesmo dispositivo legal — a Lei de Segurança Nacional (LSN) —, e juntos ficaram aprisionados no Instituto Penal Candido Mendes, na Ilha Grande, estado do Rio de Janeiro.

> *"A convivência com os presos políticos, nem sempre fácil para ambos os lados, foi importante para que os assaltantes de banco comuns absorvessem princípios de organização e ação tanto quanto consciência de interesse coletivo inédita no sistema penitenciário."* (Coelho [1987], 2005: 124)

É possível destacar a instituição de uma "caixinha" — cujas contribuições financiavam desde material de higiene pessoal e selos para cartas até aluguéis de barcos e transporte no continente para fugas da penitenciária Candido Mendes. Outros métodos assimilados pelos "Leis de Segurança" (como passaram a ser chamados os presos comuns) durante o convívio com os presos políticos foram: o enfrentamento da administração do sistema penitenciário com greves coletivas de fome, a redação de cartas de denúncia de maus-tratos e exigências permanentes de respeito aos direitos dos presos (Coelho [1987], 2005).

Os chamados "Leis de Segurança" no interior do sistema penitenciário receberam da mídia o rótulo de "Falange Vermelha" (Coelho [1988], 2005). Disputas internas relacionadas ao controle do jogo e do tráfico de tóxicos entre os presos comuns fez com que surgissem grupos rivais à "Falange Vermelha", como a chamada "Falange Jacaré" e a "Falange Zona Sul". Misse (2003) se refere às conquistas (como proteção no interior dos presídios e liberdade mediante fugas) como "mercadorias políticas" que teriam sido compradas por assaltantes que deixaram os presídios e aumentaram suas ações armadas na cidade — transitando do roubo a bancos e carros-fortes ao tráfico de drogas.

No início dos anos 1980, a chegada da cocaína mais barata consolida a transição para o tráfico a varejo com base nas favelas, conjuntos habitacionais de baixa renda e bairros periféricos. Em meados dessa década, o tráfico de drogas já estava estruturado em duas grandes redes na cidade do Rio de Janeiro: "Uma originária da Falange Vermelha, a que a imprensa nomeou de Comando Vermelho, e outra, imediatamente posterior e baseada na Falange do Jacaré, que foi denominada de Terceiro Comando" (Misse, 2003).

Ainda hoje, o "Comando Vermelho" (CV) e o "Terceiro Comando" (TC) ocupam grande parte das favelas cariocas. Ao longo desses anos, passaram a disputar esses territórios com outras facções ou com suas próprias subdivisões, como por exemplo o grupo que se denomina "Comando Vermelho Jovem" (CV-Jovem), o que se denomina "Terceiro Comando Puro" (TCP) e a facção "Amigos dos Amigos" (ADA).

A segmentação das facções criminosas e o acirramento das disputas têm sido acompanhados pelo aumento da violência nos territórios favelados. Os moradores se vêem obrigados a obedecer às regras de cada um desses comandos. Mas que regras são essas hoje em dia? Faz tempo que já não é possível se ater simplesmente às proibições de roubar, usar arma (sem trabalhar para a facção local), bater ou violentar mulheres dentro dos limites físicos da favela. Além dessas, que poderiam ser chamadas de "leis gerais do tráfico de drogas" (ou, como dizem os moradores, os "mandamentos da favela"[14]), foram surgindo outras regras ligadas a características específicas de cada facção. E se para o não-cumprimento das "leis gerais" são relacionadas punições como morte, espancamento ou expulsão da favela, também são enumeradas pelos moradores de favelas punições distintas para as "transgressões"[15] das novas regras.

Algumas delas (como a associação de roupas de cor vermelha com o CV) já se encontram enraizadas no imaginário coletivo carioca. Entretanto, gostaria de chamar atenção para: 1) uma espécie de enriquecimento do repertório de simbologias do tráfico de drogas no Rio de Janeiro; e 2) o impacto desse processo nas rotinas dos moradores mais jovens das favelas cariocas.

Em seguida, destaco algumas situações vividas por mim durante o trabalho de campo, e outras relatadas por moradores de favelas, tanto durante a minha observação em campo quanto nas discussões dos coletivos de confiança. O primeiro conjunto de situações destacadas ilustra a questão das fronteiras que delimitam o domínio territorial de diferentes facções. No segundo, foram selecionadas situações que tornam mais complexo o quadro de leis e regras do tráfico.

---

[14] A expressão "mandamentos da favela", apesar de não aparecer nas falas dos participantes dos coletivos de confiança, foi utilizada por diferentes moradores de favela com os quais convivi durante o trabalho de campo. A expressão também foi utilizada para intitular o funk "Os dez mandamentos da favela", que pertence ao conjunto dos funks chamados de "proibidões".

[15] O termo "transgressão" foi utilizado por um morador de favela durante meu trabalho etnográfico para esta pesquisa para se referir ao não-cumprimento das regras do tráfico.

3.1. Fronteiras

Na favela onde realizei meu trabalho de campo para esta pesquisa, a facção que domina o tráfico de drogas local é o CV, enquanto duas favelas vizinhas estão "sob o controle" do TC. Para os moradores dessas três favelas, os limites de cada localidade estão muito bem definidos, mas para alguém que vem "de fora", como eu, algumas dessas fronteiras são invisíveis. Quando tive a primeira oportunidade de cruzar uma delas, acompanhada por uma moradora local, fui surpreendida pelo aviso "Aqui já é a [favela da facção rival]". Se não fosse o comentário, eu não saberia que estava entrando em outra favela. Decidi perguntar se havia alguma marca física que delimitasse tal fronteira e obtive a seguinte resposta: "É esse poste de luz aí."

Saber localizar as fronteiras e atualizar-se em relação às trocas de comandos das facções criminosas são dois elementos importantes do conjunto de informações acumuladas pelos moradores para tentar organizar suas rotinas.

> *"A gente mora numa divisa. Se você botar o pé depois do batalhão para lá é Terceiro Comando, se botar o pé pra cá é Comando Vermelho, e se você for pra trás é ADA. Então ali às vezes é uma coisa tão esquisita..."*[16]

> *"Muitos casos aconteceram ali, as pessoas subiam e eram assassinadas. A pessoa subia, é uma escadaria que fica na divisa [de uma favela dominada pelo TC] com [uma favela dominada pelo CV], e por engano, muitos chegavam, subiam a escadaria perguntando onde era a [favela dominada pelo TC] e eram pegos pelos meninos*[17] *da [favela de facção rival] e por ali mesmo ficavam (...) entraram na escadaria errada, perguntaram pra pessoa errada e acabaram ficando no caminho."*

Saber localizar as fronteiras não impede que alguns moradores as cruzem, embora isso não signifique que as demarcações sejam ignoradas. Pude ouvir depoimentos muito similares de agentes comunitárias e agentes de saúde, por exemplo, que afirmam transitar por favelas "dominadas" por facções rivais à

---

[16] Quando não houver outra indicação, as citações foram extraídas dos relatos nos coletivos de confiança, como é o caso desta.

[17] A palavra "meninos" faz referência aos traficantes originários da favela em questão. Cf. o capítulo de Leite neste livro.

da favela onde moram. Na grande maioria desses comentários, a possibilidade de circular entre elas é explicada em função da atividade profissional que estão exercendo. Alguns relatos sugerem que a pessoa não percorre o trajeto despreocupadamente, outros indicam que para alguns moradores é possível transitar por diferentes favelas com um mínimo de segurança:

> *"Por mim, eu não ia lá, mas tenho que ir porque a [favela dominada pela facção rival à favela onde moro] está na área atendida pelo Pouso."*[18]

> *"Quando mudou de comando [os traficantes] avisaram: — 'Quem é da [favela dominada pelo Comando Vermelho] vai para [lá], quem não é, fica.' E tem família que não pode se ver. (...) Isso aí é proibição deles, não pode. Eu posso porque eu trabalho dentro do Favela-Bairro.*[19] *Sabem que eu moro [numa favela] e sabem que trabalho [em outra], sabem diferenciar aquilo."*

Além da atividade profissional exercida, a idade dos moradores também pode ser apontada como um fator que interfere na possibilidade de transitar por favelas de facções rivais. Tudo leva a crer que os jovens são mais propensos a considerar mais rigorosamente do que os mais velhos certas ordens e proibições como regras gerais e inflexíveis, que devem ser seguidas à risca por todos. É fundamental lembrar que tais regras não estão relacionadas simplesmente ao cruzamento das fronteiras, mas a um repertório bem mais amplo de referências concretas e simbologias ligadas às diferentes facções criminosas.

> *"Eu adoro vermelho (...) um belo dia eu cheguei em casa, e tinha acontecido de uma menina que foi tocada, cortaram o cabelo da menina, botaram a menina pra aparecer no morro pelada (...) A menina com o cabelo lá na bunda, botaram a garota careca. Mandaram: — 'Desce!' Davam uns tiros na bichinha (...) Ela tinha ido visitar lá uma pessoa e disseram que ela era do*

[18] Depoimento de uma agente comunitária que trabalha no Pouso (Posto de Orientação Urbanística e Social) de uma das favelas onde foi realizado trabalho de campo.

[19] A partir de 1994, a Secretaria Municipal de Habitação implementou o Projeto Favela-Bairro — um programa financiado pelo Banco Interamericano de Desenvolvimento (BID) e pela Prefeitura da Cidade do Rio de Janeiro cujo objetivo é "integrar as favelas à cidade formal" através da melhoria da infra-estrutura urbana (http://www.armazemdedados.rio.rj.gov.br/).

Comando Vermelho, isso que circulou. (...) Ela era de fora. E aí ela provou que foi na casa da tia, senão eles tinham matado, né! (...) Quando eu cheguei, a minha família (...) estava todo mundo de prontidão, esperando eu chegar do curso. (...) 'Tiazinha, tiazinha!' A minha sobrinha: — 'Não usa mais vermelho tia, por favor, tia!'. Eu falei: — 'O que que aconteceu? Eu quero saber o que que aconteceu! Porque essa história de vermelho, de lá do [início da favela] pra cá, eu já estou cansada de ouvir!' Elas: — 'Olha, recolhe toda a roupa que a gente pegar da tia na corda, a gente vai jogar fora!' (...) 'Não façam isso, não façam! Porque até que me provem o contrário, eu não vou jogar as minhas roupas fora! Eu vou continuar usando os meus vermelhos!'"

O depoimento acima expressa uma modalidade de ação dos bandos de traficantes nas favelas, mas, ao mesmo tempo, mostra claramente a reação de uma moradora de favela que garante que não modifica sua maneira de se vestir, não deixa de usar roupas na cor que é considerada "do inimigo" em favelas dominadas por facções rivais ao Comando Vermelho. Esta moradora pertence a uma geração que — tanto durante os coletivos de confiança como no trabalho de campo — se mostrou menos preocupada com as simbologias das facções e os riscos a elas associados. É necessário considerar, ainda, o fato de ser mulher e mãe — estatutos que, combinados, parecem cruciais como pontos de apoio para eventuais tomadas de posição de resistência à submissão ao domínio dos traficantes. De um lado, para uma mulher adulta e mãe submeter-se sem restrições às regras do tráfico significaria abdicar de toda autoridade e reconhecer sua própria impotência como educadora. De outro, a figura materna, especialmente na meia-idade, ainda representa uma das últimas barreiras potenciais ao exercício indiscriminado de violência pelos traficantes. Ainda que se trabalhe com a hipótese de que depoimentos como o mencionado estejam carregados de um certo exagero (visto que os relatos podem não ser inteiramente fidedignos, por tratar-se de versões atravessadas por tentativas de construção de "boas" apresentações de si), vale considerá-los pelo simples fato de que os moradores mais jovens nem sequer esboçaram algo parecido. Tudo leva a crer que, para eles, a possibilidade de não aceitar integralmente essas regras representa um perigo grande demais, ou sequer chega a ser cogitada pelos mais jovens. O relato a seguir, ainda que apresente situações que caracterizam a violência dos traficantes, carrega uma espécie de distanciamento que também marca essa diferença de atitude em relação aos moradores mais velhos:

"Chegaram a pintar [o cabelo] de uns meninos, não sei qual foi a história, os três apareceram loiros. Uma menina lá apareceu, fizeram uma palhaçada lá com ela, rasparam o cabelo e botaram 'Terceiro' nas costas dela, bem grande. Então tem coisas que você sabe e outras coisas. Para os mais velhos, acredito eu que a gente não se liga muito nisso, a gente não se liga mesmo."

3.2. Cores, siglas e afins: a quem é oferecido o pacote completo?

Nas diferentes situações apresentadas, chama a atenção a idéia de que "é proibição deles, mas eu posso" ou "acontece sim, mas não comigo". Essas posturas das agentes comunitárias ou dos adultos se diferenciam bastante das mencionadas pelos moradores mais jovens (até por volta dos vinte e poucos anos). Dificilmente um morador nesta faixa etária classificaria como "palhaçada" uma ação violenta do tráfico, como faz a moradora mais velha durante o relato. Baseada nas diferenças de posicionamento dos moradores mais jovens das favelas cariocas em relação à conduta "asfixiante" do tráfico, proponho manter como pano de fundo as seguintes questões: as chamadas "regras do tráfico" existem para quem? A quem é oferecido o pacote completo?

"Minha tia mora numa comunidade que é Terceiro Comando e eu moro numa comunidade que é Comando Vermelho. (...) Uma vez eu fui lá com uma camisa vermelha, mas eu nem me liguei que estava de camisa vermelha. Quando eu olhei, que eu vi que estava escrito TC na parede e eu vi que eu estava de camisa vermelha. Eu gelei ali nas ruas, aí eu desesperei e fiquei olhando para o chão. Não aconteceu nada comigo. Ninguém me jogou nenhuma piada, ninguém falou nada comigo, mas eu fiquei desesperado."

Esse depoimento de um rapaz de 18 anos evidencia o peso que pode adquirir uma sigla pichada na parede e/ou a cor da camisa que se veste. No entanto, gostaria de sublinhar na mesma fala duas informações cruciais para meu argumento: 1) o fato de não ter acontecido nada e 2) o fato do rapaz ter ficado desesperado. Se o perigo estivesse distante das expectativas do rapaz da camisa vermelha, ele não teria motivos para ficar desesperado. Entretanto, nada aconteceu — e ele não sossegou. O desafio que se apresenta aos moradores mais jovens, portanto, tem sido conseguir administrar suas rotinas apesar dessa extensão imaterial e subjetiva das chamadas "regras do tráfico", que as leva muito além da proximidade física dos agentes concretos.[20] Apesar de os jovens afirmarem que dominam os códigos de conduta incontornáveis impostos pelos traficantes, é recorrente nos relatos uma certa indefinição em relação ao que pode acontecer caso eles não sejam obedecidos. Tanto que, mesmo quando eles próprios afirmam que não existe uma regra que proíba explicitamente determinada conduta, sentem um medo difuso e se auto-impõem restrições pela simples expectativa de retaliação potencial. Isto, é evidente, torna virtualmente universal a presença das regras do tráfico, mesmo sem o apoio de qualquer dispositivo concreto de "garantia externa":

> *"Hoje não tem aquele negócio de 'não pode ir na [favela vizinha]', mas a gente fica com medo, porque é outra facção. (...) Assim, eu tenho receio de ir lá. Eu vou de vez em quando, porque tenho amigos, não tem nada de perigo, não tem uma ordem: 'está proibido'. Mas eu evito, eu tenho um pouquinho de medo. (...) Mesmo quando era da mesma facção tinha a rivalidade deles, porque ia para o baile, qualquer coisa que tinha já tinha rivalidade... sempre existiu, embora fosse o mesmo comando, a galera mais jovem sempre dava problema, sempre dava briga, e com a mudança do comando isso só aumentou."*

O fato de esse jovem ter medo de cruzar uma fronteira entre favelas de facções rivais e o fato de o outro rapaz ter se assustado quando viu uma pichação da sigla TC merecem ser encaixados numa linha de raciocínio que agrupa outros dados empíricos — as gírias, por exemplo. Expressões "é nós" e "é nós na fita" são consideradas gírias do Comando Vermelho; moradores mais jovens das favelas "ocupadas" pelo Terceiro Comando, em vez de falar "é nós", falam "é a gente". Não coletei nenhum relato que evidenciasse algum tipo de punição específica para aqueles que pronunciassem a "gíria da facção rival". Nesses casos, parece ser simplesmente uma opção feita pelos mais jovens. Mas apesar das gírias não serem — aparentemente — perigosas, elas se apresentam como marcas de fronteira e distanciamento entre moradores de localidades distintas. Afirmo isto porque durante uma conversa deixei transparecer certa descrença nessa diferenciação dos usos das gírias e ouvi a seguinte resposta: "Se você falar

---

[20] Para a interferência causada tanto pelas ações da polícia quanto pelas ações do tráfico nas rotinas dos moradores das favelas cariocas, ver o capítulo de Machado da Silva e Leite neste livro.

para um adolescente [de uma favela do Terceiro Comando] 'é nós', ele não vai querer conversar com você direito. Eles levam a sério."

Outra informação curiosa percebida durante meu trabalho de campo foi a seguinte: nas favelas "dominadas" pelo Terceiro Comando, "ninguém nunca pede dois reais; pede um mais um (1 + 1), porque o dois é o número do Comando Vermelho". Perguntei, então, por quê. A explicação foi a forma que tomam os dedos das mãos para expressar a sigla CV: uma das mãos faz a forma da letra C e a outra a da letra V — quando os dedos indicador e médio são esticados para cima, exatamente como acontece quando se faz referência ao número dois. Não pronunciar o "número da facção rival" também acontece nas favelas "dominadas" pelo Comando Vermelho: ao invés de dizerem a palavra "três", dizem "dois mais um" (ou gesticulam com as duas mãos, 2 e 1).

A essas informações também devem ser somadas as "escolhas" por determinadas marcas de roupas que passam a representar determinada facção. Houve um momento em que as marcas "TCK" e "Cyclone" eram identificadas, respectivamente, ao Terceiro Comando e ao Comando Vermelho. Entretanto, tais associações faziam sentido e eram valorizadas especialmente pelos jovens que gostavam de freqüentar bailes funk: "Era roupa de funkeiro", ouvi durante o trabalho de campo. Se usar as roupas de determinadas marcas chegou a se tornar uma regra, isso não posso afirmar com segurança. Mas um morador que freqüentou por muito tempo os bailes funk cariocas me garantiu que o Terceiro Comando "escolheu" a marca TCK, embora não tenha proibido o uso de outras marcas, enquanto o Comando Vermelho, ao "escolher" a marca Cyclone, proibiu a TCK nos bailes e nas favelas que ocupava.

Um caso atual revela que a associação de grifes com as facções pode ultrapassar em muito o universo do baile funk. Durante a coleta dos dados para esta pesquisa, tive a oportunidade de visitar uma favela "dominada" pelo Terceiro Comando Puro. Ali, muitas paredes estão pichadas com a palavra "Puma" e exibem bem-feitas pichações da logomarca alemã.[21] Na parede de uma das principais "bocas-de-fumo" da favela lê-se: www.puma.com.ak.[22] Muitos adolescentes e jovens desfilam camisetas, tênis e bonés da marca Puma pela favela.

[21] Lançada originalmente na Alemanha sob o rótulo de "Gebrüder Dassler Schuhfabrik", a marca "Puma" atualmente é patrocinadora de importantes times esportivos e atletas e seus produtos são comercializados no mundo todo.

[22] Dentre os armamentos utilizados pelos traficantes de drogas, se destacam os fuzis da linha AK: AK5 (sueco); AK-47 (russo); e AKS-74 (russo).

Diferentemente das explicações para a associação das marcas TCK e Cyclone com o Terceiro Comando e o Comando Vermelho, a Puma não se tornou "símbolo" do TCP apenas pela associação com a letra P (ou mesmo a sílaba PU de Puro, que caracteriza a subdivisão do Terceiro Comando). Neste caso específico, a informação que recebi durante o trabalho de campo foi que o chamado "dono" da favela admirava os produtos da Puma, e não demorou muito tempo para que outros moradores (que trabalhavam ou não na "boca-de-fumo") passassem a usar seus produtos. Além de mobilizar o comércio local (estabelecimentos que vendiam outras marcas passaram a ofertar exclusivamente roupas da Puma), o "dono" promovia eventos em que ficava clara a associação da marca com a facção que "dominava" aquela favela. Na virada do ano 2004 para 2005, por exemplo, foram encomendadas e distribuídas dez mil camisetas com a palavra Puma estampada na frente (cinco mil no modelo masculino e cinco mil no modelo feminino). Durante a Copa do Mundo de 2006, foi confeccionada uma bandeira de cinco metros com as cores do Brasil e a marca Puma estampada.

Nesta favela não coletei nenhum relato que evidenciasse a proibição do uso de roupas e acessórios de marcas associadas a outras facções, mas colecionei vários depoimentos em que os moradores interpretam que se vestir com a marca Puma pode ser um problema. Um morador com cerca de trinta anos relata:

> *"Eu não uso, não. Não gosto porque podem associar. Aí saio eu lá fora [da favela] e alguém que já sabe que essa é a marca daqui pode fazer alguma coisa comigo. E aí, eu que não tenho nada a ver com isso, que sou cristão, sou evangélico, vou acabar pagando por algo que não tenho nada a ver."*[23]

Entretanto, a opção de não usar produtos Puma fora do território da favela não é a alternativa comum a todos os moradores. Um morador mais velho, que realiza atividades esportivas com adolescentes, levou dois moradores desta favela para visitarem uma Vila Olímpica que, apesar de próxima ao seu local de moradia, se encontra num território "dominado" por uma facção rival

[23] Embora assistemáticas, há indicações esparsas sobre o "outro lado" desta mesma questão: todas as referidas marcas são voltadas para o público jovem em geral e procuram apresentar-se como produtoras de roupas típicas da *jeunesse dorée* urbana. Assim, sua associação com as diferentes facções implica limitações de várias ordens à comercialização, e obrigam ao desenvolvimento de estratégias de marketing que procuram realizar uma difícil desidentificação. Nesta linha de raciocínio, seria interessante refletir sobre as relações entre a glamourização comercial do vestuário e o reforço dos preconceitos e estereótipos de classe.

ao TCP. No caminho, os dois adolescentes tiraram os bonés Puma que estavam usando e disseram que tinham medo de entrar na Vila Olímpica vestidos daquela maneira.

Este último episódio evidencia dois fatores que dificultam a circulação dos moradores mais jovens das favelas pela cidade. Afinal, não só a marca dos bonés dos rapazes estava associada a uma determinada facção, como também a própria Vila Olímpica — um espaço construído com verbas públicas e que deveria atender a toda a população local —, é vista pelos moradores das favelas do entorno como "pertencente" à facção de uma favela rival às demais.

4. Riscos e asfixia

Os jovens tiram o boné Puma, se preocupam por estarem vestidos com uma blusa vermelha, evitam "desrespeitar" as regras do tráfico. Justamente por pensarem que dominam códigos objetivos correspondentes às supostas leis do tráfico, eles antecipam a submissão, guiando-se por expectativas lastreadas por poucas comprovações, naturalizando e amplificando a dominação do tráfico. O resultado é que, ainda que de forma não intencional, acabam por se entregar *ex ante* a uma dominação que, sem a adição deste *plus*, seria necessariamente muito mais pontual. Esta mesma postura encontra sua contrapartida nas análises da mídia, autoridades e pesquisadores do "crime organizado", que quase sempre acabam remetendo ao comércio de drogas. Mas por que se insiste em falar na organização do tráfico?

Se pensarmos na veiculação muito generalizada de associações entre determinadas categorias discursivas como "leis do tráfico", "crime organizado", "poder paralelo", as várias formas de compreensão do crime comum através das metáforas da "guerra" etc., estaremos nos aproximando de um terreno onde se acredita que os passos podem ser medidos, as ações, calculadas e o risco, controlado pela previsibilidade. A própria história (ou mito, não importa) da origem do Comando Vermelho pode levar a imaginar que atrás da porta de cada boca-de-fumo de alguma facção existe, hoje, um estatuto coerente a ser respeitado tanto pelos traficantes como pelos moradores. Entretanto, há uma pletora de relatos de pessoas submetidas à violência do tráfico que falam de comportamentos arbitrários, incoerentes e imprevisíveis.

Alguns depoimentos de participantes dos coletivos de confiança revelam, inclusive, que não há uma padronização de regras nem mesmo nas favelas dominadas pela mesma facção.[24] Tem se tornado cada vez mais difícil sustentar o argumento de que o tráfico de drogas ilícitas se estrutura numa organização coerente e racional. Leeds (1998: 242), por exemplo, ao falar da relação dos traficantes com os moradores de favelas, afirma que se trata de uma interação "determinada pela personalidade, o estilo de liderança e a filosofia pessoal do chefe do tráfico" — três elementos que, em minha opinião, apontam para o caráter discricionário, arbitrário e nada burocratizado da submissão compulsória aos traficantes armados. Recorro, então, à sugestão de Machado da Silva (2004: 309) para pensar a violência criminal na atualidade como um padrão de sociabilidade que consiste na "transformação do uso da força, de meio eventual de obtenção de interesses em princípio de regulação das relações sociais".[25]

Entendendo que a "sociabilidade violenta" afeta não só as interações locais, mas também dificulta a comunicação dos moradores das favelas com a cidade, não parece exagerado falar no desenvolvimento de uma "asfixia mais aguda". O termo "neurose", que se tornou uma "categoria nativa", pode ser uma pista para entender como os favelados (pelo menos os mais jovens) vivem esse quadro. Ele tem sido utilizado como uma autocrítica do estado emocional subjacente à conjugação entre a extrema generalização abstrata e a reificação das supostas "leis" do tráfico. Nesse quadro de *feedback* entre medo e violência, muitos jovens passam a acreditar que siglas, gírias, cores e grifes adquirem o poder de submetê-los, e que conhecer seu significado pode reduzir o perigo que ronda cada esquina: assim se constitui o "pacote completo" que sustenta a "neurose".

Nesse contexto, a utilização do termo "neurose" deixa implícita a existência de um certo tipo de realidade exterior que produz em determinadas pessoas uma disposição que, bem analisada, é irrealista, porém incontornável mesmo assim. Falar em "neurose" é reconhecer e criticar a autocensura, ou seja, é a maneira que alguns jovens encontram para "denunciar" os problemas trazidos

---

[24] Os dados coletados na pesquisa também evidenciam um aumento da imprevisibilidade das ações dos traficantes de drogas devido: 1) às constantes invasões de favelas por facções rivais e a conseqüente troca de comandos (o que alguns participantes dos coletivos de confiança chamaram de "globalização") — a este respeito, ver o capítulo de Leite neste livro; e 2) ao fato de estes atores iniciarem suas atividades criminosas ainda na adolescência (por este motivo são chamados pelos moradores mais velhos de "adolescentes Bin Laden" ou "menores suicidas"). A respeito das implicações da atuação desses traficantes mais novos nas rotinas dos moradores das favelas cariocas, cf. o capítulo de Fridman neste livro.

[25] Cf. também o capítulo de Machado da Silva neste livro.

pela antecipação de mecanismos de controle mais ou menos desconhecidos em sua objetividade. Por outro lado, é também confessar a incapacidade de mudar a postura submissa por antecipação. Minha hipótese é que este processo se constitui em importante condição de possibilidade de expansão dos conflitos locais entre as diferentes facções para além das fronteiras das favelas cariocas e da presença física e atuação dos agentes da violência.

> *"A neurose não fica dentro da favela. A neurose está no Rio de Janeiro inteiro assim... até no meio da rua você tem que saber com quem você fala, onde é que você entra. Por exemplo, onde eu moro, poucas pessoas pegam o [número de uma linha de ônibus] que vai para [um bairro da zona sul carioca] porque é ônibus de TC. (...) O ônibus que você pega, o horário que você passa num lugar, a praia que tu freqüenta: 'Não, vou para o Arpoador, porque Copacabana só tem Terceiro', tudo, cara."*

O rapaz que deu esse depoimento conta que um amigo "ingênuo" entrou no ônibus para ir à praia e foi interrogado por um grupo de adolescentes. Perguntaram onde ele morava, o que estava fazendo e para onde estava indo. O jovem disse a verdade, sendo que a favela onde ele morava era "dominada" por um comando rival ao da favela onde morava o grupo que estava no ônibus. Conseqüência do encontro:

> *"Começaram a bater nele dentro do ônibus. Aí o motorista foi parando o ônibus, aí falaram que se o motorista parasse também ia apanhar. Aí pediram pro motorista abrir a porta. Aí o motorista abriu a porta e mandaram o garoto pular: 'Ou pula ou é espancado aqui dentro' (o menino preferiu pular. Chegou em casa 'todo rasgado, todo ralado')."*

Recorro, finalmente, a mais uma explicação gramatical: o verbo intransitivo "asfixiar" significa "não poder respirar livremente" (Ferreira, 1977). O verbo é intransitivo quando não exige complemento, ou seja, a oração pode apresentar simplesmente um sujeito que pratica a ação, sem que o verbo que a caracteriza esteja regendo um objeto. Esse pode ser o último ponto da agudez: os jovens são o sujeito da ação, mas como antecipam um dispositivo-fantasma — como estão "sob o efeito" da "neurose" —, não podem mais respirar livremente.

CAPÍTULO 10

Uma favela sem tráfico? Os limites da ação e da opressão do tráfico

Lia de Mattos Rocha

1. Introdução

Em janeiro de 1999, uma pequena favela da zona sul do Rio de Janeiro[1] foi visitada pela vice-governadora do estado, pelo subsecretário de Segurança e por diversos políticos e oficiais da Polícia Militar. Naquele dia era inaugurada uma das iniciativas piloto chamada "Mutirão pela Paz",[2] projeto da Secretaria de Segurança que pretendia fazer uma "ocupação social" da favela, em oposição às "ocupações" policiais. Na "ocupação social" não entrariam apenas policiais, mas também serviços públicos, como acesso à documentação, provisão de carteiras de trabalho e defensoria pública, além de projetos sociais.[3] A escolha da favela deveu-se à proximidade do palácio que serve de residência oficial ao governador do estado. Além disso, a favela tinha tido destaque na mídia no ano anterior, em função dos conflitos entre os traficantes locais e policiais, alguns deles acontecendo a poucas dezenas de metros do palácio do governo,

[1] Para preservar os moradores do local e meus informantes, o nome da favela, bem como do projeto existente nela, será omitido.

[2] O projeto Mutirão pela Paz, implementado pelo governo estadual em 1999, tinha por objetivo "articular os programas sociais do estado, da prefeitura e de entidades civis, combinando iniciativas de segurança pública. O objetivo central da proposta era criar condições de enfrentamento do tráfico a partir de uma lógica diferenciada do que havia sido a prática até então vigente que, segundo o governo, estimulava a ação policial violenta" (Miranda e Magalhães, 2000). Além da favela em questão, outras foram foco desse mesmo tipo de atuação.

[3] Informações recolhidas no *site* do antropólogo Luiz Eduardo Soares: http://www.luizeduardosoares.com.br, acessado em 14 de setembro de 2006. Luiz Eduardo Soares foi subsecretário de Segurança e idealizador do "Mutirão pela Paz". Em janeiro de 2003 tornou-se secretário nacional de Segurança Pública, cargo que ocupou até outubro desse mesmo ano. Atualmente (junho de 2007) é secretário de Valorização da Vida e Prevenção da Violência de Nova Iguaçu, região metropolitana do Rio de Janeiro.

culminando com o assassinato de um grupo de traficantes em uma das ruas mais movimentadas do bairro de classe média, onde se localiza.

Desta forma, o local foi escolhido como modelo do novo tipo de intervenção preconizado pelo governo do estado. Além do "Mutirão pela Paz", em 2000 a sede do Batalhão de Operações Policiais Especiais (Bope) da Polícia Militar do Estado do Rio de Janeiro foi transferida para uma rua perto da entrada da favela.[4] Em função desses eventos, esta favela tem estado "em paz" desde então,[5] sem conflitos entre bandos de traficantes ou entre estes e a polícia. De acordo com os moradores, lá não existe mais tráfico de drogas, e hoje é um lugar "tranqüilo" para se morar.

O objetivo deste capítulo é analisar de que forma os moradores vivem essa "tranqüilidade", e como se relacionam com a violência do tráfico e da polícia que está presente em suas vidas, mesmo que não de forma cotidiana. Um dos focos desta análise é o impacto da presença da sede do Batalhão de Operações Policiais Especiais na localidade, e a forma como ela se constituiu como uma política de segurança pública. Pretendo também discutir quais as conseqüências da "tranqüilidade" para a ação coletiva dos moradores, comparando o caso da Associação de Moradores local com outras associações situadas em favelas consideradas perigosas, ou pelo menos não tão "tranqüilas", devido à atuação de traficantes. O interesse no tema da ação coletiva já vem do meu projeto de doutorado, que pretende discutir participação política e ação coletiva em favelas do Rio de Janeiro. Mas também a convivência com os participantes da associação de moradores local chamou minha atenção para as dificuldades de "tocar" uma associação e para o isolamento dessas lideranças em relação ao restante dos moradores. Em um lugar considerado "tranqüilo" por seus habitantes, em que a ação dos traficantes de drogas não é considerada um impedimento à organização coletiva dos moradores, a maioria deles está afastada da associação de moradores e de outras formas de organização coletiva.

Autores que abordam a questão da ação coletiva em diversos espaços e grupos sociais desde os anos 1980 apontam que o crescimento no número de orga-

---

[4] A missão do Batalhão de Operações Policiais Especiais é desenvolver operações especiais de polícia militar, i.e., ações de segurança pública em situações onde as demais unidades da Polícia Militar não têm capacidade para intervir. Entre essas ações encontram-se as operações realizadas em favelas.

[5] Após a finalização do trabalho de campo que fundamenta este capítulo, aconteceram novos eventos que modificaram a situação de "paz" vivida no local. Acrescentei um comentário a esses fatos como posfácio.

nizações convive com a diminuição no número de participantes (Boschi, 1987; Avritzer, 1996). Desta forma, o enfraquecimento dos movimentos sociais não é recente ou resultado direto da repressão aos moradores de favela por parte dos traficantes (Machado da Silva e Leite, 2004). No entanto, a bibliografia também aponta que os movimentos de moradores de favela surgidos nas últimas décadas, especialmente aqueles cuja bandeira é o respeito aos direitos humanos, sofrem com o estigma por parte da mídia e do estado e são rotulados como "'baderna', 'arruaça' ou 'quebra-quebra', (...) [ou ocorrem por] ordens de traficantes de drogas" (Farias, 2005: 61). Assim, a contigüidade com o tráfico de drogas se apresenta como uma das dificuldades na organização coletiva dos moradores de favela.

Este capítulo está dividido em quatro seções, além desta introdução: na primeira descrevo a pesquisa e os procedimentos adotados no trabalho de campo, bem como os outros materiais utilizados na análise; na segunda, discuto a forma de os moradores lidarem com a questão da violência; na terceira seção, descrevo como a associação de moradores, na figura de seu presidente, atua dentro da localidade, especialmente sua relação com o tráfico de drogas e com a polícia, comparando-a com o caso de outras favelas; por fim, na conclusão, discuto como é possível que um lugar onde "não existe tráfico" permaneça sendo um território "dominado". Este último ponto é retomado no posfácio.

2. O trabalho de campo

Minha entrada no campo se deu através de uma colega de pesquisa, que em função de contatos feitos durante outra investigação conheceu dois diretores da associação de moradores local. Através do contato com a secretária e o presidente da associação, comecei então meu estudo. O objetivo inicial era observar a rotina dos moradores e como eles lidavam com as situações de tensão e conflito geradas pela atuação dos traficantes e/ou da polícia. Assim, para justificar minha presença na favela enquanto eu "observava", fiz algumas entrevistas a respeito da história da localidade. O presidente era meu guia, selecionando quem eu deveria entrevistar e me acompanhando em todas as entrevistas (ainda que em muitas delas permanecesse fora das casas, "para me dar mais liberdade", segundo ele). Como o objetivo naquele momento era conhecer os moradores e principalmente ser conhecida por eles, deixei que o presidente tomasse a frente das entrevistas. Nessa época, entrevistei muitos moradores antigos a respeito da favela e de suas vidas, mas tive pouco contato com a juventude local.

Após um mês de trabalho, fui convidada pelo presidente para participar de uma reunião na casa de uma moradora da rua que leva à favela (no "asfalto"), a respeito de um vídeo que ela gostaria de fazer sobre a história da mesma. Nesta reunião, fui "convocada" pelo presidente a ajudar na realização do vídeo entrevistando os moradores, apesar da minha recusa inicial por receio de que minha ligação com um vídeo sobre a história da favela pudesse prejudicar meu trabalho na localidade. Durante dois meses, junto com uma equipe de vídeo formada por participantes de uma ONG sediada em outro local (um aglomerado de favelas), realizei dezenas de entrevistas com moradores idosos. Esta experiência foi útil não só para me aproximar do presidente da associação, como para propiciar meu contato com alguns jovens moradores que também estavam envolvidos na realização do vídeo (pertencentes ao que hoje é um "projeto social" localizado na favela e que será apresentado abaixo).

Ao longo do trabalho de campo tive contato com inúmeros moradores, tanto em situações formais de entrevista quanto em momentos informais, mas sempre acompanhada do presidente. Quando este não me guiava pessoalmente (inclusive ao entrar e sair da favela), outros moradores se propunham a fazê-lo; mesmo em ocasiões onde marquei encontro com outros moradores sem a intermediação do presidente, estes também faziam questão de me acompanhar. Quando afirmei não precisar de guia, justificaram a "escolta" dizendo que eu me perderia por não conhecer o local — o que realmente aconteceu no único dia que consegui me desvencilhar dos meus guias.

Assim, a intenção de fazer uma etnografia no local para observar como os moradores conviviam com o domínio do tráfico de drogas tornou-se tarefa impossível, pois não me confrontei com nenhuma situação em que este domínio estivesse caracterizado. Portanto, tive que absorver este fato, reorientando a observação para como era construída naquele lugar a idéia de "tranqüilidade", de que tanto me falavam os moradores. Só fui compreender os limites dessa "tranqüilidade" quando, após decorrido algum tempo de minha presença na favela, as pessoas passaram a falar a respeito do tráfico de drogas, ainda que muitas vezes não diretamente comigo, mas relatando umas às outras casos do cotidiano na minha presença.

Ficou evidente tratar-se de conversa informal, referida a atividades rotineiras (almoços, passeios etc.), fruto de minha convivência com aquelas pessoas. Quando a pergunta sobre o tráfico era feita de forma direta, mesmo com o gravador desligado, as pessoas não respondiam, ou então repetiam o argumento do "lugar tranqüilo". Por causa disto, o gravador foi aposentado após a primeira semana de trabalho de campo, só sendo utilizado em algumas poucas entrevistas. Na maior parte do tempo, fiz apenas observações e acompanhei o trabalho do presidente da associação.

Ao final da minha participação na realização do vídeo, encontrei grande dificuldade em continuar o trabalho de campo, visto que naquela favela não me deparei com nenhuma organização ou aparelho público que pudesse servir de apoio para meu objetivo de estudar a ação coletiva. O fato de a associação de moradores estar esvaziada, sem uma rotina ou funcionários que trabalhassem lá cotidianamente, impedia que eu pudesse ir à localidade sem antes marcar com o presidente da associação. A falta de um posto de saúde, uma creche ou qualquer outro espaço público também dificultou a minha permanência. Sem esses locais eu não tinha um "porto seguro", um local ou pessoas para visitar, e assim justificar minha presença. Logo, acabei por reduzir minhas visitas aos momentos em que podia marcar um encontro com o presidente ou com algum jovem participante do "projeto social" local. Tais contratempos fazem parte do trabalho etnográfico, mas nesse caso acabaram por serem impedimentos difíceis de serem superados.

3. Silêncio e medo em um cotidiano "tranqüilo"

Nas entrevistas realizadas, sempre que questionados sobre como é viver no local, os moradores compararam a "tranqüilidade" atual com um período em que a situação na favela era muito difícil, quando os tiroteios eram constantes, havia invasões por parte da polícia e muitas pessoas morreram. Ao falar sobre esse período, algumas vezes referiam-se a 1988 e outras a 1998. Aparentemente, estes foram dois momentos de pico dos confrontos na favela. De acordo com os relatos recolhidos, entre 1994 e 1998 ocorriam tiroteios desde cedo, pela manhã, na hora em que as crianças estavam saindo para a escola. Foi nessa época que a favela ficou famosa nos jornais pela violência, que culminou com o mencionado assassinato do grupo de traficantes e da liderança local do tráfico em 1998. A partir de então, porém, a situação se encontra "tranqüila", tanto que muitos moradores que saíram da favela naquela época estariam voltando hoje para o morro, de acordo com o relato dos informantes.[6]

[6] Ainda que não possa ser confirmado que os moradores que estavam se mudando para esta favela já tinham morado lá, era visível a grande quantidade de casas em construção na localidade. Não posso afirmar, contudo, que tal movimento não seja resultado do crescimento das

Desde o começo do trabalho de campo essa "tranqüilidade" foi reforçada pelos moradores, e por eles contrastada com a situação de outras favelas. Nas conversas com os moradores antigos e suas famílias, estes ressaltavam a alegria de morar em um lugar onde, além da vista privilegiada da Baía de Guanabara, estavam a salvo dos riscos implicados na proximidade com traficantes e nos conflitos destes com a polícia. Reiteravam o fato de a localidade não ser palco de incursões policiais e sim lugar de treinamento do Bope.[7] Em relato recolhido durante um coletivo de confiança realizado com participantes de diversos projetos sociais, um dos moradores da favela aqui analisada afirmou:

> *"Na nossa comunidade tem paz, não tem traficante dando tiro, como antigamente."*

> *"Mas hoje a minha comunidade não tem tráfico, só tem usuário. E os moradores saem de lá para usar droga em outra. Então lá a paz reinou. Então os evangélicos falam: 'Graças a Deus, Ele olhou para cá. Mas olhou para tirar as armas, tirou o traficante' (...). O Bope é do lado. Então ele tirou o traficante."*

Outros aspectos reforçam a idéia de "tranqüilidade". Por exemplo, a existência dentro da favela de uma pousada que tem como público-alvo turistas estrangeiros que desejam experimentar a vida na favela. Freire-Medeiros (2005) identifica este tipo de destino turístico como parte de um fenômeno recente chamado "*reality tour*", onde os turistas buscam

> *"(...) viajar para lugares idealizados como* locus *de elementos autênticos pertencentes a outras culturas ou a um passado mistificado, 'encenações' das quais participam também os próprios nativos que se beneficiam das oportunidades de trabalho e renda gerados pelo turismo." (Freire-Medeiros, 2005: 6)*

---

favelas cariocas em geral, fato constatado pelos levantamentos dos centros de pesquisa demográfica do Rio de Janeiro, especialmente a Fundação IBGE e o Instituto Pereira Passos.

[7] Segundo os moradores, a favela é utilizada como campo de treinamento pelos policiais do Bope. Quando o governo federal organizou um grupo de militares para atuar em espaços urbanos, o local também foi utilizado para o treinamento das tropas. Apesar de esses treinamentos serem descritos como algo rotineiro, durante a realização do trabalho de campo eles não aconteceram.

Entre esses "*reality tours*" a autora destaca os roteiros "sombrios" e os "sociais". Entre os primeiros estão lugares onde aconteceram tragédias, como Nova Orleans pós-Katrina, o Ground Zero das Torres Gêmeas em Nova York, os campos de concentração europeus e a região de Chernobyl. Já nos *tours* "sociais", o objetivo é a participação e a experiência autêntica. Entre esses destinos "sociais" encontram-se visitas a acampamentos de trabalhadores rurais pertencentes ao Movimento dos Sem-Terra e a presídios. O objetivo dessas visitas é, além da experiência "autêntica", ajudar as populações envolvidas, por meio de um turismo menos predatório, onde "tanto os anfitriões quanto os hóspedes vivem uma experiência positiva de interação e conhecimento mútuo" (Freire-Medeiros, 2005:7).

As favelas cariocas encontram-se agora entre os destinos do turismo social, incentivados pelo governo municipal, que inclui visitas a algumas delas (Freire-Medeiros [2005] cita a Rocinha, o morro da Babilônia, o morro dos Prazeres e o morro da Providência) como parte do roteiro turístico-ecológico da cidade.[8] No entanto, parece que o caso da pousada em questão é diferente, visto que, em vez de simples visitas, a intenção é que o turista fique hospedado na favela, convivendo com os moradores e experimentando seu cotidiano. Ainda segundo a autora, no caso da pousada — construída por uma curitibana cujos familiares são moradores do local e seu ex-marido, alemão —, a presença do Bope dá aos turistas uma sensação maior de segurança (Freire-Medeiros, 2005: 21).[9]

A sensação de segurança não é um atrativo apenas para os turistas. Segundo a dona da pousada,[10] ela só teria um empreendimento desse tipo em favelas onde sua segurança, além da de seus hóspedes, estivesse garantida — como era o caso da que escolheu. Convidada para instalar outra pousada em uma favela próxima, onde já existiriam tentativas embrionárias de realizar visitas guiadas à favela, ela recusou a proposta porque acreditava que lá teria que se submeter à vontade dos traficantes, e estes acabariam transformando ela e sua pousada em "escudo" nos momentos de conflito armado. No entanto, mesmo localizada em uma favela "tranqüila", a pousada sofre com o estigma imputado aos moradores de favelas. Para a proprietária, o público-alvo tem que ser de estrangeiros, visto que "os brasileiros têm medo de entrar em favela". Além disto, ela foi procurada diversas vezes

---

[8] Cf. http://www.rio.rj.gov.br/riotur/pt/guia/?Canal=38.

[9] Para mais informações sobre o turismo em favelas, ver Carneiro e Freire-Medeiros (2004) e Freire-Medeiros (2005).

[10] Entrevista informal, realizada na pousada em março de 2006, sem o uso de gravador.

por jornalistas que queriam fazer matérias sobre a existência de uma pousada em "um lugar tão perigoso e violento como uma favela". Apesar de existirem outras favelas com pousadas no Rio de Janeiro, segundo a proprietária a sua é mais visada para essas matérias sensacionalistas porque "ninguém" (i.e., traficantes) impede a entrada de jornalistas, como em outras localidades.

Apesar de ser apresentada para os de fora como uma favela em que "não existe tráfico", quando os moradores começam a falar sobre seu lugar de moradia e sobre suas vidas, sem a formalidade das pesquisas e dos testemunhos, o tráfico aparece como parte do cotidiano da favela, ainda que seja fraco, quase invisível e praticamente sem poder. Nas falas dos moradores, a existência ou não de tráfico depende do contexto discursivo. Por exemplo, quando o presidente da associação de moradores relatou que foi procurado por funcionários da prefeitura e questionado sobre se era seguro entrar na favela, ele afirmou ter respondido que ali é como qualquer outra favela, mas que os funcionários poderiam entrar sem problemas, porque ele garantia que nada aconteceria. Assim como outros moradores, ele quis ressaltar que, diferentemente de outras favelas, o tráfico ali não representa um perigo cotidiano, uma ameaça aos moradores ou aos que vêm de fora.

A explicação dada pelos moradores para a tranqüilidade vivenciada nesta favela vem, em parte, do fato de ser uma localidade pequena, onde todos os moradores se conhecem. A chegada freqüente de pessoas querendo residir na favela incentivadas pela "paz" existente é vista como prejudicial à manutenção dessa situação. Outra explicação é a presença tão próxima do Bope, com sua sede em um morro adjacente. De acordo com um morador antigo,[11] os policiais do Bope dispõem de lentes poderosas que permitem ver tudo o que acontece na favela, e assim impediriam que bandidos circulassem no morro. A presença do Bope é positiva, de acordo com a avaliação dos moradores entrevistados. Além de protegê-los contra a presença de bandidos na localidade, os policiais são vistos como mais educados que os de outras unidades da Polícia Militar. Mesmo os mencionados treinamentos do Bope não são vistos como algo negativo, pois eles respeitam os moradores e não "apontam as armas na nossa direção".

A presença do Batalhão de Operações Policiais Especiais em rua próxima à favela data de 2000, quando sua sede foi transferida para perto da favela como

[11] Entrevista realizada para o vídeo sobre a memória da favela já mencionado. Este entrevistado mora há mais de quarenta anos no local.

parte da política de segurança do então governador do Rio de Janeiro. Anthony Garotinho foi eleito em 1998, em uma campanha durante a qual a questão da segurança pública teve papel importante. Sua plataforma para a segurança pública estava baseada nas sugestões de um grupo de pesquisadores, que posteriormente assumiu posições executivas na Secretaria de Segurança, especificamente na Subsecretaria de Pesquisa e Cidadania, liderados pelo antropólogo e cientista político Luiz Eduardo Soares.[12] As indicações dos pesquisadores, reunidas em livro (Soares, 2000), tinham por princípio que era possível e necessário implementar uma política de segurança que conjugasse eficiência policial e respeito aos direitos humanos, contrapondo-se às políticas anteriores do governo do estado, quando os índices de criminalidade eram bastante altos e estavam acompanhados de muitas denúncias de violência e corrupção policial.

No ano de 1998 esta favela tinha tido destaque na mídia em diversos momentos. Em um deles, o "chefe" do tráfico local ordenara o fechamento de estabelecimentos comerciais na rua principal do bairro onde se localiza a favela. Pouco mais tarde, ele foi executado por policiais. De acordo com denúncias de moradores, o motivo seria que o traficante, que pagava aos policiais da região subornos mensais para que estes permitissem a venda de drogas na favela, teria se indisposto com eles por estarem cometendo atos de violência contra os moradores da favela (Soares, 2000). Os episódios violentos tiveram grande repercussão não apenas pela gravidade dos fatos, mas especialmente porque o local se encontra em um dos bairros nobres da cidade e se localiza perto da sede do governo do estado e da residência oficial do governador. Desta forma, escolheu-se aquela favela como um dos locais para o projeto piloto demonstrativo da nova gestão da Secretaria de Segurança, modelo a ser reaplicado em todas as outras favelas do estado. No entanto, apesar de lá ter sido instalado o projeto "Mutirão pela Paz", poucos anos depois a única iniciativa que ainda permanecia vigente ali era o trailer da Polícia Militar na entrada principal e a sede do Bope em rua situada no alto do morro.

O "Mutirão pela Paz" era um dos pilares da nova política de segurança pública, junto com a modernização das delegacias, treinamento e aumento da

---

[12] O secretário de Segurança indicado pelo governador era o general do Exército José Siqueira. Foi secretário de 1º de janeiro de 1999 a 6 de abril do mesmo ano, quando foi substituído pelo coronel da Polícia Militar Josias Quintal. Seu antecessor foi o coronel do Exército Noaldo Alves da Silva, que substituiu o general do Exército Newton Cerqueira. Estes dois últimos participaram do governo Marcello Alencar (1994-1997).

força policial e combate à corrupção policial. Sua concepção expressava as idéias do antropólogo Luiz Eduardo Soares a respeito da segurança pública. Para ele, o combate à violência deve passar (junto com o combate ao tráfico de armas), necessariamente, por políticas públicas voltadas para a integração à sociedade da juventude pobre, e os projetos sociais localizados em favelas teriam essa função (Soares, 1996: 258). Assim, o "Mutirão" deveria ser não só uma "ocupação policial" (ou seja, uma presença policial constante e não apenas momentânea, como nas "operações" policiais), mas também uma "ocupação social" das favelas, que buscaria atender "às principais demandas da sociedade local, através da mobilização das secretarias de Trabalho, Educação, Saúde, Justiça, Meio Ambiente, Ação Social, Esporte e Lazer, da Defensoria Pública, do Detran,[13] da Faetec (Fundação de Amparo às Escolas Técnicas) e dos CCDCs (Centros Comunitários de Defesa da Cidadania), contando com a contribuição de entidades da sociedade civil" (Soares, 2000).

No entanto esta proposta teve vida curta no governo. Em 1999 o governador demitiu o general José Siqueira e nomeou o coronel da Polícia Militar Josias Quintal. Em 17 de março de 2000 demitiu Luiz Eduardo Soares, após este ter denunciado ao Ministério Público a existência de um grupo de policiais corruptos e criminosos (a "banda podre", como ficaram conhecidos) na cúpula da Secretaria de Segurança. Segundo Luiz Eduardo Soares, a explicação para o esvaziamento do projeto "Mutirão pela Paz" foi a divergência nas concepções a respeito da política de segurança pública dentro da secretaria e do próprio governo. Assim, apesar de as "ocupações sociais" propostas pelo "Mutirão" terem sido aceitas pelo governador e pelo secretário, foram aos poucos esvaziadas, perdendo a magnitude e profundidade esperadas por seu idealizador. Segundo os moradores entrevistados, nada foi feito, apesar das promessas de que aquela seria uma "favela-modelo". No entanto, a permanência da sede do Bope na fronteira da favela teve impacto na vida dos moradores, tanto que eles consideram esta proximidade um dos motivos para a "tranqüilidade" local.

Criado em 1978 com o nome de Núcleo da Companhia de Operações Especiais, a missão do Batalhão de Operações Policiais Especiais, como dito anteriormente, é desenvolver ações que exijam uma capacidade técnica e bélica de que os outros batalhões da Polícia Militar não dispõem, como o combate ao

[13] Departamento de Trânsito do Estado do Rio de Janeiro — responsável pelo licenciamento de carros, registro dos motoristas e também por fornecer aos cidadãos as carteiras de identidade.

crime organizado, o enfrentamento de bandidos fortemente armados, o resgate de reféns, rebeliões de presos, "execução de missões no campo da contraguerrilha urbana e/ou rural" e o "apoio às operações policiais militares em favelas em que quadrilhas organizadas estão posicionadas e fortemente armadas".[14] Desta forma, o Bope não faz o policiamento cotidiano nem tem presença constante nas favelas. Quando realiza uma "operação" em alguma favela, geralmente trata-se de confronto com traficantes, muitas vezes resultando em mortes de policiais, traficantes e/ou moradores. Assim, por sua postura de confronto e sua metodologia de ação, o Batalhão é visto com apreensão pelos moradores das favelas cariocas. Em suas incursões, o Bope utiliza um veículo blindado, chamado pelos policiais de "Pacificador" e pelos moradores de favela de "Caveirão" (referência ao símbolo do Batalhão, uma faca cravada em uma caveira ladeada por duas pistolas). A explicação oficial é que ele permite aos policiais entrar nas favelas sem serem atingidos. Para algumas organizações de moradores e de defesa dos direitos humanos, entretanto:

> *"O tom e a linguagem utilizados pela polícia durante as operações com 'Caveirão' são hostis e autoritários. As ameaças e os insultos têm um efeito traumatizante sobre as comunidades, sendo as crianças especialmente vulneráveis."*[15]

Quando policiais militares cometem excessos durante essas operações, fica impossível determinar a culpabilidade dos envolvidos, visto que o blindado não permite a identificação deles. Existem também denúncias de que seus alto-falantes transmitem ameaças aos moradores e aterrorizam as crianças.[16]

A tática de intimidação utilizada pelo Bope não se restringe ao uso do "Caveirão". Toda a simbologia ligada ao Batalhão remete à morte. Por exemplo, o site do Bope menciona a localização exata da sede como sendo "Palácio da Caveira, Vale dos Ossos Secos, na rua Campo Belo, Laranjeiras".[17] A origem dos nomes Palácio da Caveira e Vale dos Ossos Secos não está explicada no site,

---

[14] Fonte: http://www.policiamilitar.rj.gov.br/bope/missao.htm.
[15] Fonte: http://www.global.org.br/portuguese/campanhacontracaveirao.html.
[16] Por exemplo: "O 'Caveirão' veio buscar sua alma", "O que Deus constrói o 'Caveirão' destrói", "Não adianta correr, o 'Caveirão' vai pegar você". Denúncias ouvidas pela autora em oficina organizada por ONG internacional em favela da zona norte.
[17] Fonte: http://www.policiamilitar.rj.gov.br/bope/.

mas o nome do palácio faz menção ao símbolo do Batalhão (como já dito, uma caveira com uma faca cravada e ladeada por dois revólveres representando), que, de acordo com o site, representa a vitória sobre a morte. "Vale dos Ossos Secos" é uma referência bíblica. Em uma de suas passagens, Ezequiel é levado pelo Senhor para pregar em um vale repleto de ossos ressequidos, e durante a pregação os ossos se transformam em um exército numeroso de homens. Em seguida, Ezequiel os enche com o sopro do Espírito Santo, dando-lhes vida.[18] A passagem representaria a capacidade de superação pela fé de todas as dificuldades, até mesmo da morte.

Apesar das duas imagens tencionarem remeter à idéia de sacrifício e superação da morte, os símbolos e os nomes adotados são ameaçadores e intimidadores, e cumprem uma função de aterrorizar a população mais do que garantir segurança. Quando, após mobilização popular, organizações de moradores e ONGs de direitos humanos foram convidadas pelo Bope a discutir o uso do "Caveirão" nas operações em favelas, a reunião foi realizada no Palácio da Caveira, e a sala de reuniões tinha nas paredes desenhos e imagens de caveiras. Para completar a intimidação, a reunião foi assistida por policiais vestidos de preto e armados de fuzis.[19]

No entanto, a relação estabelecida entre os moradores da favela pesquisada e os policiais do Bope não parece ser conflituosa como nos casos descritos acima. Segundo os relatos recolhidos, os policiais do Bope são mais educados e tratam a população com mais respeito do que os policiais militares dos outros batalhões.[20] Vale ressaltar, porém, que o Bope não realiza ali as mesmas ativi-

[18] "Veio sobre mim a mão do SENHOR; ele me levou pelo Espírito do SENHOR e me deixou no meio de um vale que estava cheio de ossos e me fez andar ao redor deles; eram mui numerosos na superfície do vale e estavam sequíssimos. Então, me perguntou: Filho do homem, acaso poderão reviver estes ossos? Respondi: SENHOR Deus, tu o sabes. Disse-me ele: Profetiza a estes ossos e dize-lhes: Ossos secos, ouvi a palavra do SENHOR. Assim diz o SENHOR Deus a estes ossos: Eis que farei entrar o espírito em vós, e vivereis. Porei tendões sobre vós, farei crescer carne sobre vós, sobre vós estenderei pele e porei em vós o espírito, e vivereis. E sabereis que eu sou o SENHOR. Então, profetizei segundo me fora ordenado; enquanto eu profetizava, houve um ruído, um barulho de ossos que batiam contra ossos e se ajuntavam, cada osso ao seu osso. Olhei, e eis que havia tendões sobre eles, e cresceram as carnes, e se estendeu a pele sobre eles; mas não havia neles o espírito. Então, ele me disse: Profetiza ao espírito, profetiza, ó filho do homem, e dize-lhe: Assim diz o SENHOR Deus: Vem dos quatro ventos, ó espírito, e assopra sobre estes mortos, para que vivam. Profetizei como ele me ordenara, e o espírito entrou neles, e viveram e se puseram em pé, um exército sobremodo numeroso" (Ezequiel 37: 1-10).

[19] Relato da reunião à autora por uma militante de organização em prol dos direitos humanos.

[20] Nem todos os moradores compartilham essa opinião. Em relato obtido durante o "coletivo de confiança" com participantes de projetos sociais, um dos vários realizados no âmbito da

dades (as "operações") que marcam sua atuação em outras localidades. Isto se deve em parte ao fato de que já não há mais a presença ostensiva de traficantes armados a justificar um confronto com a polícia, além de tratar-se de um morro extremamente íngreme, o que impediria o uso do carro blindado. No caso aqui analisado, a simples presença do Bope nas proximidades da favela parece ser suficiente para afastar o perigo de uma "dominação" do território pelos traficantes. Contudo, a experiência cotidiana dos moradores demonstra que a ausência de traficantes armados controlando o território não é suficiente para "limpar" a localidade da presença e do controle dos traficantes.

Pode-se notar então que a idéia da "tranqüilidade" da favela em questão é construída de fora para dentro, pois foi o governo do estado que "declarou" aquela favela como diferente, uma experiência-modelo a ser replicada em outras localidades. Assim, distinto de outros casos em que as favelas são identificadas como "não dominadas" por bandos de traficantes, neste caso eles foram "expulsos" ou "controlados" por uma ação externa, organizada pelo estado. Outras favelas do Rio de Janeiro também consideradas livres do tráfico chegaram a tal situação através da atuação de milícias compostas por policiais ou ex-policiais, também chamadas de "polícia mineira" ou "mão-branca",[21] que cobram "mensalidades" pelo "serviço de segurança" que prestam[22].

Apesar do cotidiano da favela ser apontado como tranqüilo, foram recolhidas no trabalho de campo evidências que apontam para a existência de um controle maior sobre os moradores por parte do tráfico do que o reconhecido na fala dos entrevistados. Em um caso observado, uma moradora afirmou ter sido ameaçada por traficantes de uma favela vizinha, pois seu irmão, integrante desse bando, teria dormido "em serviço", e após ter sido espancado pelos outros traficantes teria sido expulso daquela favela. Assim, a moradora também estaria com medo de retaliações, inclusive dentro da favela considerada "tranqüila". Em

---

pesquisa, um jovem morador afirmou: "(...) o Bope entra na casa de todo mundo, bebe refrigerante na sua casa, revira a geladeira, abre armário, arrebenta tudo."

[21] Referência ao apelido de um "justiceiro" ligado a grupos de extermínio localizados na Baixada Fluminense, periferia do estado do Rio de Janeiro. Sua existência é até hoje objeto de discussão entre pesquisadores.

[22] De acordo com o Gabinete Militar da Prefeitura do Rio de Janeiro, existiriam 92 favelas "dominadas" pelas milícias na cidade (*O Globo*, 10/12/2006), número que pode ter aumentado desde então. Esses grupos têm ocupado diversas favelas cariocas, entrando em confronto com traficantes e instalando uma nova forma de dominação para os moradores dessas localidades. Para mais informações sobre essa modalidade ilegal de controle territorial, cf. capítulo de Mesquita neste livro.

outro relato, uma moradora contou ao presidente e à secretária da associação que, durante uma crise de embriaguez, seu marido teria gritado que ela estava em casa com um amante que seria traficante. Em função disso, os "meninos"[23] teriam batido em sua porta e pedido, muito gentilmente, para revistar a casa, por medida de segurança. O caso demonstra que, ainda que não ostensivamente visíveis como em outras localidades, traficantes estão presentes e possuem algum poder, pois requisitaram a revista da casa e foram prontamente atendidos.

Da mesma forma, quando o morador antigo mencionado estava sendo entrevistado para o vídeo a respeito da memória da favela, um dos membros da equipe de gravação perguntou sobre a violência na cidade, sem fazer referência específica ao local. Imediatamente o entrevistado disse que não queria falar sobre esse assunto, embora estivesse disposto a ser entrevistado. E ainda aconselhou a equipe de gravação a não tocar mais no tema, pois isto dificultaria a continuidade do trabalho dentro de favelas. Quando as câmeras foram desligadas e a equipe foi almoçar com sua família, o entrevistado falou do medo que sentia de estar sendo vigiado pelo Bope, já que os policiais poderiam ver, através de lentes de aumento, tudo o que acontece na favela. Para ele, se os policiais podem ter acesso a esse tipo de equipamento, os traficantes também podem, o que impossibilita qualquer menção aos dois grupos.

A partir deste caso é possível identificar a existência na localidade de formas de coerção que se assemelham às vividas pela maioria dos moradores de favelas cariocas. No caso citado identifica-se a "lei do silêncio", que seria para a conseqüência mais perversa da sociabilidade violenta, pois o medo e a desconfiança que ela provoca restringem a possibilidade dos moradores se comunicarem a respeito de parte crucial de seu cotidiano, ficando, assim, impedidos de "se apropriar coletivamente da 'outra parte' [a sociabilidade violenta] dessa mesma normalidade cindida" (Machado da Silva, 2004: 43). Outra coerção identificada foi o controle do ir-e-vir, tanto de pessoas que não residem na localidade (como já disse, fui sempre acompanhada por moradores nas minhas visitas — e esta precaução não parece restringir-se à minha pessoa) quanto dos moradores, quando estes saem do território. No relato adiante, recolhido no "coletivo de confiança" já mencionado, o jovem morador afirmou:

---

[23] É comum que moradores de favela refiram-se aos traficantes de suas localidades como "meninos", fazendo alusão à sua pouca idade, mas também como forma de remeter a um passado comum e assim reduzir o perigo que sua presença representa. Cf. capítulo de Leite neste livro.

"Então eu nunca entrei no [nome da favela]. E eu sinto vontade de ir lá para ver como é. (...) Eu me sinto livre para ir, mas depois você fica naquela assim. Se eu for, neguinho vai dizer que eu estou me aliando à facção rival. 'Olha lá, ele está deixando de fechar com o Comando para fechar com a ADA' [facção criminosa que controla uma localidade vizinha]. Então você fica..."

Apesar da presença de traficantes ser pouco visível na localidade, o controle que exercem sobre o que os moradores falam e como vivem é considerável. Além dos casos descritos, segundo relato recolhido no "coletivo de confiança" a favela — mesmo sem uma "boca" funcionando ostensivamente — pertence ao Comando Vermelho (uma das facções de traficantes existentes no Rio de Janeiro), uma vez que essa é a facção que domina o complexo de favelas do qual o local pesquisado faz parte: "Mesmo não tendo (tráfico) ela continua sendo da rubrica vermelha. Ela está demarcada porque ela está no complexo de favelas do [nome]."

Porém, apesar dos relatos apontarem para o controle indireto dos traficantes sobre a população, mesmo que sem presença física visível no território, vale notar que o cotidiano desses moradores é bem menos carregado de risco e imprevisibilidade do que o dos que residem em localidades onde o tráfico atua de forma mais concreta e ostensiva. Contudo, é uma "tranqüilidade" limitada, que para ser mantida exige o respeito a certos procedimentos, como a "lei do silêncio" e a proibição de visitar favelas controladas por bandos rivais aos das favelas que cercam a localidade em questão.

Outra indicação da influência do tráfico no local é o caso de uma atividade lúdica iniciada por um grupo de adolescentes em 1998 que deu origem a uma maquete construída com tijolos e pequenos bonecos feitos com peças de Lego (um conhecido jogo de armar para crianças), representando diversas favelas do Rio de Janeiro e a sua ocupação por grupos de traficantes de drogas.[24] Ela já foi tema de reportagens na televisão e tem sido visitada por vários artistas engajados em causas sociais. Hoje em dia é considerada um ponto turístico, fazendo parte inclusive da programação de eventos culturais em um dos bairros próximos. A maquete reproduz favelas verdadeiras localizadas na cidade, que "pertencem" a diferentes "facções".[25] Cada jovem é responsável pela construção

[24] Para proteger o local e os informantes, o nome que recebe foi omitido.

[25] Nos barracos podem-se ler referências aos comandos e a regras de comportamento criminal, como referências a "X-9" (alcagüete, delator) e frases como "Quem nunca errou que atire a

e manutenção da "sua" favela, e assim é considerado seu "dono", numa analogia com os chefes dos bandos que atuam nessa localidade.

A maquete cumpre diversas funções naquela localidade. É fonte de recursos (materiais e de prestígio) para os moradores e especialmente para seus participantes, visto que se tornou hoje incorporada como um projeto social que tem por "missão" "salvar" os jovens participantes de uma entrada considerada quase inevitável no tráfico.[26] Além disto, é uma possibilidade de mostrar que a favela tem elementos positivos para apresentar; no caso, uma "instalação artística" que pode se tornar um ponto turístico. Neste sentido, ajuda a "limpar moralmente" um lugar marcado no imaginário da cidade como violento e, ao mesmo tempo, reforça a convicção local de que aquela favela é diferente das outras.

Como quer que seja, a maquete também representa uma metáfora da vida nas favelas, pois, sob a forma de uma atividade lúdica transformada em manifestação artística, reafirma-se que os moradores de favelas estão submetidos ao domínio dos bandos traficantes, e que a "vida como ela é" nas favelas está condicionada e controlada por sua presença e atuação. Em outras palavras, encenando uma parte do cotidiano nas favelas controladas pelos traficantes, os participantes da brincadeira reinserem em sua localidade a submissão que eles impõem. Por fim, a iniciativa também pode ser lida como uma performance por meio da qual os participantes relembram constantemente "o passado" daquele lugar, o tempo em que a favela foi palco de constantes confrontos entre traficantes e entre estes e a polícia. Encenando o passado do lugar, encenam seu próprio passado: uma brincadeira iniciada há oito anos por meninos com idades entre 8 e 14 anos é hoje continuada pelos mesmos protagonistas, agora são rapazes e jovens adultos com idades entre 16 e 22 anos. A explicação dada por eles para a encenação da ação de traficantes controlando favelas é que "esta é a realidade do Rio de Janeiro", ainda que o local onde morem não seja assim atualmente, e que o desejo deles é representar algo real, concreto, e não uma fantasia. Portanto, a brincadeira é praticada

---

primeira pedra, ou dê o primeiro tiro" ou "Vivo fui traído, preso esculachado, morto, deixarei saudades".

[26] "Missão" e "salvar" são termos utilizados por um dos coordenadores do atual projeto em que se transformou a brincadeira, mas são constitutivos do discurso-padrão de muitas ONGs que trabalham com jovens pobres. Pelo menos em parte esse discurso é, no entanto, incorporado pelos moradores e pelos próprios jovens envolvidos, que passaram a afirmar que é melhor estar no projeto do que " (...) zanzando pelo morro fazendo bobagens", como disse um deles.

como uma representação naturalista da realidade, da favela onde moram; é tão-somente um caso especial, pela "tranqüilidade" recém-conquistada.

Deve-se considerar, porém, a transformação do sentido da atividade, que de uma brincadeira de crianças hoje se organiza como "projeto social". Segundo o fundador (e hoje coordenador), se não fosse pelo projeto, muitos daqueles meninos teriam entrado para o tráfico, pois a atividade representou uma "alternativa". O "projeto" teria permitido que os participantes entrassem em contato com uma realidade além da vida cotidiana no "morro", que eles não conheceriam se continuassem apenas com a brincadeira; o "morro" é visto pelo coordenador como um gueto, pois os meninos quase nunca saem da favela, a não ser para freqüentar outras favelas:

> *"Porque eu reparei que quem mora no morro não sai do morro, e quando sai vai para outro morro. Fica uma coisa onde eles ficam muito no grupo deles, quando vão à praia escolhem o lugar onde tem outras pessoas do morro. Então fica um gueto. E essa era uma grande chance deles começarem a ver outros lugares do asfalto."*

Este é, entretanto, um "projeto social" com características que o diferenciam dos demais em certos aspectos. O principal é que somente participam do projeto os criadores originais da maquete, aqueles que desde o início estão envolvidos com a brincadeira. Eles mesmos vetaram a entrada de outros membros, de modo que a clientela do projeto não pode ser ampliada como é, normalmente, a meta desse tipo de intervenção social. O coordenador considera esta restrição um problema para a continuidade da iniciativa,[27] mas diz entender a relação de posse dos jovens, visto que "a maquete é uma criação deles". Assim, apesar de receber financiamento,[28] a maquete e seus criadores não formariam propriamente um projeto social, mas é vista como se fosse por seus membros, coordenadores e por parte dos moradores da localidade. E em decorrência desta iniciativa os participantes já viajaram para cidades

[27] Apesar de, em sua menção ao obstáculo à continuidade do projeto, o coordenador não haver explicitado com clareza sua natureza, acredito que ele se referia a esta restrição.

[28] No momento do trabalho de campo eles estavam negociando com a Caixa Econômica Federal financiamento para criar uma infra-estrutura para apreciação da maquete, como um estrado de madeira e de resina, para transformar a maquete em ponto turístico. Além disso, o material utilizado para realizar os vídeos do grupo foi financiado pelo Fundo para Pequenos Projetos da FASE.

européias, apresentando sua maquete da "'vida como ela é' nas favelas". O coordenador afirmou que o fato da brincadeira apresentada pelos meninos conter muita violência figurada não é um problema, pois qualquer brincadeira é violenta: "Não existem heróis no [nome da iniciativa], os meninos representam a realidade da cidade do Rio de Janeiro, ainda que de uma forma bem violenta, mas toda brincadeira tem sua violência."

A encenação representada ali, assim como os outros exemplos apontados, demonstra a presença tanto simbólica quanto concreta do tráfico na localidade, ainda que não esteja exposta e visível como em outras favelas. Esta presença tem forte impacto sobre a vida cotidiana dos moradores. Mais do que meras personagens de relatos de moradores, os traficantes influenciam, mesmo sem estar fisicamente presentes, aonde vão e o que falam os moradores. É importante notar que a submissão imposta aos moradores por esses bandos é tal que, mesmo quando não aterrorizam a população exibindo publicamente suas armas, eles podem interferir sobre as atividades rotineiras dessas pessoas. Por outro lado, é preciso considerar que na localidade estudada o poder exercido é mais limitado. Ali a liberdade de ação dos moradores e da associação de moradores é maior do que em outras favelas. As ameaças à continuidade das rotinas cotidianas, sendo menos assustadoras, permitem aos moradores considerar, comparativamente, aquela favela "tranqüila" e, portanto, um ótimo lugar para viver. (Acrescente-se que essa própria avaliação, ao implicar apenas uma gradação e não eliminação dos riscos, já indica o peso da sociabilidade violenta nas disposições subjetivas dos moradores — como venho tentando sugerir.)

Na seção seguinte, considerada essa relativa excepcionalidade em relação à grande maioria das demais favelas cariocas, será abordado como o presidente da associação de moradores local, especificamente, lida com os traficantes, e discutida a medida que sua atuação se assemelha ou distancia das atitudes de outros líderes.

4. Associação de moradores e violência

Apesar de sempre ter figurado na sociedade brasileira como local "infestado de vagabundos e criminosos que são o sobressalto das famílias" e "cidadelas da miséria" (Valladares, 2005: 26 e 32), nas últimas décadas o crescimento no número de eventos violentos[29] tem agravado o estigma secular que recai sobre as favelas. Na percepção social dominante, a contigüidade territorial com criminosos violentos transforma todos os moradores de favela em cúmplices, coniventes ou eles próprios potenciais criminosos. Este reforço do velho estigma tem profundo impacto sobre suas vidas, pois, entre outras conseqüências negativas, serve de justificativa para a violência policial sistematicamente praticada contra essa população e afeta a capacidade de se fazerem presentes e ouvidos nas arenas públicas, através de suas lideranças. Assim, a presença de traficantes nas favelas representa impedimento para a ação coletiva por dois lados: os traficantes muitas vezes controlam e cerceiam a ação das associações de moradores; ao mesmo tempo, os líderes são desqualificados por serem identificados como porta-vozes de interesses criminais. Essa perda de legitimidade também acontece dentro das próprias localidades; denúncias de corrupção, de uso dos recursos da associação para interesses pessoais e até de envolvimento com o tráfico têm afastado os moradores da participação nos movimentos de base e desacreditado a atuação de seus representantes.

No entanto, apesar de todas as dificuldades, muitas associações de moradores continuam trabalhando e atuando nas favelas. Portanto, continua havendo uma certa margem para a ação política, apesar da imposição do domínio dos bandos de traficantes nas diversas localidades. Ainda seria possível aos líderes atuar em atividades de interesse coletivo, pelo menos na medida em que elas não interferem com o comércio de drogas. Na maioria das vezes, aos moradores comuns resta apenas a opção de adaptar-se às imposições dos traficantes.

No caso estudado, o presidente da associação de moradores afirma atuar de forma autônoma. Tanto ele quanto a sua colaboradora, que também foi várias vezes entrevistada, apesar de reconhecerem implicitamente o poder dos traficantes, afirmaram que ali "é cada um na sua", e que existe uma relação baseada ao mesmo tempo na civilidade (tratando-se com recíproca polidez, sem agressões de ambos os lados) e na distância social. No entanto, ambos reconhecem que os traficantes possuem uma espécie de reserva de poder que lhes permitiria interferir no trabalho da associação, se quisessem.

---

[29] Como afirmou Leite (2000: 74): "Assassinatos, roubos, assaltos, seqüestros, arrastões nas praias, brigas de jovens em bailes funk e confrontos armados entre quadrilhas rivais ou entre estas e a polícia ganharam as ruas de uma forma inusitada por sua freqüência, magnitude, localização espacial, potencial de ameaça e repercussão na mídia local e nacional."

"Graças a Deus aqui eles não mandam nada, nunca interferiram em nada. Mas também no dia que quiserem mandar alguma coisa eu pego as minhas coisas e saio. Coloco um cartaz na porta da associação: 'Por motivo de saúde o presidente está afastado.' Porque eu tenho família, tenho dois filhos, e não posso me arriscar desse jeito." (Presidente de associação.)

Assim, a independência da associação é atribuída ao desinteresse dos traficantes, não à capacidade de mantê-los afastados. Identificando um profundo desequilíbrio de forças, a única alternativa vislumbrada pelo presidente, caso esta situação se modifique — o que ocorreria por decisão unilateral dos traficantes —, é a resistência passiva: o abandono do cargo, sem sequer explicitar o verdadeiro motivo. Na fala do presidente transparece a avaliação de que a autonomia frente ao tráfico pode ser passageira, e que ele não dispõe de poder suficiente para evitar essa mudança.

Vale ressaltar que dados coletados nesta e em outras pesquisas apontam que os traficantes aproximam-se das associações de moradores visando controlar os recursos de que estas dispõem. Os recursos podem ser financeiros (repasses do poder público, contribuição mensal dos moradores etc.) ou de poder (indicação de pessoas para trabalhar em projetos do governo ou de ONGs, influência sobre a gestão desses projetos etc.). No caso da associação de moradores analisada, a falta de ambos os tipos de recursos pode ser responsável pelo desinteresse e conseqüente afastamento dos traficantes de drogas da associação.

São muitos os relatos sobre a coação do tráfico às lideranças. Zaluar (2004) afirma que os líderes que coordenam nas favelas os programas municipais, como o Gari Comunitário, Favela-Bairro e outros mais, são obrigados a colocar traficantes na lista de pagamento. O fato de os traficantes terem de ser consultados sobre as atividades da associação também é comentado pela autora:

"Tudo se passa como se os traficantes fossem atores políticos que não podem deixar de ser consultados para a execução dessas atividades. É preciso ter a permissão deles, sob pena de sofrer represálias que inviabilizariam essa execução." (Zaluar, 2004: 362)

Leeds (2003), por sua vez, afirma que o tráfico de drogas em algumas favelas já ocupou o papel de mediação entre as favelas e os políticos antes desempenhado pelas associações de moradores:

> *"(...) são as alianças entre candidatos a cargos públicos e grupos de traficantes, as quais costumam ocorrer nas comunidades onde estes últimos são particularmente poderosos. (...) É sabido que candidatos inescrupulosos passam por cima da autoridade legítima nas favelas, preferindo obter um acesso mais exclusivo através de grupos de traficantes que lhes permitam fazer campanha à vontade ou que pressionem a associação de moradores a proibir a campanha de outros candidatos." (Leeds, 2003: 255)*

Apesar de afirmar que os traficantes não interferem no trabalho da associação (ao mesmo tempo reconhecendo, implicitamente, que eles estão presentes no local), o presidente e a secretária relataram momentos em que eles interferiram em assuntos que envolviam a favela em seu conjunto. Em um caso, a prefeitura, através do programa Posto de Orientação Urbanística e Social (Pouso), da Secretaria Municipal de Urbanismo, não estava liberando a construção de novas casas dentro da favela. Segundo a secretária da associação, quando queriam construir, os moradores buscavam a associação para que esta interferisse junto à prefeitura. Entretanto, como o presidente afirmava não dispor de autoridade para modificar decisões relativas à ocupação do espaço,[30] eles acabavam pedindo autorização aos traficantes. Por outro lado, ainda segundo a secretária, muitos moradores acabavam, apesar de tudo, desistindo de construir por medo de verem as casas derrubadas pela prefeitura. Para ela, os traficantes autorizavam a construção porque isso não interferia nos assuntos "deles", muito embora a licença fosse contrária à orientação da associação. O fato de a liberação da construção por parte dos traficantes não ter maiores resultados (isto é, a construção de novas casas não estar "liberada") minimiza a capacidade de interferência dos criminosos na vida local, mas o caso demonstra que, de alguma forma, ela existe. Vale ressaltar, porém, que de fato estão sendo construídas novas casas na favela, o que demonstra não apenas que a proibição da associação de moradores não tem efeito prático, mas também que alguns moradores podem estar construindo por se sentirem apoiados pelos traficantes de drogas (embora não se possa descartar que as construções possam estar sendo realizadas à revelia de ambos os poderes locais).

---

[30] Além de reconhecer que não tem autoridade para isso, o presidente sempre se colocou contrário ao crescimento da favela, pois, segundo ele, o aumento no número de moradores acabaria por fazer dali uma favela "igual às outras", onde não seria possível impedir que "coisas erradas acontecessem". Sua opinião é freqüentemente reproduzida nos jornais em matérias a respeito da ocupação ilegal de terrenos pelas favelas.

Em outro momento, o presidente mencionou que a prefeitura tinha oferecido a construção de algumas casas para os moradores, pois não seria possível construir a creche que eles queriam, por razões orçamentárias. Segundo ele, a construção dessas casas seria um problema, visto que poderia pô-lo em confronto com o tráfico:

> *"Eu já falei com a prefeitura que se eles quiserem construir essas casas aqui eles vão ter que se responsabilizar pela distribuição delas. Porque não tem casa para todo mundo, e se aparecer alguém dizendo que mandaram [referindo-se aos traficantes] dar a casa para ele, o que eu vou fazer? Eu sei quem precisa de casa realmente, mas nem sempre é esse que recebe."*

Desta forma, apesar de afirmar a autonomia do trabalho da associação, o presidente confirma que frente à vontade e ao poder dos traficantes ele não tem possibilidade de resistência. Como estratégia de ação para continuar trabalhando, este líder busca manter distância dos traficantes em sua função pública de representante de uma organização. Entretanto, ele não vê tal afastamento como necessário quando se trata de contatos privados — afirmou, por exemplo, que como simples vizinho aconselhou alguns moradores a procurarem os traficantes em uma situação em que considerava não poder interferir enquanto presidente. Interessante notar, na citação abaixo, que está implícito que, não fora o receio de que a situação saísse do controle, o recurso aos traficantes poderia ser válido.

> *"O pessoal aqui de cima veio reclamar comigo que tinha umas meninas que bebiam um pouco, ficavam meio doidonas, e tacavam pedras no telhado dos moradores. Eles queriam que eu tomasse uma atitude, mas o que que eu posso fazer? Posso falar com elas, mas elas não vão me escutar. Então eu mandei eles irem nos caras, mas não nesses daqui, que são muito bobões, nos lá de cima. Eles vieram e deram um pau nas meninas que elas nunca mais jogaram pedra no telhado de ninguém. Mas eu não posso ir lá reclamar, porque vai que um dia morre alguém, ou acontece alguma coisa dessas? Como é que eu vou olhar para a família delas de novo?"*

Assim, enquanto presidente, a estratégia é de distanciamento do tráfico; mas fora da função é possível reconhecer a presença e o poder do tráfico e até sugerir que ele seja acionado quando considerado inevitável. Mesmo nestas condições, porém, alguma distância deve ser mantida (ele não se propõe a fazer diretamente a solicitação), pois a impossibilidade de prever ou garantir o que os traficantes irão fazer é um risco que ele não pretende assumir, como presidente ou como morador antigo e conhecido das pessoas envolvidas.

O afastamento que este líder busca em relação ao tráfico muitas vezes acaba por comprometer sua atuação enquanto presidente da associação de moradores. Ao recusar participar da divisão das casas pela prefeitura por temer a intervenção injusta dos traficantes, acaba por não cumprir um dos papéis importantes da liderança comunitária. A paralisia de ação do presidente se reflete na associação, que está praticamente inativa, sem atuação concreta, a não ser nos serviços de distribuição de cartas e na cessão de sua sede para atividades do programa estadual "Jovens pela Paz".[31] Nas conversas com o presidente, este confirmou o esvaziamento da associação e a falta de participação dos moradores. Segundo ele, os moradores do morro querem que a associação se envolva com os problemas do serviço de TV a cabo "alternativo",[32] que chame a Defesa Civil em caso de necessidade, que resolva disputa de marido e mulher. Tradicionalmente, as lideranças comunitárias envolvem-se em todos esses assuntos, ainda que não sejam parte de sua função principal. Mas o líder aqui analisado afirma que: "(...) as pessoas aqui acham que eu tenho um poder que eu não tenho."

O esvaziamento da associação tem provocado também a falta de atuação dos órgãos públicos nos últimos tempos. Como dito anteriormente, quando da implementação do "Mutirão pela Paz" na localidade, o governo do estado garantiu que diversos programas e políticas sociais seriam implementados no local. No entanto, à exceção da sede do Bope e do trailer da Polícia Militar instalado na entrada da favela, nenhum outro serviço permaneceu em funcionamento. Se-

[31] O programa "Jovens pela Paz" atende a cerca de dez mil jovens de "comunidades carentes" com idades entre 16 e 24 anos, e foi criado em 2000 pelo governo do estado como parte das políticas públicas para combate à violência. O programa — que tem atividades de cultura e esportes — é voltado para moradores de "áreas de risco". Os jovens são capacitados para serem instrutores e agentes sociais nas suas localidades de moradia, e recebem uma bolsa-auxílio de R$240,00. O programa é ligado à Secretaria Estadual de Infância e Juventude, Coordenação da Juventude. O programa é implementado em 400 "comunidades" do estado. Informações coletadas no site: http://www.Juventude.rj.gov.br/jpp//projeto.php, acessado em 15 de setembro de 2006.

[32] Como em muitas outras favelas do Rio de Janeiro, o serviço "alternativo" de TV a cabo é ilegal: o sinal é roubado e retransmitido para as residências da favela por um preço bem menor do que o cobrado pela empresa regular.

gundo o presidente da associação, apenas o programa "Jovens pela Paz" foi implementado. Entretanto, em sua opinião o programa em questão não tem qualquer efeito, visto que a associação não teria contato com os jovens monitores (nem sequer sabia quantos eram) e não havia nenhum trabalho realizado por eles na favela. Somente no ano de 2006, através da associação, um novo grupo de participantes do programa foi incorporado, incluindo a filha do presidente, e estes jovens passaram a trabalhar na associação atendendo às crianças da favela com recreação e aulas de música e esportes. Mas é possível notar que não existe um planejamento geral de atividades ou objetivos a serem cumpridos, e, segundo o presidente, os participantes passam mais tempo em reuniões com objetivos políticos do que atuando como agentes comunitários.[33]

A paralisia da associação é visível interna e externamente — não são realizadas reuniões freqüentes, não há atividades coletivas, campanhas etc. Ela não tem acesso aos programas e recursos que o poder público aplica em outras favelas, em muitas das quais a coordenação das atividades é delegada a diretores das respectivas associações. Desta forma, parece que o distanciamento existente na localidade entre a associação e o tráfico de drogas deve-se à ausência de recursos. Acrescente-se que, segundo o presidente, o local não é atendido por estes projetos exatamente por não estar nos jornais, em função da sua "tranqüilidade". Segundo ele, se pessoas estivessem morrendo, as demandas seriam imediatamente atendidas; não sendo assim, apenas a pressão por parte dos moradores sobre o poder público faria isto acontecer, mas eles não estão interessados. Outro aspecto que dificulta o atendimento das demandas coletivas, segundo o presidente, é a falta de um padrinho político que interceda em favor deles. Tem-se outro círculo vicioso a se associar ao anteriormente mencionado: a presença menos ostensiva dos traficantes produz o desinteresse da opinião pública dominante (e portanto dos eventuais padrinhos, que não aufeririam dividendos políticos por sua mediação) pelo local, tanto quanto desmobiliza internamente os moradores.

A partir dos comentários do presidente e de sua auxiliar, percebe-se que é mais fácil manter a autonomia de ação (ainda que limitada e controlada), e também a própria segurança pessoal e da instituição, quando o tráfico não tem interesse em interferir no trabalho da associação de moradores. Isto é corroborado

[33] Foram feitas diversas denúncias nos jornais a respeito do uso político do programa feito pelo grupo político ligado à então governadora. Para mais informações, ver, entre outros, http://www1.folha.uol.com.br/folha/brasil/ult96u63847.shtml.

por muitos outros relatos colhidos na pesquisa, que afirmam que os traficantes querem "apenas" manter seu ponto-de-venda. Desde que não sejam perturbados em sua atividade, não se interessam pelo que acontece na associação e, mais geralmente, nas favelas onde atuam, como é o caso da associação de moradores aqui analisada. Mas os líderes sabem da dificuldade de manter suas organizações distantes do tráfico. Há certas situações em que não se trata de uma escolha moral ou política, e sim de risco de morte. Nos casos em que os traficantes tomam a iniciativa de procurá-los, é imperativo dar satisfações sobre o trabalho desenvolvido (e, pode-se imaginar — embora nenhum relato o confirme —, até mesmo obedecer a uma eventual ordem de algum traficante). Mesmo assim, muitos depoimentos coletados por esta pesquisa apontam tentativas de manter a maior distância possível.

A este respeito, é interessante explicitar a ambigüidade da proteção pessoal representada pela participação na direção das associações de moradores. Por um lado, em sua condição de líderes locais, os membros da diretoria ficam resguardados da arbitrariedade característica da atuação dos traficantes. Por outro, exatamente devido à sua função, muitas vezes os líderes não podem evitar interagir com os traficantes, e assim ficam expostos ao perigo permanente de reações em última instância imprevisíveis e incontroláveis. Em certos casos são os próprios representantes do poder público ou outras instituições que, para poderem agir nas favelas, solicitam a mediação dos líderes locais. Miranda e Magalhães (2004: 52) sugerem que esta é a forma encontrada pelos atores externos para manter distância dos traficantes, salvando as aparências e dando a impressão de que o contato não existiu:

> *"A mediação faz com que, como por milagre, a ilegitimidade do contato se quebre. O fato de alguém que é técnico ou representante de ONG estar negociando com uma liderança permite que, por meio de um artifício cruel, aja como se todas as consultas fossem legais e legítimas. Admite-se que a liderança estabeleça relações com representantes do tráfico. É como se o fato de ser morador(a) eliminasse as barreiras entre legal e ilegal que são válidas para as outras pessoas. Aproximados(as) do ilegítimo, moradores(as) e lideranças são afastados(as) da ordem e reafirmados(as) em sua não-cidadania."*

A garantia fundamental da segurança dessas lideranças nesses contatos é a construção a longo prazo — nem sempre bem-sucedida, é claro — de uma imagem pública que depende de uma verdadeira antinomia: de um lado, precisam ser vistos como desenvolvendo uma atuação política conseqüente, do ponto de vista dos moradores comuns e dos próprios traficantes; mas esta atividade, de outro lado, é dificultada pela fragilidade de seu poder real, que afasta parte considerável de sua potencial base social de apoio e abre espaço para reações imponderáveis dos traficantes, minando sua legitimidade. Esta parece ser a dimensão privada, pessoal e local da tragédia que se abate atualmente sobre a ação coletiva nas favelas cariocas.

Ao analisar os relatos dos líderes comunitários (presidentes e diretores de associações de moradores de favela) reunidos em um dos coletivos de confiança, pode-se concluir que, independente da forma como os traficantes atuam em cada localidade, a coerção e a necessidade de submissão estão sempre presentes, e devem ser consideradas quando se escolhem as estratégias para lidar com essa força que lhes aparece como um dado da realidade sobre o qual não têm controle. Porém, o fato de, na favela analisada, o tráfico estar presente de forma menos evidente e opressora que em outros lugares, poderia representar uma possibilidade de atuação coletiva, sem os impedimentos que esse tipo de ação sofre em localidades com presença mais ostensiva dos bandos de traficantes. No entanto, isto não acontece. Como dito anteriormente, a associação de moradores local está esvaziada, e não existe qualquer tipo de movimento coletivo abrangente, visto que o "projeto social" mencionado não visa reunir os moradores. Na realidade, na opinião do presidente há muita desunião entre eles, ninguém tem interesse em melhorar as condições de vida na localidade ou pressionar o poder público para fornecer serviços.[34]

Mesmo considerando que o esvaziamento das associações não se limita aos problemas com os traficantes, o fato de o presidente da associação local não ter de lidar cotidianamente com a presença ostensiva do tráfico reduz as dificuldades de sua atuação e, inclusive, o risco à sua integridade física. Da mesma forma, o fato de não conviver diuturnamente com traficantes armados ou com confrontos entre estes e a polícia representa para os moradores certa garantia de segurança. No entanto, mesmo sem presença ostensiva na localidade, a dominação dos traficantes estabelece limites mais ou menos claros para suas atividades rotineiras. Este é um dos principais efeitos do domínio dos traficantes

[34] Note-se que, se tal avaliação está correta, que ela se opõe à idéia muito difundida de que são fortes os laços primários e a solidariedade de vizinhança nas favelas pequenas.

de drogas sobre a população das favelas: mesmo sem pressionar a organização coletiva, o perigo potencial de confrontar-se com os bandos de traficantes anula (ou reduz significativamente) a tentativa de ação dos líderes locais, que, para proteger-se, muitas vezes deixam de intervir em assuntos que deveriam ser de sua atribuição. É o caso da localidade aqui estudada, na qual, mesmo sem maiores impedimentos, a associação tem uma atuação muito limitada, o que acaba por afastar definitivamente os moradores da associação e de qualquer outra ação coletiva.

5. Conclusão: a favela analisada como território "em paz", mas "dominado"

"Paz" e silêncio encontram-se entrelaçados no caso analisado. Nessa localidade, a paz é constantemente anunciada, mas o assunto "tráfico de drogas" é tratado com o mesmo silêncio que se encontra em lugares violentos. O discurso da "paz" e da "tranqüilidade" anunciada tem ali diversos papéis a cumprir. Um deles é transmitir aos moradores um sentimento de segurança, reforçando a confiança na continuidade das rotinas cotidianas que muitas outras favelas não têm. Outro é funcionar como instrumento de controle social, abafando comportamentos considerados desviantes. E, por fim, é a forma de os moradores do local afirmarem seu afastamento moral em relação aos traficantes. Por outro lado, a linguagem da tranqüilidade se constitui na versão local da "lei do silêncio" que os bandos armados (traficantes ou milícias) impõem às populações das periferias urbanas.

A sensação de segurança que a idéia de morar em um lugar "tranqüilo" traz é fundamental para a manutenção da confiança na continuidade do cotidiano. Como se sabe, morar em favelas no Rio de Janeiro hoje é estar exposto a diversos riscos:[35] submissão aos traficantes, arbitrariedade policial, exposição a conflitos armados, insegurança frente a uma política de segurança que os vê como potenciais criminosos. No entanto, estar seguro de quem somos e da continuidade da nossa rotina é uma necessidade psíquica essencial:

> *"A expressão [segurança ontológica] se refere à crença que a maioria dos seres humanos têm na continuidade de sua auto-identidade e na constância dos ambientes de ação social e material circundantes. Uma sensação da*

[35] O tema é discutido em diversos outros capítulos deste livro.

fidedignidade de pessoas e coisas, tão central à noção de confiança, é básica nos sentimentos de segurança ontológica; daí os dois serem relacionados psicologicamente de forma íntima. (...) A segurança ontológica tem a ver com o 'ser' ou, nos termos da fenomenologia, 'ser-no-mundo'. Mas trata-se de um fenômeno emocional ao invés de cognitivo, e está enraizado no inconsciente." (Giddens, 1990: 95)

Este autor afirma que a segurança ontológica não é fruto de nossa racionalização. Via de regra sabemos que o risco existe, mas o colocamos em suspenso:

> *"Imagine alguém que se aflige profunda e constantemente, pensando se os outros nutrem intenções maliciosas entre si. Ou imagine uma pessoa que se preocupa constantemente com a possibilidade de uma guerra nuclear e não põe de lado o pensamento deste risco. Embora os indivíduos 'normais' possam considerar estas ansiedades, quando são profundas e crônicas, como irracionais, estes sentimentos são mais o resultado de supersensibilidade emocional do que de irracionalidade. Pois o risco de guerra nuclear está sempre aí, como uma possibilidade imanente do mundo atual; e, como nenhum indivíduo jamais tem acesso direto aos pensamentos de um outro, ninguém pode estar absolutamente seguro, num sentido mais lógico que emocional, de que idéias maliciosas não estejam constantemente na mente de outros com quem se interage." (Giddens, 1990: 96)*

Pode-se fazer um paralelo entre a "malícia" alheia e a situação atual dos moradores de favela do Rio de Janeiro, que na maioria dos casos simplesmente não podem ignorar os riscos à continuidade de suas rotinas presentes em suas localidades. Imaginar-se morador de uma favela "tranqüila" transforma-se em fonte de segurança ontológica na medida em que permite reduzir a ansiedade provocada pela impossibilidade de suspender a atenção aos riscos. Como foi visto, é este o caso da localidade analisada. Ali, o temor da opressão do tráfico e dos aparatos de segurança, em suas manifestações mais imediatas, está afastado, apesar de algumas reverberações permanecerem, como as observações deste capítulo deixam claro.

Outro aspecto que pode ser associado à linguagem da "tranqüilidade" é sua função de controle social. Quando os moradores repetem entre si e para os visitantes que aquele é um lugar calmo, sem violência, ao mesmo tempo em que se referem ao fato de não mais conviverem com traficantes armados e "operações" policiais, eles também silenciam os possíveis casos "desviantes" (que, como foi mencionado, reaparecem nas entrelinhas). Isto é, quando afirmam que não existem bandidos nem consumidores de drogas no local, eles atuam de forma a impedir que algo assim deixe a clandestinidade. Tal modalidade de controle social poderia ter paralelo, ainda que guardadas grandes diferenças, com o caso de localidades dominadas por milícias,[36] onde também se reitera de forma categórica que não existem traficantes ou consumidores na favela. A afirmação, quando repetida e confirmada por todos, pode ter a força de inibir os efeitos desses atos sobre a sociabilidade local. Por exemplo, usar certas drogas ilícitas é tido como algo moralmente condenável por todos (dentro ou fora de favelas), e os moradores negam que elas sejam consumidas em sua favela (apesar de um caso relatado aqui desmentir essa afirmação), reforçando a idéia de "lugar tranqüilo" e coibindo o possível uso pelos moradores. Sem publicidade, o consumo de drogas se mantém, no máximo, como condutas clandestinas, de modo que a negação discursiva funciona como um dispositivo de controle. A pretensão implícita — cuja possibilidade de sucesso é obviamente limitada — é impedir a objetivação institucionalizada daquelas condutas que, uma vez saídas da obscuridade das atividades privadas, poderiam se articular como uma forma de poder vista como deletério para a vida social local.

Além disto, as afirmações a respeito da "tranqüilidade" local também atuam como forma de limpeza moral, distinguindo a favela de outras que abrigam traficantes e, assim, levam à criminalização de todos os moradores. Novamente é possível traçar paralelos com o caso de favelas dominadas por milícias. Em ambos os casos, os temas da violência e do tráfico tornam-se um verdadeiro tabu, pois falar sobre eles é reconhecer uma presença que deve ser negada (veja-se, por exemplo, o alerta de um morador durante sua entrevista para os realizadores do vídeo). Negando a presença de drogas, os moradores ressaltam sua singularidade e, demonstram que não estão "contagiados".

Todavia, esse verdadeiro tabu em torno do tráfico revela o inegável silenciamento que permeia as afirmações sobre a "tranqüilidade" na localidade. Isto impede que os moradores articulem um discurso crítico, individual ou

---

[36] Para a análise do caso de uma grande favela carioca em que grupos paramilitares controlam a população local e impedem a entrada de traficantes no território, consultar o capítulo de Mesquita neste livro.

coletivo, a respeito da influência dos traficantes e da violência de suas condutas. Em geral, a proibição vem dos próprios traficantes, que assim se protegem de possíveis indiscrições sobre suas atividades (para a polícia ou para bandos rivais). No caso da favela analisada, entretanto, esta "lei do silêncio" é apropriada pelos moradores como forma de autoproteção, pois negando a presença de drogas evitam ser vistos pelos não-moradores de favela como "coniventes".[37] Desta forma, estabelece-se um paradoxo de extrema desumanidade: submetendo-se ao próprio dispositivo que os oprime, os moradores da favela analisada conseguem evitar sua desqualificação moral por conivência.

Ao lado dessa influência indireta dos traficantes, existem razões mais concretas que respondem pela particularidade da favela analisada. A extrema proximidade da sede do Batalhão de Operações Especiais faz com que a favela seja um território "pacificado", porque o controle policial prescinde de incursões armadas — as "operações" —, eliminando o risco de confrontos, e desestimula as invasões de bandos de traficantes sediados em outras favelas. Além da proximidade do Bope, a existência de um trailer da Polícia Militar permanentemente estacionado na entrada da favela é um claro desestímulo às tradicionais filas de consumidores para aquisição de drogas que alimentam o tráfico. Assim, essa situação permite o desenvolvimento de rotinas mais estáveis do que as de outras localidades, onde o tráfico é ostensivo, e repetem-se sem cessar, na forma de ocorrências imprevisíveis, conflitos entre traficantes e entre estes e a polícia, que representam dramáticas interrupções na continuidade da vida cotidiana local. No caso da favela analisada, a inexistência de um comércio de drogas intenso e aberto (independente de sua eventual presença em caráter subterrâneo e intersticial) permite que os moradores possam considerar sua favela como um lugar "tranqüilo" e bom para morar. Como foi sugerido, eles próprios dão sua contribuição para isso, com a negação radical da presença de drogas em sua localidade — mas, desta forma, ao mesmo tempo ratificando a influência indireta do tráfico.

Portanto, cabe analisar por que permanece, como verdadeiro espectro, o controle exercido pelos traficantes sobre os moradores, apesar dos impedimentos materiais já indicados. De fato, os moradores vivem como se a favela fosse

[37] Em diversos momentos, representantes do poder público no Rio de Janeiro requisitaram que moradores de favela denunciassem a localização dos traficantes, sob o argumento de que não fazê-lo seria cumplicidade com os mesmos. Para o tema, consultar o capítulo de Machado da Silva e Leite, bem como o de Leite, neste livro.

um território diretamente dominado, pois se orientam pelas mesmas regras impostas em outras favelas onde os traficantes têm presença ostensiva. Tanto em termos práticos, como na questão de não freqüentar outros lugares (por medo de ser identificado como procedente de uma favela dominada pelo Comando Vermelho) quanto em termos subjetivos — a "lei do silêncio" funciona da mesma forma. Além disto, o presidente da associação sabe que pode ter de se submeter às imposições por parte do tráfico.

Parte da explicação para a continuidade da dominação do tráfico nessa localidade pode estar no fato desta favela situar-se em área cercada por favelas onde seu poder é ostensivo. Muitos moradores possuem parentes morando em favelas vizinhas, ou utilizam os serviços públicos disponibilizados nelas, e os jovens convivem nas mesmas escolas. Assim, ainda que na localidade onde se mora não se esteja vulnerável a esse poder, em outros locais é preciso tomar cuidado, e, portanto, "expor-se" (ou seja, desconsiderar aquilo que é antecipado como as determinações estabelecidas pelos traficantes) é sempre um risco. Além disso, o estigma que sofrem por serem "favelados" não se modifica. Assim, mesmo morando em um lugar "tranqüilo", os moradores daquela favela devem executar, como os moradores de outras favelas, o trabalho cotidiano de limpeza moral, distinguindo-se dos traficantes frente à sociedade. Outra possível explicação pode ser o medo de que a favela volte a ser dominada de forma tirânica pelos traficantes, e que as pessoas que falaram ou agiram de forma não condizente com o que supõem serem as regras do tráfico serão então punidas. Pensar que, em um momento futuro, existirá retaliação para o que foi feito ou dito hoje remete à noção de que o tráfico tem uma capacidade de controlar e vigiar as pessoas maior do que as evidências coletadas por diversas pesquisas apontam. No entanto, muitos moradores de favela, inclusive na analisada neste capítulo, acreditam que estão sendo vigiados constantemente por traficantes ou por policiais. E neste caso, estar sendo ou pensar que está sendo vigiado tem o mesmo efeito.[38] Por fim, existe ainda a possibilidade de os traficantes de drogas estarem no local, mesmo que não atuando no comércio de drogas (o que seria visível pela presença de pessoas armadas). A proximidade da favela com outras localidades próximas que possuem comércio de drogas torna possível que existam ali traficantes que utilizariam aquela favela como local de moradia ou posto de observação.

[38] Cf. o capítulo de Farias neste livro.

Considerando estes aspectos que comprovam a existência de um controle por parte do tráfico de drogas sobre este território, o caso em questão pode mostrar que saídas individuais (ou localizadas, como neste caso) para a questão da violência podem não significar uma ruptura com o estigma e as limitações que os moradores de favela sofrem. Por saídas individuais ou localizadas refiro-me à política implementada no local contra a presença de traficantes, que atualmente resume-se à proximidade do Bope e à localização de um trailer da Polícia Militar na entrada da favela. Mas refiro-me também aos programas e projetos sociais que atuam sobre um grupo pequeno de jovens moradores de favela, visando afastá-los do tráfico através de atividades esportivas e culturais e de conscientização, resgate e reconhecimento de sua cidadania. Existem méritos evidentes nessas iniciativas, mas tais não podem ser consideradas políticas de combate ao tráfico, visto que este trabalho de "prevenção" de entrada de jovens na organização do tráfico não impede que eles e suas famílias sejam dominados e submetidos pelos traficantes e suas "leis".

Portanto, percebe-se no caso analisado aqui que estratégias de combate aos traficantes de drogas implementadas de forma local não foram suficientes para modificar de forma profunda o domínio dos traficantes sobre as rotinas e as mentes dos moradores daquele local. Não estou diminuindo a importância de um cotidiano "pacificado", tão desejado pelos moradores de favela. No entanto, mesmo que seu cotidiano não seja marcado pela violência brutal que traficantes e policiais praticam, o estigma e as limitações (ainda que essas sejam em parte menores) ainda são terríveis para os moradores da favela em questão como são para todos os outros favelados.

6. Posfácio: "Tudo que é sólido se desmancha no ar"

No dia 31 de março de 2007, policiais e traficantes trocaram tiros durante mais de trinta minutos dentro da favela analisada neste capítulo. O confronto aconteceu durante um evento realizado na quadra localizada na entrada da favela, deixando na linha de tiros crianças e jovens que participavam da festa. Segundo o jornal *O Globo* (1º de abril de 2007), este foi o primeiro confronto "depois de anos de relativa trégua". De acordo com a polícia, os traficantes atiraram contra um carro policial que escoltava uma equipe de TV (não identificada pelo jornal), que cobriria o evento, até a entrada da favela.

Na primeira visita que fiz ao local depois desse acontecimento (duas semanas depois), um jovem morador, ligado ao "projeto social" que co-organizava o evento, relatou que na semana anterior ao fato a polícia teria recebido reclamações dos moradores dos prédios localizados perto da favela a respeito de um baile funk[39] que estaria acontecendo na quadra da mesma. Ainda segundo este informante, tratava-se apenas de uma festa de aniversário, mas tal fato teria chamado a atenção da polícia para a possível presença de traficantes na favela. No dia do tiroteio a polícia teria subido até a entrada da favela para fazer um patrulhamento de rotina[40], e teria sido recebida a tiros pelos traficantes que lá estavam. Pelo seu relato, os policiais teriam pedido reforço dos policiais do Bope, e até helicópteros teriam sido acionados para o confronto. Os policiais teriam entrado na favela e atirado contra os moradores.

Quando cheguei ao local vi que o trailer da PM que ficava localizado na entrada não estava mais lá. Ao ser perguntado sobre isso, o informante disse que há seis meses o trailer tinha sido retirado, e nesse mesmo período o tráfico teria voltado a atuar, ainda que de forma embrionária — mas em seu relato não ficou claro qual dos eventos aconteceu primeiro. Segundo ele, é importante que a polícia impeça o tráfico de se reorganizar naquele território, mas sem colocar a vida dos moradores em risco. Apesar de ainda estar investigando o processo em curso, pode-se afirmar que o tráfico está tentando se instalar novamente na localidade, provavelmente como parte de uma estratégia de retomada do controle de favelas que estariam dominadas por facções rivais.[41] No entanto, durante essa visita não foi observado em nenhum momento qualquer indício que confirmasse a presença de traficantes

---

[39] Os bailes funk são festas realizadas por equipes de som que reúnem diversos jovens em localidades periféricas do Rio de Janeiro, às vezes milhares de jovens. Acreditava-se que, na década de 1990, um milhão de jovens participariam de bailes funk a cada final de semana (Souto, 2003: 58). Em função de muitas dessas festas serem patrocinadas por grupos de traficantes locais, os bailes funk passaram a ser identificados com o tráfico de drogas, e, durante alguns anos, foram proibidos. No momento, os bailes não estão proibidos, mas sua realização deve ser autorizada pela prefeitura e pela Polícia Militar.

[40] No período de um ano e meio de trabalho de campo realizado para esta pesquisa, em momento algum vi ou fui informada sobre patrulhamentos policiais na entrada da favela. Aparentemente este patrulhamento foi uma exceção, em função do evento que estava sendo realizado.

[41] O grupo de traficantes que domina uma favela vizinha participou de tentativas de invasão de favelas próximas algumas semanas depois do evento aqui descrito. Fonte: http://odia.terra.com.br/rio/htm/geral_94264.asp.

no local, o que pode indicar que o tráfico ainda não está dominando o local, mas em processo de reinstalação.

Pela fala do jovem entrevistado fica evidente que os moradores estão insatisfeitos com a possível volta do tráfico, pois era a ausência de conflitos entre policiais e traficantes que garantia a "tranqüilidade" local — esta era sempre relacionada à ausência de conflitos entre traficantes e policiais, e nunca diretamente relacionada com a ausência de tráfico em si. O que era comentado sempre que essa questão surgia nas conversas com os moradores era a diferença entre aquele momento e o vivido até 1998, época dos grandes conflitos. Assim, a presença de traficantes é menos significativa do ponto de vista da "tranqüilidade" (tanto que nunca foi definitivamente negada ou confirmada pelos entrevistados) do que o fato de esses entrarem em conflito com policiais, pois é o conflito que representa o grande perigo, a ruptura brutal da rotina, a impossibilidade de prever o que pode acontecer.

Percebe-se então que a "tranqüilidade" experimentada pode estar se desmanchando, visto que era relativa a um momento específico, uma conjuntura onde diversos fatores eram responsáveis ao mesmo tempo pela "pacificação" daquela favela. Em um dado momento esses fatores — a visibilidade política que a favela recebeu; a colocação do trailer na entrada da favela inibindo a compra de drogas; a proximidade com a sede do Bope; o desinteresse do tráfico pela localidade etc. — fizeram com que a "paz" fosse possível. No entanto, esse contexto parece estar mudando: o interesse do tráfico no local pode ter mudado, talvez em função das disputas territoriais mencionadas; o interesse do governo também pode ter mudado, o que explicaria a retirada do trailer. Assim, as variáveis que permitiam a "tranqüilidade" devem ter mudado, dado que houve um conflito. A força do discurso da "pacificação" e da "tranqüilidade" mostrou não ser suficiente para impedir a retomada do território da favela e do conflito, assim como a presença do Bope mostrou não ser tão inibidora assim da ação do tráfico.

Desta forma, a favela analisada neste capítulo se apresenta como um bom caso para pensar a questão da eficácia dessas políticas pontuais (ou individualizadas, como mencionei). O "Mutirão pela Paz" foi a primeira intervenção concreta a se desmanchar no ar, nunca atingindo a magnitude que tinha sido idealizada para o projeto. A "Paz" dada pelo trailer e pelo Bope também se desmanchou, visto que se hoje a favela ainda não é um lugar em conflito, dado que outros casos de confronto não foram relatados, também não é mais um local "pacificado". Talvez por saberem que sua posição era representativa de algo não-permanente os moradores se comportassem de acordo com as "leis do tráfico" — eles não podiam prescindir de se comportar de forma preventiva em relação ao que poderia acontecer. E que pode realmente estar acontecendo.

Porém, a ausência de denúncias sobre a presença de traficantes armados no local, ou a falta de uma mobilização dos moradores pela volta do trailer da PM, pode significar que, por um lado, o controle dos traficantes sobre os moradores é forte o suficiente (e talvez sempre tenha sido) para impedir qualquer manifestação. Por outro, pode significar que a finalidade do discurso da "tranqüilidade" como forma de controle social e de limpeza moral ainda esteja sendo acionada pelos moradores, e que admitir ou denunciar a presença do tráfico seria uma forma de novamente se contaminarem e deixarem de ser uma favela "diferente das outras".

A análise deste caso permite avaliar que sem uma política pública de segurança concreta, eficaz, permanente e que tenha a proteção dos moradores do local como finalidade, é impossível "pacificar" esses territórios e dar segurança a seus moradores. A dificuldade de conversar com os moradores sobre o que está realmente acontecendo é a mesma de antes, o que impede determinar se realmente o tráfico retomou o controle sobre esse território ou se está em processo de retomada. No entanto, houve o tiroteio, um momento de confronto e perigo real, e isso significa que se trata de um ponto de transição, onde possibilidades estão em aberto: o tráfico pode conseguir voltar ou não, o trailer da PM pode voltar ou não (o que depende do motivo de sua saída, ainda não determinado), o contexto pode novamente se modificar ou não. Como se dará este processo é o novo objetivo de minha pesquisa de campo.

CAPÍTULO 11

"Tranqüilidade" sob uma ordem violenta: o controle social da "mineira" em uma favela carioca

Wania Amélia Belchior Mesquita

Introdução

Este capítulo analisa a percepção dos moradores de uma favela carioca acerca do impacto sobre as interações locais provocado por um grupo de agentes armados conhecido como "milícia" ou "(polícia) mineira". Este grupo — constituído por policiais, ex-policiais e outras pessoas que mantêm laços com os aparatos repressivos, nem todos moradores da favela em questão — impõe-se por meio de expedientes diversos, dentre os quais se destaca o recurso à violência.

Apesar de a "polícia mineira" existir há décadas, atualmente ela figura no debate público com um destaque que nunca obteve, em razão dos espetaculares confrontos com traficantes de drogas que tornam agudamente visível seu domínio em diversas favelas do Rio de Janeiro.[1] O caso aqui analisado ilustra de forma exemplar o entendimento dos moradores acerca dessa disputa territorial entre bandos armados, que acaba por decidir sobre a presença ou ausência (ostensiva) do tráfico de drogas nas diversas localidades.

Assim, procuro compreender, a partir de um conjunto variado de informações,[2] o que leva os moradores, quase unanimemente, a considerar a localidade

---

[1] Segundo um relatório da Subsecretaria de Inteligência (SSI) do Gabinete Militar da Prefeitura do Rio de Janeiro divulgado em *O Globo* (10/12/2006, p.19), as diferentes milícias dominam atualmente 92 favelas da cidade. Como foi dito, embora sua existência seja antiga, elas vêm se tornando cada vez mais visíveis, o que parece ter-lhes alterado o significado social.

[2] Os dados analisados neste capítulo foram colhidos a partir de: a) seis entrevistas em profundidade com membros de gerações distintas de duas famílias (uma de origem paraibana e outra mineira) estabelecidas na localidade há mais de trinta anos; b) relatos extraídos de dois

estudada como "tranqüila" e provida de proteção contra a violência. Mesmo admitindo que os traficantes tenham sido definitivamente expulsos (e, portanto, eliminada a ordem social implantada pela "sociabilidade violenta"), as milícias também exercem sua dominação pelo recurso permanente à violência arbitrária contra os moradores. A questão central deste artigo é avaliar em que medida o afastamento dos traficantes pode, mesmo nestas condições, deflagrar um processo de legitimação do poder armado das milícias. Pode-se pressupor que, caso isso ocorra, uma tal percepção comportará ambigüidades e contradições, já que, se por um lado as milícias combatem o tráfico, sempre repudiado pelos moradores comuns, por outro também os subjuga pela força, provocando temor e desassossego.

Em outras palavras, tento descrever um cenário complexo em que um grupo auto-investido da incumbência de impedir a "desordem" (representada sobretudo pelos conflitos entre bandos de traficantes, mas estendendo-se a um leque muito mais amplo de condutas) se apresenta na condição de único fiador capaz de assegurar "paz" e "tranqüilidade" na favela, através de uma ordem privada. Na primeira seção apresento como os moradores reconstroem a história da "mineira" na localidade, e, em seguida, procuro identificar o sentido moral e político associado a esta compreensão.

A "mineira" na localidade

Nos relatos dos moradores sobre a origem da favela, no final da década de 1960, aparece a afirmativa de que alguns deles tomaram a iniciativa de frear a criminalidade corrente (roubo, furto, estupro etc.) no local. Num contexto em que a favela ainda era pequena, contando com não mais do que 130 famílias, eles teriam se organizado em grupo — formando uma "polícia mineira" — motivados pelo assalto e ferimento à bala de um comerciante local. O fato teria revoltado alguns moradores, que se juntaram para eliminar os "vagabundos" que agiam na área.

Este parece ser o mito de origem da "polícia mineira" como fenômeno generalizado (mas não universal) nos territórios da pobreza. A descrição se repete

coletivos de confiança, um deles composto por moradores comuns e outro por pessoas vinculadas aos trabalhos desenvolvidos pela Associação de Moradores, algumas com cargos formais, outras não; c) cerca de sete meses de um trabalho etnográfico, durante o qual conversei informalmente, na rua e nas residências, com inúmeros moradores.

sempre, variando apenas o motivo deflagrador da formação do grupo. Desnecessário acrescentar que está implícita a idéia, que os moradores compartilham com o conjunto da população da cidade, de que nas favelas impera a desorganização social e o desvio de conduta é prática corrente. Nesta linha, mesmo sendo responsável pela imposição de uma ordem social que, sendo privada, se constitui como "*second best option*", os membros da mineira aparecem como heróis civilizadores, homens valentes que valorizam o trabalho honesto e garantem a ordem em um ambiente, digamos, selvagem: quase sempre este perfil é a retidão viril do imigrante nordestino, um tipo social caracterizado por uma rígida ética do trabalho expressa através de um estilo de conduta agressivo e grosseiro, que faz parte do imaginário local.

Quase uma década após o surgimento da favela, já nos anos 1970, outro grupo de moradores teria fundado a associação de moradores local.[3] Neste momento, a "mineira" teria uma atuação pouco institucionalizada, restrita a uma espécie de função (privada) de polícia, evitando furtos, patrulhando as ruas à noite e, sobretudo, tentando reprimir qualquer tentativa de comércio de drogas na localidade.

No início dos anos 1980, a política interna da Associação de Moradores gerou uma dissidência. Dois membros lançaram a candidatura a presidente de um comerciante, dono de farmácias na favela. Eleita, esta oposição passou a controlar a associação até o final da década. Nesse período, a ação desta organização tornou-se muito mais incisiva, gerando bem-sucedidas mobilizações para obtenção de direitos e conquistas em torno de moradia, infra-estrutura etc.

Nessa época, a "mineira" continuava se mantendo à margem das atividades da associação, que direcionava sua atuação para melhorias físicas nas áreas já ocupadas e procurava organizar e controlar as ocupações de outras no entorno, mas ainda vazias. Em uma delas, as terras tinham sido desapropriadas no primeiro governo estadual de Marcello Alencar (5/12/1983-01/01/1985) como primeiro passo para a construção de casas populares que abrigariam os moradores das áreas de risco da favela. Assim como já ocorrera em procedimento semelhante no governo Negrão de Lima (1965-1971), os proprietários não foram indenizados. Apesar disso, nos dois anos seguintes, a prefeitura realizou aterros no local, que era pantanoso, tornando o terreno apto para construção. Neste meio-tempo, o proprietário reclamou a não-indenização

---

[3] Inicialmente a associação de moradores não possuía sede, sendo as reuniões realizadas nas casas dos moradores; posteriormente, escolheram um local na favela e construíram um barracão de madeira, onde passou a funcionar a sede.

das terras ao prefeito Saturnino Braga (01/01/1985-1988), eleito por um partido que se opunha ao governo estadual. Começavam, neste período, novos enfrentamentos na localidade, como relata um de seus moradores:

> *"(...) a terra começou a ser cercada com jagunços, botar com cerca, para tomar da prefeitura as terras que já estavam valorizadas, e a associação estava acompanhando isso e começamos a ficar preocupados. Falei: 'Pô, passou tantos anos usando um dinheiro nosso que a prefeitura botou, é dinheiro nosso e nós não podemos deixar que a prefeitura deixe essa terra ir embora da forma que está indo.' O cara queria a terra da forma que está; nas condições que estavam antes era uma outra história, agora que já está valorizada não tem sentido. O projeto era para o [nome da favela], não era para outra coisa. Aí nesse aspecto se desenhou então que nós deveríamos organizar uma ocupação inteligente lá naquela região, você vai ver que lá tem uma ocupação diferenciada. Você não encontra, dentro do [nome da área da favela em disputa], você não encontra uma casa que não esteja de frente para a rua, todas elas têm quadra, nós desenhamos, em dezembro fizemos um desenho de como é que seriam as quadras, não eram daquele tamanho, era maior, mas depois, na hora da negociação, tivemos que encurtar daquele tamanho. Era 8 X 10, aí tivemos que encurtar para 4 X 10, ficariam compridas as casas, mas aí ficou do tamanho ideal para todas as famílias."*

O critério de acesso continuou sendo o das pessoas que pagavam aluguel, tendo se transferido para esta nova área cerca de 400 famílias. A ocupação aconteceu de sexta-feira para sábado, através da construção de barracos de madeira e lona. Já na segunda-feira começaram os enfrentamentos com a polícia e os "jagunços", inclusive contratados pela administração de um shopping localizado no bairro, que, segundo os moradores, não tinha nenhuma relação com o antigo proprietário do terreno supracitado.

Em decorrência do conflito, nos dias seguintes foi um contínuo destruir/construir por parte da polícia e dos moradores, respectivamente. Conforme relata uma antiga liderança da associação:

> *"A situação estava tamanha que assim que a polícia vinha destruindo os barracos aqui, a população saía da frente só para pegar o material e ia re-*

construindo devagarzinho atrás. Aí tinha que voltar para destruir de novo, mas isso gerando confronto, pancadaria."

A repercussão dessas cenas de violência, que foram transmitidas pela televisão, levou o governo municipal — até então mero espectador — a se pronunciar. O prefeito convocou a associação de moradores e os proprietários para tentar um acordo. Esta iniciativa resultou na divisão do terreno em duas áreas: a área I ficaria com os moradores e a área II — hoje também ocupada por moradores da favela — seria devolvida aos proprietários, iniciando-se, assim, a desocupação. Segundo o acordo, a prefeitura forneceria lonas fabricadas pelo Exército aos novos ocupantes e se incumbiria da legalização dos terrenos. No entanto, como relatam alguns moradores, as lonas nunca chegaram e o processo de legalização não foi adiante. Ainda assim, os entrevistados costumam apresentar uma avaliação positiva da atuação da prefeitura no episódio: "vinha o pessoal da secretaria, dava assistência, dava cesta básica para aquele pessoal mais pobre, e aquela coisa toda, e a área I se consolidou dessa forma, desse confronto e dessa política de ação concreta".

Estes episódios são apresentados como um divisor de águas na organização da sociabilidade local. Nesse momento de conflitos com a polícia, aproximaram-se da associação novos grupos de moradores, inclusive membros da "polícia mineira" externos à favela, que se aproveitaram do momento para oferecer serviços de proteção e segurança aos moradores da região. Tratou-se de um período fundamental em sua forma e consolidação: a associação foi, aos poucos, "aparelhada", convertendo-se em um recurso administrativo para a obtenção de seus interesses.

O contexto de maior penetração da "mineira" na localidade coincide com a cisão do grupo que estava à frente da associação de moradores até este momento. Originalmente, a área I fora pensada como estritamente residencial. Entretanto, nas eleições presidenciais, um dos líderes que participaram dos episódios mencionados rompeu o consenso da chapa constituída por seu antigo grupo, colocou-se favoravelmente à abertura da área para atividades não-residenciais e lançou uma chapa de oposição apoiada pela "mineira".

A campanha eleitoral caracterizou-se por ameaças e intimidações por parte da chapa apoiada pela "mineira", que perdeu as eleições. Até este momento, a filiação à associação de moradores era de caráter voluntário, e só os associados participavam da eleição. Com o clima de tensão, muitos deixaram de comparecer às urnas. A diferença de cem votos foi pequena, mas significativa, se consideradas as dificuldades na campanha do grupo que controlava a associação (na época a favela já contava, segundo estimativas, com pouco menos de quarenta mil moradores e dois mil e quinhentos filiados). No entanto, a chapa adversária não reconheceu a derrota e obteve o apoio de um membro ligado à Federação das Favelas, que estendeu o tempo da votação — que deveria ter se encerrado às 16 horas — até às 17 horas, após o que a oposição foi anunciada como vitoriosa. Segundo a maioria dos moradores, a partir deste momento a "mineira" passou a controlar a associação de moradores, mas ainda indiretamente, através da aliança estabelecida com o membro dissidente que se elegera. Quanto às "relações externas", o processo acima descrito levou a associação a participar da política eleitoral (coisa absolutamente fora de cogitação para sua variante original), na forma do clientelismo tradicional, apoiando determinados candidatos em troca de favores.

Ao final do mandato, o presidente foi avisado de que a "mineira" não apoiaria sua reeleição e decidira assumir diretamente o controle da associação. Desse momento em diante, passou a tomar decisões aberta e diretamente. Apesar de resistir e tentar articular uma chapa opositora à "mineira", o então presidente foi expulso da favela e teve a casa e os seus estabelecimentos comerciais tomados pela "mineira".

Entre 1989 e 1990, se inicia um dos momentos mais violentos na história local. O líder da "mineira" à frente da associação foi assassinado[4] e sua mulher passou a ocupar a presidência, iniciando, nas palavras de um morador, "uma época de terror na comunidade". Nos primeiros anos da década de 1990 ampliou-se a espiral da violência, com vários assassinatos que teriam sido comandados por ela. Segundo consta, este foi um momento marcado pelo extermínio físico de qualquer opositor.

> *"Era comum eu sair de casa e ter um cara todo quebrado lá com a cabeça toda furada de pregos no meu portão, assim cruzado, para passar por cima. Só para me avisar: 'Olha, você vai ser o próximo' (...) Porque morte aqui dentro na época dela era comum, pegava os caras, matava, esquartejava, botava num saco preto, saía pra desovar lá embaixo, não sei onde. Segundo*

[4] Segundo muitos moradores, a sua própria mulher, movida pela "sede de poder", foi a mandante.

dizem, existe lá no Alto da Boa Vista, na Tijuca, existem uns corpos lá pra baixo, muita gente pensava que era isso."

O domínio da "mineira" passou a envolver a "expropriação" de bens, com a tomada de barracos e venda de lotes, além da extorsão dos moradores, como a cobrança de altas taxas pelo fornecimento de água, de "proteção" aos empresários locais etc. Além disso, tornou-se obrigatório filiar-se à associação, e apenas quem era filiado tinha direito aos serviços prestados por ela (inclusive os acima mencionados).[5]

"Ela, através desse procedimento, de uma coisa que não acontecia antes, conseguiu muita inimizade dentro da própria comunidade. Ela ficou. Acabou sendo muito malvista, ao contrário do marido dela. O marido dela era um apaziguador, uma pessoa que respondia por tudo que acontecia ali dentro, ele respondia, ele era uma pessoa assim, benquista na comunidade."

Alguns anos depois, a presidente foi assassinada em frente à associação (em outra versão, ela estaria despachando na sede). Com a sua morte, assumiu o vice-presidente. Embora membro da "mineira", segundo os moradores ele era menos violento. No entanto, passou a ser acusado de desvio de donativos à população (atingida por uma enchente em 1995) e perdeu o apoio, inclusive de políticos "de fora". Este enfraquecimento permitiu que se formasse uma chapa de oposição liderada por uma das pessoas que haviam sido expulsas pela ex-presidente. Segundo alguns relatos, este líder teria retornado ao Nordeste com a família para se livrar das freqüentes acusações de ser um "X-9" (alcagüete) com ligações com a Polícia Civil. Mesmo saindo de cena, ele não teria abandonado seus contatos na Polícia Civil nem se desinteressado da política local, o que lhe permitiu se eleger naquela ocasião e permanecer à frente da associação até meados de 2000, quando elegeu-se vereador. Hoje, apesar de não estar na presidência da associação, tem forte influência na diretoria:

---

[5] De acordo com alguns relatos, o grupo da ex-presidente tinha como prática vender para duas ou três pessoas casas que já pertenciam a um terceiro. Quando as brigas pelo terreno começavam, era um "motivo para eles intervirem eliminando um, expulsando outro e tomando posse da propriedade".

"[nome do então presidente] tirou todos os homens, a diretoria antiga, né? Aqueles homens carrancudos que tinham lá. Tinha aquele homem da capa preta, né? Tinha o (...) que era o presidente, só andava de preto. Aí saiu todo mundo. (...) o bom é que saiu a diretoria do [nome do então presidente] e entrou outra, mas essa continuou o caminho."

Resumindo, a expansão do poder da "mineira" ocorreu basicamente através do recurso à violência, inclusive no que dizia respeito aos conflitos entre os próprios membros. Ao mesmo tempo, porém, o grupo foi capaz de associar o recurso à força a uma avaliação positiva de sua atuação por parte significativa da população local. Pode parecer paradoxal, mas é relativamente comum que a violência seja relida como fonte de "tranqüilidade", como no caso em pauta. De qualquer maneira, as milícias têm sido bem-sucedidas em converter seu domínio pela força em uma espécie de "serviço público informal" cujo conteúdo seria o exercício da função de polícia. Aproveitam-se, assim, do sentimento de insegurança generalizada decorrente dos confrontos entre traficantes e entre estes e policiais. A violência, o arbítrio e a ilegalidade são tolerados em nome de uma valorização monocórdia do controle social e da continuidade das rotinas cotidianas.

Em relação à origem há, portanto, um processo de expansão e racionalização das atividades econômicas do grupo local da "mineira", que se reflete em seu fortalecimento político até o ponto de controlar a associação de moradores. Através da associação — a principal mediação com o exterior, fortalecida por concentrar os meios internos de violência —, atinge-se uma privatização quase completa do poder local, combinando violência e clientelismo em um perverso círculo de ferro e conferindo uma posição privilegiada na mediação com as forças políticas de fora da localidade. Estas três pontas puderam ser reunidas porque a fusão da "mineira" com a associação permitiu a determinação, vertical e unívoca, de rígidas regras de convivência capazes de provocar um sentimento de segurança e proteção frente à instabilidade da vida ordinária, fortemente afetado pelos reiterados confrontos entre traficantes e entre estes e a polícia. Expulsos os traficantes e "internalizada" a polícia, a calma do cemitério pôde ser valorizada.

Entretanto, é importante notar que o apoio interno à "mineira" está muito longe de ser incondicional: algumas práticas de controle social são vistas positivamente, enquanto outras — certas modalidades de retaliação à quebra das regras impostas, certas atividades de rapinagem econômica — não se ajustam às expectativas morais de boa parte da população e são duramente criticadas. Apesar do clima opressivo que dificulta a expressão pública de uma oposição organizada, pode-se dizer que a imagem da combinação "mineira"/associação não é unívoca, mantendo a localidade sob um tipo de tensão que, entretanto, não pode ser identificado com a que está presente nas localidades de domínio dos bandos de traficantes.

O caráter multifacetado e tentacular da "mineira"

A dominação da "mineira" se assenta no recurso à força contra os traficantes e criminosos em geral. Entretanto, a legitimidade que isso produz é bastante limitada. Há diversas atividades da "mineira" favorecidas com o reforço de poder representado pelo seu controle da associação, que são alvo de um claro descontentamento, de modo que ela precisa continuar dependendo do emprego sistemático da força, agora contra as pessoas comuns e os empresários locais.

Este é o caso da monopolização de setores inteiros das atividades econômicas mais lucrativas, dos quais os moradores são expulsos, como, por exemplo, o comércio de botijões de gás de cozinha — vendidos, obviamente, a preços superiores aos do comércio localizado fora da favela —, ficando assim dependente das decisões da "mineira" (adiante será tratada situação semelhante que ocorre no chamado "transporte alternativo"). Com isso, além do sobrepreço, a "mineira" ganha importante recurso de poder: a possibilidade de cortar arbitrariamente o fornecimento. Por outro lado, ganha também a reprovação maciça dos moradores e comerciantes locais, de modo que não pode abrir mão do uso da força contra eles.

Atividade também bastante criticada é a clássica cobrança de proteção contra roubos e furtos e outras taxas que funcionam como verdadeiros impostos locais, embora sejam encaradas como uma espécie de contrapartida pela preservação do controle e da paz na favela, mas não estão livres de muita reclamação.

> *"Não ter assaltos dentro da comunidade, ladrão roubando e essa coisa toda fez com que eles tivessem o direito de criar uma taxa, uma taxa para cada comércio. Aí o que acontece? No início era o comércio, depois eles passaram a controlar as máquinas de jogo. Tem uma taxa para cada máquina de jogo que tem. Cada mesa de sinuca tem que pagar a eles uma taxação,*

entendeu? Cada coisa que você abrir tem que pagar a eles uma taxação e eles estão trabalhando para criar uma taxação para quem tem casas alugadas, não está instituído, não, mas escutei falar que o desejo futuro deles é criar a taxa. Outra coisa, passar a controlar o transporte alternativo totalmente."

"Vincularam todo o comércio a uma taxa, uma taxa de proteção, vincularam os ambulantes, as feiras, então eles vincularam assim... Eles pagam essa coisa pra eles, depois mais recente veio o pessoal que também é vinculado à associação... Mototáxis, mototáxis também. É tudo da cooperativa [eufemismo usado em público pelos moradores para falar da 'mineira']."

"Só não vai cobrar se for feito assim na sua porta. Se você fizer na sua porta ainda não é cobrado. Porque está na sua porta é seu. Aí não é cobrada nenhuma taxa, nada não."

"Eles têm uns quartos de aluguéis lá e a gente foi fazer instalação de água, pra qualquer tipo de instalação, se você for chamar a Light, ou fazer alguma instalação de encanamento, você não faz mais por conta própria. Porque já é gato, a pessoa já faz gato pra Cedae, mas só que mesmo assim, mesmo sendo gato da Cedae, você não faz você sozinho, você tem que ir na associação e pedir, aí você paga um dinheiro... Lá, num quarto de aluguel, como foi a rua toda, a gente puxou um bico, aí divide pra cada um dos moradores que puxou, eles cobraram 250 reais... Ele cobrou a água toda, aí depois a gente foi, eles puxaram um cano, aliás, a gente tinha a água, a gente tinha a água que a gente tinha cortado, puxado do nosso gato, eles cortaram e falaram que pra botar a água de novo teria que pagar essa taxa de 250 reais."

"Eu botei os meus meninos [na creche da prefeitura] tinha dois anos, eu tive que me associar. Aí pagava, além da carteirinha que eu pagava, eu era sócia, tudo bem, tive que me associar pra ter o meu filho lá. Mas eu pagava 15 reais por cada criança todo mês, tinha um carnezinho que eu pagava, eu botava como pago e pagava o carnê por fora."

"(...) há uma divisão em tudo aqui, ninguém aqui é dono, você é dono. Você é dono, mas você tem que deixar as outras pessoas do local, você faz

aquela divisão para você ficar, 'o chefe ficar com aquilo'. Porque senão eles mesmos, eles lançam, sei lá, lançam outra coisa que pode te derrubar. Derrubar a pessoa mesmo."

A essas críticas quanto aos excessos do arbítrio econômico, soma-se a desconfiança de uma parte dos moradores quanto à "honestidade" da proteção oferecida:

"O que acontece, tem morador, por exemplo, tem que pagar para ter um comércio seguro, então a gente entende que bandido não entra na comunidade dele para assaltar, por quê? Porque paga para a mineira. Mas eles são assaltados, então a gente imagina que são os próprios da mineira que mandam os de lá assaltarem os que não estão pagando... todo mundo sabe disso, só eu assim as pessoas não se unem, e se unir vai procurar qual, a polícia? Não tem, não tem."

Há também um forte controle sobre as atividades de lazer. Na localidade há quadras de esporte, campos de futebol, cantores de bar, casas de forró. A casa de shows, muito ligada à associação, realiza apresentações de sambistas, pagodeiros e, em maior escala, de funkeiros. Além de ser um dos principais pontos de diversão dos jovens do local, a casa de shows atrai personalidades públicas (ex-jogadores de futebol, por exemplo)[6] e jovens de classe média alta de bairros adjacentes. Segundo os moradores, a casa ganhou projeção e se tornou o "cartão de visita" da favela em razão da segurança e liberdade que oferece aos freqüentadores. Ela é vista como uma espécie de campo neutro que não precisa respeitar as divisões territoriais impostas pelos grupos de traficantes:

"(...) as pessoas dos outros bailes funk, eles são muito para as comunidades, por exemplo, o baile funk da [referência a outra favela], ele é para a galera do [nome da favela]. Você pode ir num ou no outro, e não chega nem a uma porcentagem de 2% os de fora, é para a galera dali (...), mas aqui,

---

[6] Um músico local que costumava usar o espaço da casa de shows para atividades culturais com outros colegas apontando a importância desta para a associação e, indiretamente, para a "mineira" afirma: "mesmo [a casa de shows] não estando no ápice do que (...) já foi, ainda rende um bom dinheiro, porque as atrações que vêm aí são atrações top de linha, gente que está no top e vem à [nome da favela]."

não. Na época aqui era para o Rio de Janeiro todo vir para cá, era tipo um campo neutro aqui, entendeu? Então vinha muita gente mesmo."

Desse modo, a limitação da circulação entre as favelas que o tráfico de drogas tem imposto[7] não se estende à localidade aqui tratada. Esta característica, muito valorizada e uma das fontes de aceitação da dominação da "mineira", confere uma importância aos seus espaços de lazer que vai além das fronteiras territoriais e amplia o poder dela.

Outra área de atuação da "mineira" é o sistema de transportes local. Até meados de 1995, ele era deficitário e ineficiente, não satisfazendo as necessidades de deslocamento dos moradores para outros locais da cidade. Como forma de equacionar o problema, naquele ano foi criada uma cooperativa de vans, que começou com uma pequena frota e hoje praticamente monopoliza o transporte alternativo de passageiros na favela e compete com as concessionárias de linhas regulares de ônibus que circulam na localidade. Contando com um grande contingente de kombis, vans e funcionários (motoristas, cobradores etc.), atualmente possui sede própria e apresenta uma organização que se assemelha à de uma empresa racionalizada. Emprega motoristas e cobradores, quase todos moradores do local. Assim como as empresas de ônibus, as vans e as kombis da cooperativa oferecem transporte predominantemente para os bairros adjacentes e para a zona sul.

Segundo alguns moradores, o transporte alternativo é controlado por agentes da "mineira" que têm ligação com a Polícia Civil:

"(...) alguém ligado ao poder público de segurança (...). Como o pessoal daqui veio da Civil, tem uma certa predominância sobre a Polícia Militar, ao mesmo tempo não se dão muito bem, mas em questão hierárquica é mais inferior que a Civil, e isso foi que fez que eles passassem a ter o controle do transporte alternativo. O transporte alternativo em [nome da favela] é uma mina de ouro sem tamanho."

Como vem sendo afirmado, essas críticas não impedem uma forte valorização da presença da "mineira", justificada pelas referências sem a ausência de tráfico, proporcionando paz, calma, tranqüilidade e possibilidade de livre

[7] Vários capítulos abordam esta questão.Cf., por exemplo, o de Farias.

circulação. Desse modo, os moradores associam à dominação da "mineira" o contraste entre a ordem que prevalece na localidade e a desordem das favelas submetidas aos bandos de traficantes.

> *"(...) legal não ter o roubo, não ter a droga, poder criar os filhos aqui dentro sem ter, estar preocupada que alguém pode virar aviãozinho, que não é como em outras comunidades que garoto de 10, 12 anos está sendo conquistado pelo tráfico de drogas. Não tem o sentimento de sair para trabalhar e voltar tendo o filho com envolvimento, indo pra bailes. Essa é uma coisa que você não pode negar. Você não vai encontrar com facilidade, numa cidade grande como a nossa, um negócio desses e acaba tendo uma certa estabilidade."*

De acordo com moradores — e também não-moradores que passam muito tempo na favela, porque trabalham na associação ou ali fazem trabalho voluntário —, essa relação entre a tranqüilidade local e a atuação da milícia tem sido especialmente difundida pela mídia, o que reafirma o sentimento de orgulho em relação à estabilidade da ordem local. A cobertura da mídia projetaria uma imagem da localidade mais positiva, distinta das favelas submetidas ao tráfico.

> *"(...) tem reportagens do* O Globo *dizendo que a favela é uma das únicas (...) que não tem tráfico e que você pode transitar dia e noite sem problemas."*

> "O Globo *que teve lá que falou que [a favela] é uma comunidade que não tem tráfico de drogas. A gente sabe que a* Globo *funciona no mundo inteiro."*

> "O Globo Repórter *foi lá (...), aí mostrou o programa das outras favelas e colocou lá em [nome da favela]: 'Única favela sem tráfico de drogas!' No outro dia, a associação tava assim, ó, tava assim, gente que quer comprar casa, gente que quer alugar casa."*

Imposição pela força de uma ordem representada como "pacífica"

Se, apesar das críticas, a imagem construída e enaltecida sobre a paz na favela se converte em fonte de fortalecimento e legitimidade da "mineira", observa-se nos relatos dos moradores descontentamento quanto a alguns procedimentos de garantia da ordem local, em particular no que diz respeito tanto às formas quanto aos conteúdos das sanções aplicadas aos moradores. As reclamações não se dirigem tanto ao espírito conservador e arbitrário das normas estabelecidas pela "mineira". Vários relatos indicam que, para evitar punições, basta "não andar errado", e que a referência que define este termo é o que a "mineira" considera "certo".

"Ninguém entra numa favela pra morar sem conhecer o esquema da coisa. E se você vai morar lá, é porque alguém falou bem pra você, alguém falou como é o esquema, como que é a coisa, como que funciona lá dentro, entendeu? Então ele já vai sabendo."

"(...) esses caras são assim, eles têm a marra deles, mas eles não faltam em justiça. Eles não chegam às vias de fato por qualquer motivo, tudo é conversado com o cara, eles não apertam, entendeu? Se for algo grave, eles dão uma surra e conversam e não sei quê... (...) a grande parte fuma só em casa... eles sabem quem fuma porque os contatos deles são bem grandes, eles não querem o comércio, nem querem que isso fique escrachado. Se eu for ali e começar a fumar na rua, aí eles... eles não querem que o consumo seja exposto, que tenha tráfico."

O que é considerado problemático e criticado é antes de oportunidade e estilo — a maneira como os membros da "mineira" lidam com o que consideram desvios, sobretudo as punições públicas, que os moradores consideram violentas e humilhantes (elas seriam aceitáveis se fossem mais brandas e não ocorressem à vista de todos).

Se os relatos acima se caracterizam, em geral, pela validação das práticas e ações da "mineira", há muita indignação a respeito da invasão da privacidade, considerada indevida e humilhante:

"(...) eles lá [a mineira], eles emprestam dinheiro. Aí o meu tio foi pedir dinheiro emprestado, só que o meu tio ainda não pagou, aí eles foram na minha casa, eu tava com o meu tio. Só que aconteceu de meu primo estar na minha laje, ouvindo o CD de proibidão, e eles não gostam que CD de proibidão fala de facção [de traficantes]. Aí eles invadiram a minha casa e bateram no meu primo. Aí falou com a minha mãe: 'Eu só não mato ele por consideração à senhora, porque eu estou dentro da casa da senhora.' Mas aí,

e levou o CD e quebrou o CD. Assim, eu já achei errado de eles terem entrado na minha casa e terem batido no meu primo. Porque é assim, se você está dentro da minha casa a gente ouve o que a gente quiser. Se eles gostam ou não isso é problema deles, entendeu? Aí eu já acho que eles não têm o direito de invadir a casa dos outros pra poder bater, matar por nenhum tipo de música."

Um outro morador, baterista de um grupo musical, disse que recebeu um comunicado — "aviso" — para que parasse de tocar o instrumento porque um agente da "mineira" entendia que o som do instrumento incomodava outros moradores.

"(...) já mandaram recado para eu desistir, não parei de tocar o instrumento, só que eu tocava assim até um horário, hoje em dia eu tento tocar só durante o dia, e se estender, no máximo, vai até sete horas. Mas foi um jeito de eu pensar, a minha mãe ficou assim superamedrontada, aí eu falei: 'Não, se a gente baixar a cabeça...'"

É importante ressaltar que nestes, como em outros relatos, os moradores usam um plural genérico ("eles") para se referir à "mineira", marcando a distância moral entre seus integrantes e os moradores comuns e, ao mesmo tempo, protegendo-se de uma especificação mais detalhada da crítica. Isto sugere que, mais do que legitimidade (que implica uma aceitação ativa da subordinação, reconhecendo a autoridade que exerce o mandato), há antes submissão a um poder quase incontrastável, apesar dos aspectos positivos que dele possam advir. Daí a crítica intensa e variada que, entretanto, não se torna pública.

A "mineira" assume a regulação dos conflitos familiares e de vizinhança, tornando-se, com isso, um dos mais importantes elementos de integração social local. Uma entrevistada comentou que "existem brigas de vizinhos que geralmente comparecem à associação, briga de marido e mulher que dá tapa na cara, essa coisa toda, e eles tentam na social para poder evitar um dano muito grande".

"(...) O que eu acho errado é quando extrapola. Por exemplo, uma mulher que está apanhando e apanhando e apanhando e um belo dia chega lá e fala e o cara vai lá e leva um pião redondo e some, some, desaparece do mapa e vai para o próprio estado porque não pode entrar aqui de novo. Foi

feita a justiça, foi? Foi feita a justiça dos homens, não literalmente a justiça política, implantada, o Judiciário.(...) a menina falou o seguinte, que o pai estava batendo na mulher, e o cara adorava bater, e chegou lá falando que ia tocar fogo na mulher e fogo nas crianças, em dois segundos, entraram e o cara sumiu, botaram pra correr."

Quando a "mineira" não "extrapola", a interferência nos assuntos privados é aprovada: "(...) eles souberam que ele estava lá cheio de gás, que ele ia botar fogo nela e fogo nas crianças, a intervenção foi mais que justa."

Há um sistema de advertências antes da punição derradeira, o que sugere uma espécie de "código penal" contendo uma gradação das sanções, que parece o principal dispositivo de controle social local (não escrito, mas implementado a ferro e fogo e aceito pelos moradores). De fato, muitos consideram que atualmente existe menos arbitrariedade e violência indiscriminada por parte da "mineira" do que outrora, quando sua conduta era encarada como verdadeiramente assustadora.

"(...) a população, ela não concorda como antigamente com as formas violentas... Já reclama muito quando o pessoal pega, bate, escorraça, espanca pra caramba. Menino novo eles espancam muito, [os moradores] não concordam com a violência. O pessoal quando bate, eles machucam muito, matam. Eles [moradores] não concordam com isso. Por outro lado, eles acabam deixando isso acontecer sem poder fazer muita coisa."

"(...) na época [da ex-presidente] eles davam sumiço. O que acontece hoje aqui, na época dela nem de longe aconteceria. De algumas pessoas usarem [maconha] e saberem que algumas pessoas usam. Se você usasse, você tinha que sair daqui... era um clima diferente. Se tivesse uma confusão de um forró desses aí, sumiam com você. Eles matavam longe daqui, levavam."

Sobre o consumo de drogas na favela, cabe salientar que, segundo alguns entrevistados, existe hoje um menor controle por parte da "mineira", o que não implica, porém, a inexistência de regras acerca do assunto. Pelo contrário, as regras são rigidamente implementadas em nome da "segurança" e da "proteção" local. O foco, porém, é antes a oferta do que o consumo, tolerado desde que se realize discretamente.

"(...) na época do meu pai era mais visto como torto mesmo e qualquer mancada era motivo para exterminar. Quanto ao tráfico, a tolerância é zero: quando rola, matam. O furto também é punido com a pena capital, não sem antes ter havido uma advertência."

"(...) antes, se soubessem que você usava, você já levava um pau e tinha que sair daqui. Hoje tem essa permissividade em saber que você usa, mas você não pode fazer, tipo assim, não faz nada pra ninguém, não atrapalha a vida de ninguém que usa, fica na tua que ainda dá pra ficar. Mas eles estão sempre de olho."

Uma das moradoras relata a situação delicada em que seu ex-marido e um irmão se envolveram por haverem sido surpreendidos fumando maconha no interior de um prédio invadido da favela. Eles só não teriam sido mortos porque alguns policiais, que estavam no local para evitar que a invasão progredisse, inibiram a ação dos agentes da "mineira".

"(...) inclusive, estavam levando eles para tipo um quarto lá, para matar, para acabar de bater e depois... aí ele [o marido] viu o pessoal: 'Olha, estão levando a gente, e a gente não fez nada.' E aí claro que o pessoal não ia bater de frente com policial, aí tiveram que liberar eles."

Também usual, a "sentença" para algumas práticas desviantes é a expulsão do morador. Um entrevistado relatou que seu sobrinho, quando passou tempos com os familiares na localidade, envolveu-se com coisas "erradas" e "acabou que ele levou um pau, levou uma surra aqui, aí ele teve mesmo que sair daqui... a gente, para não ver ele morto..."

"(...) a polícia mineira que eles falam, é o que tinha, que age por aí, mas aqui em cima, graças a Deus, não. Quem fumar maconha e eles souberem ou ele foge com eles, manda sumir, não aparecer, ou se aparecer pode contar com a morte deles, acham eles com a boca cheia de formiga."

"'(...) acabaram com o tráfico de drogas. E se pegar eles fumando mandam, eles dão aviso e mandam sumir, se for o caso passar um mês, dois meses, daqui a pouco aparece morto. Aqui mesmo mataram ali, mataram aqui,

num beco aqui, tem um beco aqui... era aqueles fogos, não fogos que eles soltam, aquela rajada... mataram um menino', eu falei: 'Que é isso!' [outro morador:] 'É nada.' (...) todo mundo correu aqui para o beco..."

"(...) eles (alguns jovens) estavam discriminados pelos caras, jurados, mas aí eles começaram a andar corretos, respeitavam os horários. Tem isso também, quando o cara está jurado não pode andar a qualquer hora na rua, ficar na madrugada de bobeira."

"(...) sabem, o que acontece aqui é que eles tiram o indivíduo, eles ficam de olho, em geral ficam de olho, e quando eles vão além, assim, daquilo que é permitido entre aspas, eles dão um pau ou mandam sair com o menino daqui, da comunidade. Na maioria das vezes vai na família do menino, leva ele lá e fala."

Percebe-se, assim, o caráter violento e unilateral de imposição da ordem. A respeito, é interessante observar os comentários sobre os marcos temporais que abrangem a assepsia do território.

"Eles fazem a limpa, tem épocas... era comum acontecer... não era certo, mas se no final de ano começasse a criar um movimento de continuidade de assaltos da ordem, aí eles iam atrás, quem estivesse junto morria. Outra época é o Carnaval, hoje já não se fala em 'limpas', mas em 'segurar a onda'. Para coibir os excessos [fulano] relata que eles avisam: "[...] 'Carnaval, vocês seguram a onda de vocês que a gente vai estar de olho', geralmente acontece."

Assim, os relatos dos moradores oscilam entre repertórios de validação e repertórios de indignação relacionados à invasão do espaço íntimo (seja o ambiente físico da casa, seja a esfera social das interações com os próximos e familiares). Desta forma, o controle da "mineira" é abrangente, estendendo-se da ordem pública ao espaço vivenciado como próximo. Ressalte-se: próximo, mas não propriamente privado, porque o "esculacho" (gíria equivalente a humilhação) na rua, diante de eventuais observadores com quem o morador mantém "laços fortes" — familiares, vizinhos, conhecidos —, é fortemente repudiado como inadequado e injusto. Como é sabido, nas favelas há uma certa continuidade entre a casa e a rua (DaMatta, 1981). Assim, a rua, as calçadas, a praça, o bar, o botequim, dada a proximidade da residência dos indivíduos e a densidade das relações de vizinhança, não são representados simplesmente como parte do mundo impessoal e distante da rua, ainda que eles, claramente, já não pertençam à esfera doméstica. A própria dinâmica social descrita nos relatos sugere que, na vida local, essas fronteiras não são rígidas. A vida privada é vivenciada na busca de equilíbrio entre essas duas instâncias.

> *"(...) lá onde eu moro tinha um vizinho lá que parece que ele estava trazendo droga lá pra dentro da comunidade e estava distribuindo para os colegas lá de dentro. Mas aí o que aconteceu? A mineira veio, deu uma coça nele na frente dos dois filhos dele. Um tem 12 anos, o segundo tem 10 anos. E ele não quis nem saber, na frente da esposa, bateu mesmo e expulsou ele também da comunidade. Não deixou ele ficar mais lá. Expulsou. Então acho que isso também é covardia também, acho que se eles querem bater, acho que eles devem levar as pessoas para algum lugar e bater, não bater na frente das crianças, que as crianças não têm nada a ver com isso, acabam sofrendo junto com o pai."*

Tudo indica que a família continua sendo representada pelos moradores como o principal dispositivo de controle social, responsável pela reprodução da orientação moral básica. Seu elemento fundamental parece ser uma demarcação nítida de papéis fortemente hierarquizados, sustentados por um sistema de autoridade que não deve ser ameaçado. Mas isso depende da integridade moral da atuação pública dos chefes. Assim, para serem legítimas, as regras da "mineira" deveriam respeitar a autoridade doméstica e interferir o mínimo possível nas relações com os "próximos", esta extensão pública do mundo da casa. Ocorre, entretanto, que a "mineira" acaba violando freqüentemente essas referências culturais muito arraigadas, dado seu interesse na permanência da ordem pública em sua dimensão mais geral e menos personalizada, que ela institui pela força e com fins econômicos muito particulares.[8]

[8] A continuidade no tempo das atividades desenvolvidas pela "mineira" impede que ela seja definida como uma "empresa de capitalismo aventureiro", segundo a clássica formulação de Weber. A propósito das relações entre a esfera política e a econômica no quadro de atividades criminais, cf. Misse (1997).

"(...) Aqui não tem boca-de-fumo, mas [o número dos] que são viciados é grande. E é normal a gente ver e saber que eles apanham dos fiscais quando extrapolam, lógico, tem pessoas que são corridas, então o que acontece? Que estava fazendo coisa errada? Não, eu acho que realmente o erro é do pai, do pai e da mãe."

O relato a seguir deixa claro que não é a violência da punição, ou o caráter privado do "juiz" (e de seu "veredicto"), que gera o sentimento de humilhação e a crítica. Eis como uma moradora descreve como puniu seu filho, quando ele tinha 10 anos, por ter roubado um cartucho de videogame de uma loja local.

"(...) eu peguei e eu fiz ele entregar e foi um verdadeiro Deus nos acuda, e com isso eu dei uma surra federal, mas muito mesmo. Não foi uma surra, um espancamento porque fui eu e o meu pai. Eu confesso para você: se ele tivesse ido para o hospital eu teria sido presa, porque eu exagerei e meu pai também... Mas não passava pela minha cabeça, um filho meu roubando, e aquilo apesar da pouca idade era roubo... O que é seu é seu, o que não é, você tem que devolver."

Voltando à questão anterior, é possível afirmar que o controle exercido pela "mineira" é rígido e amplamente baseado em "garantias externas", cujo principal mecanismo é uma extensa rede clandestina de informantes que muito poucos moradores são capazes de identificar. Desnecessário dizer que um sistema de vigilância cujos agentes são desconhecidos produz um clima de temor e desconfiança que, no limite, desemboca em uma verdadeira "lei do silêncio" (Machado da Silva, 2004: 42-43).

"(...) eles pediram para olhar, pra vigiar, eles botam gente para olhar, ou então tem olheiros para falar também, entendeu? Deve ter, tem gente que fala, toma conta e vai falar: 'Fulana, se acontecer uma coisa ali a senhora me fala, vê o que acontece e me fala.'"

"(...) tem muitos informantes lá dentro [na favela], que a gente não sabe quem é, mas tem informantes, inclusive adolescentes também, eu conheço um adolescente também que ele é informante deles. Sempre quando ele está vendo alguma coisa errada, aí vai lá e bate para os caras, fala assim: 'Ó,

fulano, em tal rua, em tal casa estão fazendo isso.' Aí eles vão lá para conferir, para ver se tem alguma coisa errada mesmo."

Por outro lado, como a "mineira" é semiclandestina (um dos únicos aspectos que restaram de suas origens, nos anos 1940), seus partidários podem diluí-la, reapresentando-a como uma função de polícia coletiva e difusa, sem funcionário ou agente responsável:

> *"(...) Então a questão não é se existe uma mineira, existem moradores que querem a segurança da sua comunidade. Eu quero, eu posso me tornar, eu posso ser uma mineira! Porque eu quero o meu filho saindo de casa, indo para a escola, voltando com segurança, entendeu? Eu posso ser, porque se eu vejo ele fazendo qualquer coisa errada, eu sou a primeira a chegar nele e falar."*

Para finalizar, seria possível resumir a natureza do poder da "mineira" na localidade estudada da seguinte forma: parece fora de dúvida que este grupo, de existência semiclandestina e caracterizado por uma rede de atividades que articula a dominação política com a exploração econômica, é o responsável pela produção e garantia da ordem social local. Embora o principal dispositivo de controle seja o uso rotineiro da força (e sua ameaça, sustentada por um sistema "subterrâneo" de vigilância), a "mineira" tem obtido um relativo sucesso na produção de um discurso legitimador de sua truculência, enraizando-se dessa forma na vida local.[9] Ela tem sido capaz de angariar uma razoável aceitação do que poderia ser denominado de "ideologia da tranqüilidade", que justifica, contrafactual e contrastivamente, o emprego sistemático da força. Esta é uma construção na qual o "tráfico" aparece como referência cognitiva e moral que representa o "outro" enquanto ameaça à integridade física dos moradores e da moralidade na vida local. Com isso, a "mineira" se apresenta como depositária da virtude específica que falta ao outro. Vale lembrar, a respeito, as formulações de Elias e Scotson (Elias e Scotson, 2000: 22-23):

[9] Ao contrário do que parece ocorrer, nos últimos anos, com outras formas de exercício continuado da violência. Cf. a noção típico-ideal de "sociabilidade violenta" — incompatível, embora contígua e dividindo mesmo território, com a vida cotidiana dos moradores comuns —, que Machado da Silva (1994; 1995; 2004a, b; 2006) tem desenvolvido a partir da análise de uma forma de vida em cujo centro estão os traficantes de drogas. Consultar também o capítulo de Machado da Silva neste livro.

> *"O grupo estabelecido tende a atribuir ao conjunto do grupo* outsider *as características 'ruins' de sua porção 'pior' — de sua minoria anômica. Em contraste, a auto-imagem do grupo estabelecido tende a se modelar em seu setor exemplar, mais 'nômico' ou normativo — na minoria de seus melhores membros."*

No caso da "mineira", tudo leva a crer que os "melhores membros" não são apenas os mais duros e constantes no uso da força, mas os capazes de, agindo desta forma, justificá-la de maneira mais bem-acabada. Mas esta é uma ideologia construída em negativo, de uma forma que é antes invertida do que especular: temível deixa de ser a violência de seu portador e passa a ser a do outro — o "tráfico". O emprego sistemático da força se justifica como uma barreira contra o mau uso dela: a violência (e seus desdobramentos) reaparece positivada, como condição e garantia de um território "tranqüilo", seguro e moralizado. Isto, porém, desde que seja praticada pelos "estabelecidos", a própria "mineira", que se apresenta como guardiã dos "verdadeiros interesses" da população local.

Infelizmente, há que reconhecer que esse relativo sucesso na constituição de uma espécie de "classe dirigente" de sabor local e adaptada ao clima de ampliação planetária da violência não pode ser caracterizado desta forma. Ela esbarra na barreira intransponível de não ser capaz de desfazer o sentimento de insegurança nutrido pelo medo e pela desconfiança generalizada que atinge o "portador" da violência local: a "mineira".

Em suma, há mais submissão passiva e defensiva do que dominação legítima sustentando a ordem local.

CAPÍTULO 12

Sobre a adesão juvenil às redes de criminalidade em favelas

Pedro Paulo de Oliveira

Este capítulo busca apontar aspectos dos processos de sociabilidade registrados em favelas que podem ter influência na adesão de agentes jovens às redes de criminosos que ali atuam. Além dos resultados da pesquisa que fundamenta este livro, aludo, em momentos diferentes, a outras investigações, especialmente a desenvolvida pelo Observatório de Favelas, que realizou uma observação longitudinal com jovens favelados atuantes no tráfico de drogas (Silva *et alii*, 2006), e também a um trabalho elaborado a partir de 54 entrevistas com jovens presos indiciados e condenados (Magalhães, 2006).

A intenção é verificar a viabilidade de contrastar alguns postulados sociológicos com os processos empíricos enfocados. Neste sentido, abordarei fatos que dizem respeito a tópicos essenciais sobre as possíveis razões para a adesão juvenil às redes de tráfico, tais como a questão da juventude, das drogas, da criminalidade, da cultura contemporânea, da sociabilidade nas favelas.

A nebulosa do crime e seus aspectos territoriais

Tradicionalmente, as favelas têm sido apreendidas a partir de características ecológicas associadas à ilegalidade do uso do solo, gerando várias imagens dualizadas do território urbano. Por outro lado, há evidências favoráveis a um entendimento alternativo e crítico dessa perspectiva. Para Valladares (2005), por exemplo, há muita heterogeneidade inter e intrafavela, o que a torna objetivamente indistinguível da variedade característica do conjunto da cidade; este fato seria desconsiderado devido aos estereótipos e preconceitos desenvolvidos ao longo do tempo:[1]

[1] Salvo indicação contrária, os relatos que se seguem foram extraídos dos "coletivos de confiança" realizados. Indiquei expressamente quando o tema enunciado devia-se a uma intervenção direta do moderador e/ou do pesquisador. Suprimi o intervalo entre relatos encadeados.

"Foi quando eles assumiram o poder da cooperativa, antes eles faziam isso... lá em [nome da favela]... Era pra separar em questão de classe. Pessoas que moram em determinado lugar têm mais condição. Pessoas que moram aqui têm média condições e as outras não têm nada, entendeu? E geralmente as pessoas que têm mais condições moram em frente às ruas, porque são lugares assim... asfaltados, urbanizados. Só que tem lugares em [nome da favela] que as casas são barracos, assim... perto dos valões, assim... lama, aquela coisa toda. Então, o que eles [pessoal da 'polícia mineira'] faziam? 'Pra essas pessoas a gente vai ter que dar alguma coisa.' Aí, eu não sei... acredito ser o número de cinqüenta cestas básicas todo mês... que eles dão, [por]que o dinheiro não sai do bolso deles, sai [do bolso] dos motoristas [da cooperativa de vans da favela]."

"Devido até pelo próprio sofrimento, lá na [nome da favela] é assim... como você falou, é dividido: tem a parte do pessoal que mora na beira da rua e o pessoal que mora no fundo. O pessoal que mora lá trás, a água de esgoto que passa perto da casa dele... ele quebrou o cano... é a água que ele lava, é a água que ele passa, é a água que ele toma banho, aquela água preta saindo assim... E é a coisa mais deprimente de você olhar."

Dessa forma, as favelas seriam áreas da cidade que, como as demais, comportam em seu interior uma ampla diversidade física e socioeconômica, apresentada pelos moradores da tradicional forma dualizada.

Aceitar a idéia de que as vivências nas favelas refletem a diferenciação entre seus moradores não invalida pensá-las de acordo com regularidades observáveis na sociabilidade local, como atestam inúmeros relatos colhidos. Minha avaliação é a de que, além das evidências estatísticas já indicadas, algumas situações constituem nas favelas uma dinâmica social recorrente (ainda que esta regularidade seja marcada pelas instabilidades constitutivas de um precário equilíbrio de tensões) que as diferencia de seus equivalentes em áreas da cidade.

Penso, por exemplo, nas encenações de violência que ali se registram. Neste caso, os embates de forças freqüentemente se explicitam, seja em confrontos de facções criminosas que buscam manter ou assumir o domínio desses territórios, ou então entre agentes da corporação policial e aqueles pertencentes às já aludidas facções.

"Eu acho que existe muita violência ainda dentro das favelas, tanto da parte do tráfico como do policial que chega atirando a esmo, sem olhar pra quem está atirando. Ele está atirando, ele quer atirar, quer fazer sucesso lá na favela, quer botar o nome dele. Se morre um morador, ele joga uma droga ali em cima do morador e diz que era traficante, bota uma arma velha ali, diz que ele tava lá na boca-de-fumo. Então existe a violência e existe a violência também de muitos traficantes que vêm de outra área praquele citado morro e chega lá não tem respeito nenhum por morador, porque não conhece ninguém, e ele mexe com as meninas, entendeu? São de famílias, não têm nada a ver, eles ficam atiçando as meninas que são novas, garotinhas. Isso é um caso que acontece e muitas delas até engravidaram."

"Na minha comunidade, estamos passando por um momento dramático. Polícia todo dia, tiroteio, não respeitam. (...) Os policiais não respeitam os moradores lá. Já chegam atirando, confunde os trabalhadores com os marginais, o portão de entrada da minha casa, eles arrombaram..."

Moderador: "Da sua casa?"

"Da minha casa."

"Com vocês dentro?"

"A gente dentro, com meu esposo, com minhas duas filhas, meu irmão, o meu irmão mora comigo. Então eu achei aquilo ali um absurdo. Porque nem todos que moram na comunidade é bandido. Tem suas vantagens boas, mas..."

Moderador: "Quando a polícia entrou, deu para vocês fazerem alguma coisa?"

"Não, eu fiquei assustada. Eu perguntei se eles tinham mandado para entrar na minha casa. E eles: 'Não. Estamos fazendo uma operação.' Mas falei: 'Cadê o mandado?' E não tinha, mas aí se ficar argumentando muito eles agridem e tudo. Aí perguntaram ao meu esposo se ele trabalhava. 'Não,

trabalho, sim.' Aí mostrou a carteira dele, a de motorista. Aí ficou desconfiado de meu irmão, neste dia, meu irmão não teve aula. Aí a gente vai ficando constrangida, eu pelo menos fiquei."

"Na favela não, certo? Porque na favela hoje, por onde a gente anda, tem homens armados, é tiroteio a qualquer momento, e a questão maior também que eu vejo é a questão exatamente do poder público, sim. Porque nessa favela, lá foi, é, nós tivemos lá o projeto Favela-Bairro, entendeu? Só que o projeto Favela-Bairro é uma ilusão. Porque os becos continuam, as vielas continuam e onde a polícia tem maior facilidade de estar fazendo emboscada para os garotos, entendeu? E o que eu vejo então hoje nas favelas, ali na [nome da favela] que é oriunda, certo? Nós somos oriundos de favela e convivemos com essa realidade, existe uma discriminação muito grande da [nome da favela] para favela, como existe do bairro para [nome da favela], certo? Do centro de Bangu para [nome da favela]. 'Não vou na favela porque lá é o lugar da marginalidade. Porque lá é onde os vagabundos estão.' Então mas o quê que acontece é o seguinte: se eu saio da [nome da favela] e entro na favela, as pessoas que não entram, elas não estão vendo a realidade, porque lá dentro quem está com armas nas mãos, a maioria são os meninos da [nome da favela]."

"Psicologicamente mexe com a comunidade, por quê? Se eu tenho um carro, eu moro na comunidade, mas eu não consigo entrar com o meu carro na comunidade, porque bota pedra, bota, fecha a rua. Por quê? Porque eles sabem que vem aí a mineira, ou vem um grupo rival, então o meu carro não entra e de repente todo mundo está na linha de fogo, está entendendo? Esse que é o perigoso, é que realmente quebrou."

"É o que eu falo, é uma falta de respeito!"

Moderador: "Fala um pouquinho sobre isso, dessa falta de respeito, como você sente isso?"

"É que existe dentro dos bandidos e das polícias, semana passada aconteceu lá perto da minha casa, houve uma troca de tiros, não sei se você soube, os policiais e esses bandidos correram e esses policiais subiram em cima de

uma laje de um vizinho meu. Ficaram ali escondidos até que eles voltassem. Aí eles voltaram e aconteceu mais uma troca de tiros, balearam um. E o que aconteceu, os policiais foram embora, aí já foi uma falta de respeito dos policiais, arriscando a vida do morador que estava dentro da casa, foram embora e os bandidos voltaram, tirando satisfação nossa que não vimos e não avisamos. Como é que pode?"

Moderador: "Tirando satisfação dos moradores?"

"Nossa. Que não viram os policiais subindo ali e não avisaram a eles. Aí como é que a gente fica? Não pode confiar nos policiais e nem nos bandidos."

Moderador: "E numa situação como essa (...) como ficam os moradores, o que os moradores podem fazer? Como vocês se sentem?"

"A pressão. Às vezes o morador fala o que nem sabe, fica ali com a pressão em cima do morador, às vezes o morador fala o que nem sabe, aí às vezes outras pessoas são prejudicadas por causa disso."

Moderador: "Mas falam para quem? Para a polícia ou para o tráfico?"

"Para quem pressionar."

Esta caracterização é bastante concreta, além de objeto de veiculação contínua de informações a respeito nas diversas mídias.

Outra característica que justifica um tratamento específico dos territórios considerados é a atribuição de valores hegemônicos que permitem aos agentes que habitam os demais espaços urbanos construir uma auto-imagem em contraponto à vivência nas favelas, reiterando a díade "asfalto" x "favela". Esta contraposição, que já serviu para cunhar a expressão "cidade partida" (Ventura, 1994), pode ser questionada por sua falta de fundamento "objetivo"; no entanto, as pesquisas mostram que essas imagens dualizadas têm uma eficácia simbólica indiscutível.

"(...) a gente se achava desprestigiado em relação a eles [os moradores do 'asfalto']. Tem essa baixa estima em nosso inconsciente. (...) [Eles] quando querem ofender uma pessoa chamam de favelado."

Estas diferenciadas "valências simbólicas" são bastante eficazes e se evidenciam, por exemplo, como estigmas lançados aos habitantes destes territórios em diversas situações. A este respeito, podemos citar a procura de emprego pelo jovem morador de favela (quando ele, se possível, oculta ou simplesmente omite sua condição de "favelado"), ou o diferenciado tratamento por ele recebido quando é abordado por policiais em função dos diferentes sítios em que este encontro e abordagem se concretizam, além de outras inúmeras situações coletadas durante a pesquisa.

"É a falta de respeito, é a falta de me ver como cidadão. É eu andar na zona sul e o PM me tratar de uma maneira até bem: 'Bom dia, senhor! Como vai? Tudo bem?', sei lá... e na favela, à noite, me tratar como traficante, como se eu fosse um outro."

"(...) a diferença que acho é a abordagem do tratamento da Polícia Militar para a comunidade, para o asfalto. Eles não entram na casa... no apartamento. Não invadem um apartamento, uma casa... sem alvará [refere-se a mandado]."

"Disso que eu ia falar... o endereço. Quando foi trabalhar no primeiro emprego, não foi [nome do outro participante]? [Diziam:] 'Não mande da rua [rua próxima à favela], não mande da rua [rua próxima à favela]...!' [ruas de áreas faveladas]."

"Até pras próprias pessoas que estudam no colégio, elas nunca dizem que: 'eu moro na favela do [nome da favela].' Ela fala: 'Eu moro na comunidade de [nome da favela].' O receio de ser discriminado é muito grande, porque ela bate de frente, porque quando fala 'favelado', é aquela pessoa que grita, que não tem educação, que não sabe comer... (...) o nome favela dentro de comunidade, ninguém quer aceitar mais, nem quem mora em barraco, ninguém quer aceitar, porque acha que é como se fosse uma desfeita, quando alguém diz: 'Pô, você é favelado.' Olha, eu já vi gente querer sair na mão por causa disso."

"Eu mesmo por experiência própria, tem mais quatro colegas que fazem teatro de [nome da favela], fomos fazer um teste no Projac, chega-

mos lá, tudo bem, chegamos lá normalmente, tinha aquela fila imensa, parecia que era mais de um milhão de pessoas, muita pessoa, chegamos dentro do Projac, o diretor, chegou na minha vez, o diretor de talentos, pergunta aonde eu moro. 'Ah, [nome da favela].' 'Você não pode fazer o teste, porque você mora em [nome da favela]!' Tenho oportunidade? Não tem, cara! A pessoa volta decepcionada pra casa, porque não pode fazer um teste pra fazer uma novela, alguma coisa assim, porque você mora em uma favela!"

Muitas vezes o estigma acaba sendo introjetado pelos próprios favelados, de modo que alguns passam a evitar contatos com "o asfalto":

"[Não temos] acesso à educação, boas escolas, acesso a poder fazer coisas que gosta, viajar, praias. Por exemplo: quando eu tinha 18 anos [ele hoje está com 27] meus amigos iam para bailes, e eu ia também. Bailes funk. Aí teve um dia que teve um show na enseada de Botafogo. 'É grátis. 0800', como a gente costuma falar. Tinha Jorge Benjor, Titãs, tinha Gabriel Pensador, enfim, várias bandas, vários grupos. Aí, eu falei pra eles: 'Vamos, gente, vamos no show!', [eles]: 'A gente não vai.' 'Por que não?', [eles]: 'Porque vamos no baile funk, na associação [nome da favela].' 'E o que tem no baile funk? Não é baile de briga?', [eles]: 'É baile de briga, mas a gente vai.' 'E quanto que é?', [eles]: 'Sete reais.' 'E vocês vão?', [eles]: 'Vamos'. 'Vamos no show, é de graça, tem um monte de gente. Conhecer um monte de gente diferente!', [eles]: 'Não vamos lá, não, porque [lá] é lugar de playboy.'"

Fundamental também é a compreensão da forma específica como o Estado aparece na rede de sociabilidade constitutiva dos territórios favelados. A experiência e a sensação de que ele ali se apresenta de modo fragmentário e intermitente quando se incumbe da prestação de serviços e atendimento às demandas dos moradores explicita uma "menos-valia" de seus direitos, sendo esta correlata, em alguns aspectos, com a experiência de contato que eles têm com a polícia, o braço armado estatal.

"Vocês falam assim, vocês falam muito da questão do tráfico, mas o descaso do poder público e essa questão da gente viver à margem da sociedade...

assim... (...). Agora a gente não ter uma política de habitação, de educação, de saúde, sobra pra gente o marginal.”

“E não é só o tráfico que está contra a comunidade, não, o poder público está contra a comunidade!”

“Agora por sua vez, por sua vez, olha só, para toda área, por exemplo, no Rio de Janeiro, para toda área do Rio de Janeiro, de asfalto, existe o ‘plano de segurança’. Para as favelas, que são pontuadas assim, até os mapazinhos assim da Secretaria de Segurança, você vê aqueles pontozinhos vermelhos, existe repressão. Para aquela área, existe repressão. Então quando a gente diz assim: ‘A polícia...’ Mas a polícia, ela está a serviço de alguém, ela está a trabalho. (...) Como a gente vê a polícia? A polícia, ela está a serviço de quem? Ela está a serviço de quem? Ela está a nosso serviço? Ela está para garantir a nossa segurança? Como ela nos vê? Como é que o poder público é? Assim... esse modelo que nós temos aí, de atuação nas comunidades... isso tudo. Isso aí já vem de muitos, isso aí não muda. Isso aí não muda! Isso aí não muda!”

“O tráfico, gente, o tráfico é realmente o poder paralelo, eles são o poder, então eles têm as regras deles. A gente não é cidadão para o tráfico, a gente é cidadão para o governo, para a sociedade. Para o tráfico, a gente é subordinado.”

“Entre aspas, porque a gente não é cidadão para nenhum dos dois. Porque ontem meu irmão levou uma cacetada na cabeça, da polícia.”

“(...) nós somos as vítimas, nós não temos a quem apelar, a polícia, a gente não sabe em quem confiar.”

Inúmeros relatos apontam para a percepção de não-reconhecimento dos direitos civis dos moradores, quando eles descrevem a entrada de policiais nessas localidades. As freqüentes e muitas vezes desastradas incursões provocam descrença na instituição e conseqüente questionamento das alegadas razões para essas investidas locais. A desconfiança é tanta que há moradores que insinuam preferir a submissão aos bandos de criminosos ao arbítrio e à irresponsabilidade demonstrados nos verdadeiros "ataques" em que se constituem as "operações" promovidas regularmente pela polícia.[2]

"Essa [violência] de que estava falando... da polícia. (...) Realmente, o tráfico não sabe. Ele é violento. Mas por que a gente sempre fala da PM? Porque o traficante a gente sabe, é o bandido, está à margem da lei. A gente pode esperar o quê dele? Só isso mesmo."

"[Sobre a senha mais importante de precaução na favela] (...) 'Gente, cuidado que tem polícia no morro!'"

"A minha filha de três anos, nunca falei pra ela... são fogos. E agora ela sabe: 'Mãe, tem policiais!'... de três anos! (...) [Após resumo sobre a convivência com o tráfico] Agora quando a polícia chega, não. Você fica intranqüilo porque já sabe que pode acontecer milhares de coisas."

"Eu confirmo que infelizmente, infelizmente, eu confio mais na palavra do bandido do que da polícia."

Moderador: "Bandido tem palavra?"

"Bandido tem palavra. Ele não tem coração, ele não tem coração, mas ele tem palavra."

"Ele não tem coração, mas palavra ele tem."

"Assim como o policial não respeita você na sua casa, quando entra no morro [entra] xingando, como já xingou várias mulheres daqui: 'Piranha', não sei quê."

"Eu prefiro encontrar cinco carros de vagabundos numa rua escura do que encontrar com um policial. O vagabundo vai te deixar vivo, o policial

[2] O caso das "milícias" constitui uma variação e transfiguração dessa presença policial em que a fragmentação e intermitência da presença estatal permite a emergência desse singular fenômeno de "segurança coletiva privatizada" em que mais uma vez se verifica o confisco dos direitos de cidadania dos moradores.

vai te roubar e vai te matar por queima de arquivo, essa é a realidade. Eu prefiro encontrar vagabundo ali. Vai te bater, vai sair dali vivo, essa é a realidade."

Moderador: "Os policiais xingam?"

"Lógico que na mídia não passa essa parte, eles passam ali o bom mocinho, que eles chegaram, que os bandidos mandaram balas em cima deles, e para eles se defenderem, eles tiveram que reagir, é óbvio. É a minha vida ou é a vida deles, então entre ele morrer, eu prefiro ficar vivo."

"Acho que o morador tem mais medo do policial do que o traficante."

"Muito mais!"

"Tipo assim, lá no morro tem um posto de polícia, e na semana retrasada, uns cinco policiais bêbados começaram a entrar em casas, querendo pegar bandidos, invadindo casas, espalhando roupas. Os moradores querendo ir embora. A associação anunciou para todas as crianças que estavam no campo — eu estava dando uma aula de coreografia — para todo mundo ir para casa, porque os policiais estavam bêbados, andando na comunidade, invadindo, e iam matar todo mundo que estivesse na rua. E ainda botaram uma bandeira vermelha na associação e depois ligaram dizendo que tinha outro tipo de polícia para pegar a polícia. Era assim: polícia querendo pegar polícia. Foi uma confusão, dez horas da noite, vem a associação: 'Todo mundo já pode sair e as tendinhas já podem abrir.' As tendinhas quebradas... 'Vai na associação que a gente vai resolver!'"

"A polícia não respeita a gente!"

"A polícia não respeita, acho que é pior do que o bandido! Porque o bandido entra na sua casa e se esconde, ele fica quieto lá. Mas a polícia, não, ela quer tirar onda (...)."

"A polícia é pior que bandido!"

A fragmentária e intermitente forma de intervenção do Estado constitui uma parte importante da explicação para outra constante nesses territórios: a presença do narcotráfico.

É sabido que inúmeras favelas cariocas possuem enclaves constituídos por redes de práticas voltadas para a distribuição de drogas. Essas redes podem ter influência em vários aspectos da vida social dentro das favelas, de modo explícito ou implícito, daí ser possível pensá-las como uma "nebulosa" do crime, em cujo ambiente se efetua a venda ao usuário final (freqüentemente morador do "asfalto") de substâncias psicoativas ilícitas.

> *"(...) a maioria vem de fora, só pra comprar a droga lá [nome da favela]."*

> *"A maioria dos viciados não é da comunidade. Pelo menos onde eu moro."*

> *"A gente sabe, não é negado para ninguém que o tráfico é sustentado por quem está lá embaixo, não pela favela. Porque se ele for viver pelos moradores, ele também não vai resistir, então é quem está vindo lá de baixo pra comprar é que está fornecendo isso, é por isso que é importante os bailes."*

Esta situação favoreceu, sem dúvida, o surgimento de gangues, bandos e quadrilhas que agem no sentido de "organizar" e comandar tais atividades. Interessa-me diretamente o fato de que, atualmente, grande parte dos integrantes desses agrupamentos é composta por jovens, muitos dos quais menores de idade.

> *"Meninos que vêm de outras favelas, que têm famílias, que moram em outras favelas, mas eles vão praquela comunidade, aonde há mais facilidade deles, estão ali traficando, consumindo, vendendo o pó, a maconha ou o que for, mas são desconhecidos. Hoje em dia você sobe, inclusive a favela onde eu trabalho, no [nome da favela], eu me considero como morador de lá ainda porque eu não saio quase de lá. E eu subo o morro e vejo muitos meninos que não são de lá, que estão no tráfico, eu não conheço. Quer dizer, antigamente eu conhecia (...). Agora, o que eu vejo é que tem muitos meninos novos, 12, 13, 14, 15 anos, que não conseguem nem segurar aquele fuzil que é*

pesado mesmo. É aquela AR-15, o fuzil, e com arma. Você não conhece eles, passa e diz: 'Oi!' Ele até fala: 'Oba! Oba.'"

"Às vezes, nem são os mais velhos. Hoje em dia, eu vejo assim, a realidade no [nome da favela], por exemplo, você vê o tráfico, você não vê bandido velho ali na ativa, entendeu? São adolescentes, são jovens, são crianças."

"Da minha idade, a maioria morreu! Que estudou comigo na creche, eu tenho 22, na creche, os que entraram de tráfico, até meninos, mais jovens do que eu, quando eu era criança, agora estão no tráfico."

As redes de interdependência que constituem os diversos aspectos da vida social nos territórios favelados estão em constante relação com o amplo espectro de práticas e circuitos de atividades que ali se desenvolvem, aí incluídas as práticas ilícitas. Esta situação não é desejada nem fruto da opção dos moradores. O acoplamento e a sobreposição de redes e circuitos de atividades ocorrem, muitas vezes, mais pela contigüidade e superposição no espaço e no tempo das diferentes práticas que envolvem cada circuito.

"Ela estava falando que, como o [nome do participante] falou... eles acham que todos somos traficantes. Eles não acham que todos nós somos traficantes, eles acham que somos coniventes."

"A questão que falamos de ser conivente, a questão da conivência é essa que estávamos falando ainda agora: a questão da proximidade."

Claro está que não se pode responsabilizar as favelas cariocas pela questão do tráfico. Entretanto, não é preciso muita elucubração para saber que a etapa mais arriscada do comércio ilícito, a venda a varejo para consumo final, acaba sendo nelas realizada. Seus agentes são, em grande parte, moradores pobres e jovens, que arriscam suas vidas diuturnamente, participando também de todas as demais atividades desse comércio, como, por exemplo, confrontar policiais e outros bandos.

"Na [nome da favela], há uns quinze dias atrás, estava acontecendo uma guerra, entre [nome da favela] e [nome da favela]. Muitos meninos foram

obrigados a ir para a boca, para pegar fuzil, para pegar armas, para poder ser soldado, para poder trocar tiros com os caras de [nome da favela], porque eles acharam que a quantidade de bandidos que estava era insuficiente e chamaram, obrigaram. Meu primo até foi."

Muitos moradores declararam estar cientes de que os pequenos traficantes da favela enriquecem os que de fora controlam o comércio atacadista (e, mais genericamente, a cadeia produtiva internacional), bem como o contrabando de armas: o receptador, o policial corrupto, o advogado criminal etc. (Zaluar, 2004). Morrem menores e maiores pobres e favelados que fazem o "serviço sujo" na ponta da distribuição final da mercadoria ilícita. O risco nesses territórios é alto, enquanto os grandes comerciantes e intermediários ocultam-se de modo a obter a invisibilidade necessária para a realização de suas atividades, evitando reproduzir as encenações de violência comuns nas favelas. Esses agentes abrigam-se, certamente, em outros sítios em que as confrontações são menos intensas e/ou mais reguladas.

"O tráfico é de interesse de alguém, a gente tem que ir mais fundo, quando a gente começar a discutir essas questões."

Conforme já dito, a modalidade intermitente e fragmentária de presença do Estado nesses territórios tem papel relevante para que se possa entender as redes de interdependência de agentes criminosos que ali se instalam. Evidentemente tal situação, que em vários aspectos tangencia a condição de abandono, obsta a garantia plena de autonomia e liberdade dos moradores, forçando-os em vários contextos a se submeter às redes da contravenção e do crime.

"A favela de [nome da favela] é perigosíssima, eu moro lá [nome da favela], trabalho lá. Tem que negociar. Se não negociar, você não vai trabalhar lá, se não negociar, você vai morrer."

"O dono da comunidade é o tráfico. Não tem como fugir disso, se alguém falar que é diferente, não é. Porque não é mesmo. Ele veio pedir para mim: '[nome do morador], a gente está querendo filmar e tal.' Aí, começou a contar o roteiro dele, eu falei: 'Adorei a idéia!' Eu penso logo que a comunidade vai estar participando daquilo. Como teve outra filmagem, que eu vou con-

tar depois até sobre isso. Só que, ao mesmo tempo, eu não posso dizer nem que sim, nem que não. Tenho que consultar algumas pessoas, porque podem dizer que sim, podem dizer que não."

"Um tio meu se elegeu deputado, foi no ano retrasado. Ele não queria se associar ao tráfico. Aí, os caras avisaram a primeira vez: 'Senão eu vou te matar.' Ele continuou, ele não queria, foi fazendo campanha. 'Não quero esta campanha aqui, fazendo no morro.' Ele não obedeceu. Mataram ele no ano passado."

Moderador: "Mataram?"

"Mataram. Buscaram em casa, pegaram ele e mataram."

"(...) é o que eu falava antes, acho que o nosso papel, imagino que se a gente tem... Nós sabemos que o tráfico hoje infelizmente tomou conta das comunidades. Mas ele tomou conta também é porque você tem o abandono do poder público."

Estamos diante de um quadro em que a presença mais ostensiva e permanente do Estado seria a condição básica para possibilitar aos moradores desses territórios o status da cidadania mínima, de modo tal que eles pudessem atender apenas às regras impessoais e universais do jogo democrático.[3] É nesse tipo de "cidade escassa" que ocorre a fragmentação da autoridade e o fortalecimento de inúmeras microssociedades com seus chefetes e suas legalidades próprias. Propaga-se aí um insidioso quadro de desmoralização e deslegitimação do monopólio do uso da violência pelo Estado (Carvalho, 1991: 59).

"Eu acho assim, ou até mesmo por causa da opressão. Por quê? Se você não for no bandido, você vai na polícia. Se você for na polícia, vai levar a polícia para o morro, aí você vai criar um problema para o bandido. Aí, pô,

[3] Uma questão central, que não pode ser tratada nos limites deste artigo, é saber até que ponto essa modalidade de presença das instituições estatais é ainda possível, dada desinstitucionalização que atinge em cheio os Estados, cujo reflexo indireto, porém indubitável, é a crescente presença de organizações não-governamentais como rede semipública que poderia substituí-la.

você tem a necessidade de morar ali, você tem que resolver o seu problema. De qual forma?"

"Isso varia de morro para morro. Quando ele falou de bandido bom, eu vejo isso da seguinte forma... O que acontece? Uns... acho que nada justifica a criminalidade, acho que nada justifica matar uma pessoa, sou contra qualquer prática de morte, agora, cada um tem o seu porquê de estar ali no tráfico. Não que eles usem muito [esse argumento] como justificativa, agora o traficante acaba fazendo o papel que o poder público deveria estar fazendo. Por que que eu digo isso? Quando morre alguém no morro, e a família não está em condição, procura-se o traficante: 'Olha, não tenho condição, estou precisando pagar o enterro.' Eles vão e pagam. Alguém está com problema de saúde, eles pagam o remédio. Alguém no morro está passando mal, eles vão e chamam o táxi e pagam, entendeu?"

A regulação dos conflitos pelas instâncias estatais, além de uma série de outros serviços que fundamentam o monopólio legítimo do uso da força, seria uma das condições indispensáveis para minimizar as situações de confronto e as constantes quebras de rotina que caracterizam as vivências cotidianas nesses territórios. A presença fragmentária e intermitente do Estado não pode ser apontada como razão suficiente para a proliferação de grupos e redes de criminalidade nas favelas, porém explica boa parte desse fenômeno.

Seria necessário esboçar uma ecologia contemporânea da criminalidade, desenvolvida no espaço aberto pela modalidade de presença do Estado esquematizada anteriormente, que favorece a produção e o comércio de drogas. Nos limites deste artigo (e do conhecimento disponível), é possível apenas adiantar algumas observações a respeito.

Antes de tudo é necessário ressaltar que o comércio de drogas psicoativas tornou-se uma fonte de lucros à revelia do interdito legal que incide sobre essa atividade, estimulado pelo aumento da demanda. Este, por sua vez, coincide com a atual fase de reprodução material da sociedade contemporânea, a respeito da qual alguns autores enfatizam a busca da felicidade e o consumismo como objetivo primordial dos agentes (Harvey, 2000; Negri e Hardt, 2000; Bauman, 2000). Esta mudança, que se torna mais expressiva a partir da década de 1980, coincide com a explosão dos lucros dos narcotraficantes em diversas partes do mundo, inclusive no Brasil, onde diversos grupos e bandos se instalam nas favelas para a distribuição aos consumidores finais (Zaluar, 2001). Essa situação tem relação direta com o que podemos chamar de processo de juvenilização da criminalidade. No tópico a seguir abordo este tema, situado na interseção entre o desenvolvimento de um circuito de relações e redes de interdependência em que atividades criminosas, tais como a venda de substâncias psicoativas ilícitas, se cruzam com os circuitos de sociabilidade juvenis.

Agudização das tensões e a juvenilização do crime

A rede de interdependência dos narcotraficantes se insere na configuração social específica que é a teia de sociabilidade nos territórios favelados. Para Elias, em toda configuração podemos pensar num equilíbrio flutuante de tensões de intensidade variável que dão conta das dinâmicas que nela incidem; mudanças em fatores essenciais alteram a dinâmica da configuração. Especificamente com relação ao narcotráfico, o baixo risco e a elevação dos lucros acirram os conflitos entre os bandos e as gangues, agudizando as tensões e tornando mais precário o equilíbrio flutuante de poder.

> *"Então o buraco está mais embaixo, essa questão do tráfico hoje, o dinheiro está mais concentrado, bastante concentrado, mais do que antes mesmo."*

> *"Mas o dinheiro também é farto. O dinheiro!"*

> *"Em uma semana acho que ganham dinheiro, um salário de uma pessoa de um mês."*

> *"Se iludem por dinheiro."*

> *"E os meninos por que que querem entrar no tráfico? Porque o dinheiro é muito fácil. Então, eu particularmente... o meu genro era envolvido. Graças a Deus, ele saiu."*

Os altos níveis de remuneração das atividades de retalho da cadeia internacional de produção de drogas ilícitas (no Rio, especialmente a cocaína, que se agrega à maconha produzida internamente) aguçam a ambição, ousadia e desfaçatez dos novos "comerciantes ilegais". Os moradores reconhecem este fato e aludem a uma possível diferenciação entre um "estilo antigo" e a atual onda de barbaridades perpetradas pelos traficantes locais.

"Não era comum. Matar um morador, então, não existia, era muito difícil, quase impossível. Você não via ninguém dizer assim: 'Ah, pegaram um morador e mataram!' Não, hoje em dia, por qualquer coisa, primeiro porque são crianças, eles matam por qualquer coisa, essa história de desenrolar. Entendeu?... de crianças, às vezes, crianças, porque eu tenho 35 anos, então eu ainda peguei uma parte da 'velha guarda' do tráfico, então eu lembro que quando a gente não via arma, a gente não via arma, quando falavam assim: 'Ah, tem alguém morto!' O morro inteiro descia pra ver, porque não era simples matar uma pessoa."

"Havia um respeito. Não era comum matar ninguém."

"(...) porque hoje em dia quem está no tráfico é a meninada, né? Antigamente as pessoas eram de mais idade, mais responsabilidade, tinha essa visão da coisa. (...) é muito garoto que está na rua. Eu fico horrorizada, porque eu passo, vejo meninos de 12, 14..."

Relacionando as alusões aos altos lucros e à rotina de violência, é possível afirmar que os conflitos se agudizaram. Vejamos algumas das razões.

A primeira delas aponta para o acirramento dos conflitos entre os bandos, que se dividiram em facções buscando obter o monopólio da distribuição das drogas em certos territórios. (Há quem afirme que o dinheiro da droga altera a vida econômica em alguns sítios favelados e aguça o interesse de uma série de agentes que não são os próprios traficantes locais.

"(...) eu tenho claro comigo, é de interesse de alguns segmentos da sociedade que continue se vendendo droga. Porque a questão não é venda de droga. A questão é a violência, é o tiro. (...) Porque se não der tiro, não assustar todo mundo, não tem problema, não tem problema nenhum. É, eu estou dizendo assim, se as favelas não derem tiro, a questão é armamento, não é venda de drogas, não, porque estão pouco se lixando se o seu filho fuma. É até bom que tenha essa... Porque aonde tem pessoas, tem que ter dinheiro circulando. Como é que o governo vai substituir, os governos vão substituir

esse dinheiro que circula ali. Porque o dinheiro do traficante vai para a tendinha, o dinheiro do traficante vai para o gás, vai para não sei aonde, está ali circulando."

Dentre os agentes externos, pode-se pensar inicialmente nos traficantes de outras localidades ou facções disputando o controle armado de novas áreas de atuação, por razões econômicas e estratégicas. Os moradores comentam constantemente uma diferença entre os traficantes locais, que cresceram e vivem nas favelas em que atuam (alcunhados de "crias"), e aqueles que são "de fora", muitas vezes mais violentos por não terem qualquer envolvimento prévio com os moradores.

"(...) antigamente de todo esse processo, crescimento do tráfico, essa coisa toda, os caras que estavam à frente eram de raiz."

Moderador: "O que é ser de raiz?"

"Cria."

"Da própria comunidade, cria da própria comunidade. Hoje, hoje, tem um bando que está aqui hoje, daqui a pouquinho já não é mais esse, é o outro, daqui a pouquinho é o..."

Moderador: "Essa migração de bandido daqui vai pra lá, vai pra lá..."

"Você não sabe quem é quem!"

"Então essa que é a diferença, os bandidos assim conviveram com as pessoas dentro da favela. Meu primo conviveu com o [nome do traficante local], meu primo conhecia o [nome do traficante local], conhece até hoje, se ele vir na rua, ele fala com ele. Então assim, eles dentro da favela, eles têm o respeito maior com os moradores (...)"

"Por exemplo, se você for cria do morro, for nascido lá, é bem mais fácil, eles te conhecem, eles sabem..."

"O traficante por ser uma pessoa que cresceu junto, às vezes cresceu junto com ele, ou é alguém próximo da família dele, ele tem uma amizade, que ele respeita ele, entendeu, a não ser quando vem uma pessoa de fora que você não conhece."

Os policiais são outro importante contingente de agentes externos.

"Porque o maior sócio do tráfico é esse sistema aí, é a polícia aí..."

"Agora, agora como é que a gente vê isso? Olha só, é claro que foram feitas várias perguntas aí, quem são os grandes seguranças dos bandidos? São os policiais. É ou não é?"

"Não vai acabar. Não vai acabar porque beneficia eles, o sistema dá lucro para eles [os policiais]."

"O sistema dá lucro pra eles..."

"Você acha que o policial vai ganhar mil reais, vai correr risco de vida e não vai ganhar nada? Quanto ele ganha, ao pegar o dinheiro do baile?"

"Lá na [nome da favela], é vinte mil, no caso na sexta, para o baile e, em [nome da favela], que é uma favela próxima, é mais vinte mil que eles pagam."

Moderador: "O quê? Grana que a polícia recebe?"

"Que a polícia recebe."

Moderador: "Para quê, para permitir o tráfico?"

"Para não entrar."

"Para não entrar e, muitas vezes, eles chamam o Caveirão, que é um carro mais equipado. Aí o Caveirão acaba entrando na favela, leva mais fuzil, leva dinheiro, leva drogas, entendeu?"

"...é rentável para a polícia, para a mídia, o tráfico vende jornal, tráfico dá ibope; se não fosse o tráfico, a polícia não tinha trabalho, não tinha mesmo, tanto que eles até financiam o tráfico."

"E quando tem o tal do arrego?"

Moderador: "Arrego?"

"Arrego é dinheiro que as quadrilhas dão, entendeu? Aí a quadrilha tal..."

"Segura um aqui cá embaixo, manda avisar lá em cima que quer tanto pra soltar aquele infeliz."

"Então a polícia, a polícia, gente, não é corrupta? Da mesma maneira que a gente acha que os nossos jovens estão sendo cooptados, porque não tem perspectiva nem nada, a polícia está muito podre!"

"Eu acho que mais do que conivente, esse termo que pode ser usado para nós que moramos em comunidade, mas a polícia é mais conivente com o crime do que nós mesmos porque eu já vi policial pegar o traficante na patrulha e esperar que o outro venha para negociar para o libertar..."

"Nunca vai acabar... essa relação com a polícia. Cada um na sua, o combinado."

Pesquisas realizadas na década passada já apontavam para o fato de que a polícia carioca é, dentre as corporações policiais brasileiras, aquela cuja intervenção apresenta maior índice de letalidade (Cano, 1997a; 1997b). Note-se, por outro lado, que a polícia carioca é também a que mais registra óbitos em seus quadros. Esses índices sugerem que se estabelecem relações perigosas entre policiais e traficantes, aprofundando a tensão e a violência entre as duas redes. Este precário equilíbrio de poder marcado pela agudização das tensões é o elemento fundamental para se entender a "juvenilização do crime" em seu constante processo de substituição de agentes. (Note-se que o Rio de Janeiro apresenta o maior índice de homicídios dolosos entre jovens de 13 a 24 anos no Brasil.)

"Porque eu lembro que em 99, eu entrei na associação em 98, no meio de uma guerra, levei uma vantagem porque eu trabalho com crianças desde 83, então todos foram meus alunos. Então tratei todos eles como filhos, se desentenderam, dividiram o grupo. Saiu um grupo, ficou outro. E em dois meses, eu tive seis guerras dentro da comunidade. Em dois meses, seis guerras. Vai um, vem outro. Vai um, vem outro."

"(...) e tudo garoto novo, que a gente não vê futuro. A gente não vê futuro. Que se aceita esse caminho como solução desse problema de hoje, o quê que vai acontecer com eles amanhã? A mesma coisa que aconteceu com muitos!"

Redes juvenis e as redes de criminalidade

Para Bourdieu, "juventude" poderia ser vista como apenas uma palavra, afinal, "as divisões entre as idades são arbitrárias". O sociólogo francês tem certamente razão, pois em que idade terminaria a infância e começaria a juventude? Ou ainda, quando se poderia dizer que um determinado agente não é mais um jovem e sim um adulto?

"As classificações por idade (...) acabam sempre por impor limites e produzir uma ordem onde cada um deve se manter em seu lugar. (...) Somos sempre o jovem ou o velho de alguém. É por isto que os cortes, seja em classes de idade ou em gerações, variam inteiramente e são objetos de manipulação (...) A idade é um dado biológico socialmente manipulável e manipulado." (Bourdieu, 1983: 112-113)

As divisões entre faixas etárias guardam uma relação estreita com o conjunto de valores de uma determinada cultura: pode-se constatar que nem sempre se operou no Ocidente uma divisão nítida entre infância e juventude e entre esta última e aquilo que poder-se-ia chamar de "adultescência" (um neologismo equivalente ao termo inglês *adulthood*) (Ariès, 1981).

Elias (1994a:169-189) aponta para o fato de que o período da infância durante a Idade Média era uma passagem muito breve na vida de um agente, que em tenra idade já participava das atividades produtivas e não era, enquanto infante, cercado dos cuidados que a família mononuclear burguesa irá dedicar às suas "frágeis criaturinhas". Daí que a noção de juventude, tal como a conhecemos hoje, não tem equivalente na era pré-moderna, pois ali se passava quase diretamente do período inicial de existência biológica para o status pleno de adulto.

De modos distintos, os autores citados estão enfatizando aspectos sócio-históricos e, portanto, relativos, que incidem sobre a construção social da juventude. Nesta linha, é indispensável considerar que cada cultura enxerga e prescreve uma determinada divisão entre faixas etárias, classificando-as de acordo com suas perspectivas valorativas menos explícitas, porém determinantes para se entender tais divisões.

Mesmo entre nós seria possível pensar distinções quanto à vivência da juventude nos diferentes segmentos sociais. Na sociedade ocidental burguesa, tem-se um conjunto de valores que aparecem como dados essenciais da natureza humana, mas que de modo concreto só se realizam plenamente no que diz respeito aos membros de privilegiada inserção social. O caso da juventude é um deles. Pode-se classificá-la como o período necessário para a preparação do agente, de modo que ele possa vir a participar com todo o seu potencial biológico e cultural da vida social. Isto indica uma preparação mais alongada requerida pelo desempenho de funções de prestígio e/ou de melhor remuneração. Para os agentes de posição social inferior, costuma ocorrer uma incipiente inserção no mercado de trabalho em função das necessidades materiais mais urgentes, implicando uma prematura assunção de responsabilidades e o conseqüente encurtamento do período em que se costuma pensar a vivência da juventude.

De modo correspondente, pode-se verificar o que chamamos de "juvenilização da criminalidade" em torno das redes de interdependência formadas pelos traficantes. Entretanto, além desses fatores socioestruturais, para entender o processo de "juvenilização do crime" é necessário também considerar a questão da constituição identitária dos jovens que se envolvem nas redes de interdependência do narcotráfico (os quais correspondem, com certeza, a uma ínfima minoria dessa categoria etária, é conveniente explicitar).

No estágio em que os processos identificatórios são mais relevantes, a juventude se caracteriza pela ultrapassagem do estágio de uma espécie de treinamento lúdico para a vida adulta, em que o jogo é uma atuação ou simples brincadeira (play), na direção dos "jogos" (game) em que estes se constituem como a prática "real" de sujeitos já plenamente constituídos. Esse marco teórico fornecido por Mead (1967) terá grande importância na abordagem proposta, no sentido de pensar a relação entre juventude e as freqüentes situações de violência nas quais os agentes se envolvem, levando em conta a diferenciação sociocultural e econômica do território da cidade. Isto porque se torna importante verificar o tipo de identificação possível que muitos dos jovens que se envolvem nas redes de interdependência têm em relação aos seus líderes, muitos dos quais também jovens.

"Mas a questão é que também essa comunidade se torna refém, ou seja, de um segmento, e os jovens dessa comunidade, mesmo não fazendo parte dessa organização criminosa, em alguns momentos ele se identifica pra ter uma relação de poder com outros."

"(...) antes a coisa era escondida, que era meio que: aquele cara que usava droga, que vendia, ele era o errado da história, hoje em dia ele passou a ser o status da favela. Toda criança quando nova fala: 'Ah, eu quero ser bandido!' Ele sabe que ser bandido, você vai ganhar algum status lá dentro, que passa essa ideologia mesmo. É uma coisa já mais na frente mesmo, você passa, ele está ali armado e ali ele vai ficar armado."

"As crianças geralmente refletem muito nas escolas, porque as crianças geralmente crescem dentro da favela e vêem como ídolo aquele traficante que está lá em cima. E até mesmo os familiares idolatram aquela pessoa que está lá, mas por quê? Porque o governo que está aqui fora, ele não faz nada por aquela criança que está ali dentro, então, se a criança quer uma bola? — 'Vai lá no tio, que o tio dá.' O tio dá a bola, então o tio está um herói, aí eles vão crescendo, naquele mundinho, aquele mundo é qual? Vão crescendo: 'Quando eu crescer, eu quero ser que nem ele.' Por quê? Porque ele tem as chances que não vai ter lá fora, então essa mente normalmente já leva pra dentro da escola. Aí, chega lá, já bate de frente com o professor. Se o professor falar com o aluno, esse aluno já vai peitar o professor, vai dizer: 'Não, porque meu tio é bandido não sei aonde.' O professor vai fazer o quê? Vai bater de frente com o aluno? (...) não sabe como é que é com os familiares do aluno (...)"

"Mas nem todo mundo que usa bermuda e que veste o comando, ou que idolatra o tráfico, vira traficante."

Aspectos socioeconômicos e as subculturas do crime

Pretendo neste e nos próximos tópicos indicar aspectos específicos quanto à adesão de jovens favelados às redes criminosas. O objetivo é discutir algumas das múltiplas e complexas dinâmicas que podem vir a atuar neste intricado processo. Trata-se apenas de destacar alguns poucos elementos que podem ajudar a esclarecer facetas conjunturais do problema. Irei considerar inicialmente algumas variáveis objetivas, tais como a baixa inserção social e as possibilidades de empregabilidade dos agentes, bem como o nível educacional dos participantes das redes criminosas nas favelas.

Por precaução, vale começar deixando claro que não há associação direta entre a criminalidade e situações de precariedade ou pobreza social (Zaluar, 2004). No entanto, há evidências de que estas são um dos condicionantes da entrada dos jovens que atuam no tráfico de drogas em favelas. Como já foi notado,

> *"A pobreza não é uma variável isolada que opera exatamente da mesma maneira em todas as partes; não é mais que uma variável de um complexo de variáveis sociais e culturais, reconhecidamente interdependentes."* (Merton, 1967: 156)

Dados de pesquisa recente atestam que, dentre 230 jovens traficantes atuando em favelas cariocas, quase 60% provinham de grupos familiares com renda igual ou inferior a três salários mínimos, sendo que em 1/3 dos casos a renda da família não ultrapassava um salário. A situação desses jovens, em geral, é também bastante precária quanto à educação:

> *"Apenas 5,2% concluíram o ensino médio e 10,4% chegaram até a oitava série. Quase metade dos entrevistados desistiu da escola entre os 11 e 14 anos (46%). Este dado coincide com a idade em que mais de 60% entrou para o tráfico: entre 12 e 15 anos, o que sugere uma associação entre o ingresso na rede ilícita e o abandono escolar. Quanto às razões que os levaram a deixar a escola, os principais argumentos remetem ao sentido penoso e opressor do âmbito educativo e à necessidade de investir em outras atividades que gerassem uma retribuição econômica imediata." (Silva* et alii, *2006: 13)*

Este dado é confirmado por alguns relatos colhidos durante a pesquisa que fundamenta este livro:

"Uma questão quando falou do poder público, uma questão muito séria que eu vejo a realidade onde eu moro, é a questão da educação, a maioria dos meninos, eles com 13, 14 anos, estão ainda bem atrasados na escola, entendeu? E eles, eles se evadem da escola. Ao parar de estudar vão fazer o quê? Então grande parte dos meninos (...) que estão no tráfico, são crianças que deixaram de estudar. Por quê? Porque a escola não tem mais incentivo pra eles, entendeu? Então aí eu vejo a questão do investimento do poder público."

"Mas a maioria dos bandidos que você vê não tem nem o ensino médio, nem a segunda série."

"O outro parou de estudar porque a nota do estudo tinha que ter não sei quanto, e por um centésimo, não sei quê, a criança foi reprovada, então ficou revoltado, já tem três anos que está repetindo e a professora nunca deu espaço para que ele, então achou melhor fazer a vida dele."

"Tudo vacilão, aquele cara teve instrução, ele teve informação, ele teve tudo. E para entrar na boca-de-fumo? O que é que precisa? Fala aí. O que é que precisa? E quantos, quantos eu vejo morrer, porque eles não sabem nem [por que], quando vai ver, um gerente de maldade se derramou lá na situação dele, gastou, e o que ele vai fazer? Ele vai e joga tudo para cima do vapor, entendeu? E o vapor não sabe ler, quando pega uma conta errada, já era, irmão! É ele que está metendo a mão na conta, os cara vão e matam, acabou. E ninguém vai defender aquele cara, está entendendo? Então eu acredito que em cima da educação (...)"

Verifica-se também que a experiência laboral lícita dos jovens infratores, quando houve, se deu quase que praticamente na esfera da economia informal, com destaque para o setor de serviços no qual as ocupações mais comuns eram as de ajudante de pedreiro, entregador, camelô, cobrador de kombi, boy etc.

"A precariedade dos vínculos e o baixo nível de rendimentos são fatores que dificultam a fixação dos adolescentes e jovens no mercado de traba-

lho. Estes aspectos provocam uma espécie de 'nomadismo' caracterizado por uma grande diversidade e alternância de atividades, que raramente superam o sentido de estratégias de sobrevivência. (...) as razões que apareceram como barreiras para a inserção dos jovens em atividades lícitas estão diretamente relacionadas ao seu baixo nível de escolaridade e qualificação, o que costuma ser agravado pela falta de experiência nas funções que pretendem exercer (Silva et alii, *2006:13 e 53)."*

A situação de precariedade, aliada à oferta de posições numa rede de práticas ilícitas, favorece a adesão de alguns dos jovens favelados a esta última.

"Lá na comunidade da [nome da favela], já até colocaram uma faixa."

Moderador: "Como?"

"De oportunidade de emprego na boca, uma coisa assim."

Moderador: "Como era a faixa?"

"Mais ou menos assim: 'Dá-se oportunidade na boca-de-fumo.'"

Moderador: "Ah, é? E aí o pessoal foi procurar?"

"Alguns."

Só se pode entender esta oferta quando se retomam aspectos já mencionados neste trabalho, como a relação entre a presença intermitente e fragmentária do Estado em algumas áreas da cidade e a instalação das redes de tráfico de substâncias psicoativas tornadas ilícitas. Já foi dito que a superposição de uma demanda irreprimível em torno dessas substâncias, a caracterização jurídica desses produtos como ilícitos e a conseqüente valorização negativa fazem explodir os lucros daqueles que se dispõem a ofertá-los aos sempre existentes consumidores, tendo como algumas de suas conseqüências as encenações de violência que ali se registram.[4]

[4] Milton Friedman dizia que o Estado financiava o crime ao impor a classificação de ilícito ao comércio de drogas, pois fazia explodir os lucros de quem se dispusesse a realizá-lo.

Aproximando o interacionismo de Mead ao conceito de configuração social de Elias, é imprescindível levar em conta a rede de suporte constituída por outros agentes. Na mesma direção, é relevante considerar a emergência dos comportamentos criminosos em relação a subculturas que os sustentam e mantêm (Cloward e Ohlin, 1970, *apud* Magalhães, 2006).

> *"Tenho 27 anos. Há uns vinte, dez anos atrás, eu andava com uma galera, tinha minha galera de trabalho e tudo o mais, só que a gente tinha não um acordo, era mais nossa idéia, a gente não fumava, não cheirava, não roubava, e sempre que entrava alguém no nosso grupo, andávamos uns sete ou oito, e não ficava muito tempo, ia para o tráfico... E era de nossa geração, andava com a gente. E a gente estava sempre conversando entre nós sobre isso. Automaticamente se auto-exilava da gente, a gente não compartilhava com as idéias dele, ele começava a andar com seus pares e não com os nossos. Mas mesmo assim a gente: 'Pô, o cara está contra a gente, bota o cara para lá e tal.' E quando o cara morria, ou ia preso, todo mundo sentia isso, e havia essa comunhão entre todos nós, entre os jovens, mesmo os que estavam e os que não estavam no tráfico."*

O vicejamento de microssociedades destinadas à organização de práticas criminosas floresce em face da incapacidade de os moradores oferecerem resistência aos grupos de poder paralelo que se instalam nas favelas. Esses grupos fomentam e sustentam as subculturas locais do crime.

A idéia das subculturas pode ser de alguma valia quando se sabe que a adesão de jovens às redes criminosas pressupõe um processo de aprendizado da *expertise* relativa ao uso dos meios indispensáveis (armas, *know-how*) para as práticas ilícitas ou criminais.[5]

> *"Observa-se que o ingresso na rede do tráfico de drogas em geral se dá através de um processo gradativo. Muitas vezes, as amizades estabelecidas ou a proximidade com pessoas inseridas em alguma atividade do tráfico são um primeiro passo para o envolvimento propriamente dito. (...) Para entrar*

---

[5] Argumentação bastante semelhante, neste sentido, apresenta-se já numa das primeiras etnografias realizadas em favelas cariocas (Zaluar, 1985).

na boca, o melhor caminho é conhecendo alguém. Normalmente é assim (segurança do dono da boca)." (Silva et alii, *2006:18)*

A rede de interações nas quais o jovem se envolve pode conduzi-lo, aos poucos, a participar dos circuitos do tráfico nas favelas. Há que se destacar neste envolvimento a construção identitária que é comum no processo de adesão a qualquer rede de interdependência.

Pertencer a uma subcultura implica necessariamente contrapor-se a outras. Elias (2000) afirma que a construção da identidade dos agentes passa por uma vinculação grupal dupla e contrastiva. Inicialmente "eu" devo formular uma idéia de que pertenço a um "nós", vinculação inicial, que se contrapõe a um "eles". Conformar-me às exigências do meu grupo, atender ao decoro por ele demandado freqüentemente solicita a realização de práticas nas quais meus valores se contrapõem aos valores de outro grupo.

"Esse lance da amizade, eles se sentem mais mal do que a gente, eles se separam para tentar respirar, eles se sentem mal, eles não estimam mais tua presença, eles tentam proteger, eles (...)"

"Ficam atrapalhados ali."

"Procuram sua vida: 'Está fazendo faculdade, que legal!' Você é normal e eles acabam anormais, eles se separam."

"Sentem vergonha."

Participar de uma rede de interações criminosas pode ser um lento processo no qual uma ilicitude praticada hoje pode se repetir na próxima semana ou num outro momento qualquer, até gerar um conjunto de prestações e contraprestações (Mauss, 1974). Estar preso a uma rede simbólica e prática de interações em que as redes criminais têm proximidade física e material deve ser tomado como uma variável significativa para esclarecer a adesão de jovens às subculturas do crime.

Toda rede de interações tem preceitos tácitos, normas, valores etc. Quando se está integrado numa rede em que não se praticam crimes, há um conjunto de expectativas compartilhadas que valorizam certos comportamentos legais em detrimento e negação de outros que são classificados como ilícitos. Quanto mais intensas essas expectativas, menor a chance de que o agente se contraponha aos valores que as informam — e vice-versa. Neste segundo caso, as práticas ilícitas tornam-se referência para construções subjetivas lúdicas e imaginárias que perfazem o *script* existencial do agente.

Moderador: "E os seus tios apoiaram esse tipo de comportamento?"

"Apoiavam. Apoiavam porque o meu tio usa droga, o outro usa droga, então, entendeu, está tudo em casa."

A construção das identidades começa a se desenvolver no período de socialização infantil através das brincadeiras nas quais as crianças assumem posições específicas nas redes de interdependência mimetizadas em torno das narrativas sociais disponíveis.

Para Mead, a emergência da imagem fundamental de auto-identificação que ele designou como *self* é feita por fases. O *self* não está completamente desenvolvido durante a infância, mas começa a ser formulado paulatinamente a partir das interações sociais. A criança ensaia a emergência do seu *self* inicialmente por meio da brincadeira (*play*) — a criança brinca de ser policial, de ser herói, papai, monstro etc., e nesse momento assume a personalidade de um outro.

"Às vezes é uma forma de participar desse mundo sem ser."

"Eu não gosto de traficante, tenho medo de morrer, não gosto de armas, mas eu vou cantar o funk, eu vou usar bermudas, eu vou comprar CD, eu vou [mascar] um chiclete."

"(...) muito da nossa situação não mostram, a nossa história, eles não tem referência nenhuma e se criam dentro dessa comunidade. Tem pessoas que não saem dali, a realidade de nossa comunidade é isso, eles não saem daquele espaço, e ali naquele espaço, não vão ao cinema, o que tem lá é funk, lá reforçam o mundo... As crianças da comunidade não sabem nem o que é isso... Elas sabem quem foi o João, quem foi fulano, não sei quem. As comunidades e a escola também não dão uma cultura... e os de fora, na realidade, entram no mundo da morro porque de uma maneira ou de outra."

"Tem uma certa hora para certos jovens, tem uns que saem no tapa e não sei quê. Tem uns... é trancinha aqui, mas: 'É nós!', 'É da gente!'"

"Realmente é muito triste a gente que é criança e não tem perspectiva nenhuma, muitas vezes não tem nenhum herói nem nada para se espelhar, tem um pai alcoólatra, uma mãe que fica sempre fora de casa, às vezes não tem nem o que comer."

Num segundo estágio, temos o jogo (*game*). Este é o momento em que o agente passa a partilhar com os demais um regime de interação ordenado por regras nas quais ele compreende em si próprio sua posição em relação aos demais e vice-versa. Da mesma forma que a linguagem utilizada serve como comunicação para si próprio e os outros (o agente fala aos outros e ouve de si a sua própria narrativa), o regime de interação do jogo permite ao agente o sentimento de partilhar a interação com os demais, e nesse quadro ele protagoniza narrativas que descrevem sua posição em relação aos demais e vice-versa.

"Sempre tinha pessoas que moravam na rua, que eram viciados, e não sei quem que roubava... Eu sempre ouvia falar. Quando tu é moleque, tu ouve isso tudo. E daí foi... Sei lá. Por aí a galera foi tendo a influência, ouvia as pessoas falarem também. (...) Eu sempre... Desde pequeno, na verdade... Pelo ato de fumar maconha... Às vezes a gente pegava, quando era moleque, mato e tal, e uns negócios lá, e a gente fazia as trouxinhas e trocava. Aí fingia que era maconha e fumava, ficava fingindo que era, e falava que ficava doidão." (Transcrição de entrevista de pesquisa sobre uso de drogas, realizada pelo autor para o Ministério da Justiça.)

Moderador: "O que vocês estavam falando dos jovens (...), que mesmo o jovem não estando envolvido tem uma ligação e que talvez passe por não necessariamente pelo reconhecimento, digamos assim, de um papel, mas uma valorização da figura do traficante, seria isso? Como uma figura heróica?"

"Também como figura destemida, o cara que troca tiros com a polícia, depois ele fica como um herói: 'Ele atirou e tal'... E ficam te apoiando. E isso até certo modo quem está ouvindo é o garoto pequeno: 'Ele é o cara mesmo.'"

"É guerreiro."

"Já me cansei de ouvir: 'Aqui no [nome da favela] tem criminoso de fibra', que bate na polícia, que entra na [nome da favela], que não sei quê, (...) um entra no morro do outro... E escrevem na parede: 'Morto não sei o quê', tem muito isso."

Moderador: "Escrevem na parede o quê?"

"Sabe, frases do tipo: 'Guerreiro que se foi', 'Morreu lutando'. O irmão da minha vizinha morreu no [nome da favela]: 'Meu irmão morreu lutando até o fim, como um guerreiro.' É um ídolo, porque tem que ter um ídolo..."

"Ou: 'Comando Puro até a morte.'"

"Tem também a família que apóia, porque tem poder. É a mãe do cara, a irmã do cara, é a mulher do cara, a tia do cara, tem gente que não é mais nem parente, mas que faz questão de ser. A primeira mulher do [nome do traficante] do [nome da favela], a mulher nem lembra mais do cara, mas o cunhado disse: 'O meu cunhado.' O cunhado não está nem aí, ele faz questão em dizer que é cunhado do cara, tem assim uma pose, é o cunhado!"

Um elemento fundamental na construção das identidades dos jovens favelados é a imagem muitas vezes positiva das facções que constituem as redes de criminalidade que controlam o comércio local de drogas ilícitas e que sugerem referências simbólicas de poder destoantes da imagem estigmatizada do seu próprio local de moradia como território de pobreza e desqualificação. Temidas dentro e fora das favelas, essas redes podem fornecer um dos poucos apoios positivos para muitos jovens favelados.

"O sentimento de pertencimento que outrora se dava em relação à comunidade, hoje se dá principalmente em relação à facção (...) a incorporação de valores negativos sobre si e seus espaços de moradia, somados à busca por reconhecimento e visibilidade social vêm colocando as facções criminosas como principais quadros de referência para a construção dos vínculos identitários." (Silva et alii, ***2006: 30; 60)***

As facções se apresentam como um símbolo de violência e poder que pode seduzir alguns agentes a participar de seus circuitos de atividades. São cultuadas de diversas formas e tendem a impor regras de sociabilidade e comportamento específicos, tais como não usar roupas vermelhas, não falar o número três, estimular o uso de alguns produtos específicos, como certos tênis de marca etc.[6] Todas essas regras funcionam como encenações rituais que reforçam a imagem da potência própria e tendem a estigmatizar as facções opostas. A esse respeito, vale lembrar a discussão anterior sobre identidade como vinculação dupla e contrastiva.

> *"Muitos jovens estão no tráfico, é para ser respeitado, sabe por quê? Porque se o jovem sair de lá, como um estudante vai para a rua, entra na escola, fala que mora na favela, é discriminado. Agora, se o cara está com arma na cintura ele é tratado superbem, por quê? Porque ele é o dono do morro, entendeu? É o poder na mão do jovem, muitos jovens querem um tênis, não têm como comprar, vão procurar um serviço não conseguem, ah, mas eles vão para a boca, começam a ganhar R$400,00 por semana, pronto! Os olhos dos jovens brilham. E eles já começam, na era da mercantilização... As menininhas vêem: 'Ah, quero roupinhas novas!' Aí as meninas ganham. 'Ah, vou virar mulher de traficante porque eu vou ter de tudo!'"*

Identificações positivas em torno do tráfico se fazem presentes também por meio do principal evento de lazer dos jovens favelados: o baile funk. Muitas vezes os bailes são patrocinados pelos gerentes do morro e neles são tocados os famosos "proibidões", músicas funk com letras que fazem apologia da facção que domina a favela em questão e estigmatizam os "alemães", "X-9"[7] e qualquer outro que se apresente como inimigo.

> *"Porque eles só ouvem falar de traficante, só ouvem falar de crime, só ouvem falar de funk, o funk agora banalizou. A minha comunidade tinha um*

[6] Relatos de participantes dos coletivos de confiança comentam o fato de que em comunidades dominadas pelo Comando Vermelho é usual os jovens falarem 2+1 ao terem de pronunciar o número três, de forma a contrapor-se à facção denominada como Terceiro Comando. Nos territórios de domínio desta, é proibido usar roupas de cor vermelha. Houve também quem dissesse que nos domínios da facção ADA os tênis Adidas são extremamente valorizados. Ver a respeito o capítulo de Farias neste livro.

[7] Gírias respectivas para inimigos em geral e alcagüetes inseridos no território.

funk... tinha antigamente. Não é mais a mensagem que eles passam. Agora o funk é diferente, era um funk que trazia a realidade da comunidade, era uma forma das pessoas da comunidade protestarem, esse era o verdadeiro espírito do funk. Não fazer apologia, não fazer com que as pessoas... nas drogas."

"Mas quem financia o baile funk? São os bandidos de lá com algum propósito..."

A partir da contínua exposição a este cenário de valorização das facções, não surpreende a facilidade de recrutamento pelas redes criminosas de novos agentes jovens, necessário em decorrência das mortes em confrontos com a polícia ou outras facções. Pode-se mesmo pensar em um exército de reserva de jovens dispostos a assumirem tais postos,[8] mesmo com a constatada queda nos rendimentos do tráfico (Silva *et alii*, 2006: 28).

Tramas e narrativas de risco: o êxtase do jogo e o prestígio simbólico

"Mas eu vos digo que não podeis tentar um verdadeiro ladrão, um gatuno por vocação, com a conversa honesta de qualquer recompensa, ou com o oferecimento de uma posição segura, ou com presentes de dinheiro, ou com o amor de uma mulher: porque há aqui uma permanente beleza do risco, um fascinante abismo de perigo, a deliciosa vertigem do coração, a impetuosa pulsação da vida, o êxtase!" (Kuprin, 2004: 391)

Moderador: "E você acha que os traficantes também têm o prazer de serem violentos?"

"Têm, com certeza."

---

[8] Há quem gaste tempo em tentar explicar o porquê do não envolvimento de boa parte dos jovens favelados nas redes de criminalidade. Eles se esquecem de um fato muito simples e óbvio, ou seja, que é impossível para qualquer rede de tráfico absorver todos os que desejariam nela adentrar pelo simples fato de estas não possuírem um número de posições suficiente para a adesão de um número maior de jovens. Em outras palavras: em toda a rede de tráfico não há mais do que algumas dezenas, ou no máximo centenas, de posições capazes de ser preenchidas por agentes de qualquer tipo, para as suas diversas funções, tais como vapores, seguranças, olheiros, soldados, endoladores, gerentes etc.

"Lá na [nome da favela], enquanto os polícias não entram na favela, os bandidos vão em frente ao posto e dão um monte de tiros na parede do posto."

Huizinga (2003: 17) é o primeiro autor que confere aos jogos uma dimensão fundamental na vida humana, a ponto de considerar a essência humana como aquela do *homo ludens*. Para ele, o jogo "tem uma função significante, ou seja, tem um sentido. No jogo há qualquer coisa 'em jogo' que transcende as necessidades imediatas da vida e que confere sentido à ação".

Numa outra abordagem, já foi dito que Mead via nas brincadeiras e nos jogos, modelos de socialização que ajudam a explicar os processos de integração dos agentes nas redes de interação. E Elias, em várias de suas obras, insiste que o agente humano está sempre enredado em redes de interdependência que dispõem posições pelas quais os agentes competem. Para ele, as posições concedem prestígio ou estigma, dependendo da perspectiva pela qual são vistas. Conquistá-las e mantê-las são trajetórias que se assemelham aos processos e às apostas lúdicas.

Esses três autores fornecem a base teórica para a argumentação desenvolvida neste trabalho, porém nesta seção tornam-se anda mais imprescindíveis. Com base neles, pode-se afirmar que: a) o agente social luta sempre para manter ou aumentar seu prestígio e honra frente aos demais; e b) nesta contínua disputa, não raro estão presentes emoções lúdicas, que podem influenciar as mais diferentes formas de encarar e afrontar riscos e desafios.

Em algumas trajetórias sociais, o êxtase do desafio e do risco pode ter uma ênfase maior do que em outras, transfigurando-se em vivências de ameaças e confrontos entre grupos, bandos e facções, mas em nenhuma delas esses dois elementos deixam de se combinar em grau e intensidade variável. Este aspecto é relevante, embora não suficiente, para esclarecer os motivos de adesão às redes criminosas.

"Quer viver perigosamente, então ele vai e escolhe ficar... viver perigosamente desse jeito."

Nas análises do processo que conduz os agentes a integrar as diversas redes da qual participam (amigos, drogas, crime etc.) há sempre uma variável pouco considerada. Pensar as redes como configurações sociais permite incluir a possibilidade de que algum tipo de excitação ou desafio seja delas constitutivo, compondo um dos elementos da orientação da conduta dos agentes. E, de fato, em algumas pesquisas a excitação do risco aparece de modo explícito. Katz (1988), por exemplo, já formulou idéia parecida, ainda que fundamentada em bases teóricas e com implicações bastante distintas das mobilizadas neste artigo.

> *"(...) ela acha que pegar numa arma, sair trocando tiro com policiais, ela acha que isso é onda. Não adianta falar. Já apanhou, já foi presa, ficou toda arrebentada, mas ela volta, ela faz a mesma coisa."*

A metáfora do jogo e suas potenciais relações com a idéia de vício está presente em Magalhães (2006: 132): "entre aqueles [agentes criminosos] que consideram a prática freqüente do crime como uma espécie de vício, que [muitas vezes] não traz prazer, mas que é difícil de abandonar." Não raro criminosos indiciados e condenados exprimem o prazer de estar inseridos em complexos de práticas ilícitas, elaborando narrativas criminosas (semelhantes a cenas fílmicas e teatrais), como relatou, na pesquisa deste autor, um golpista que atuava com cartões de crédito clonados.

> *"Comecei a ficar totalmente ligado com esse tipo de coisa. Porque era muito gostoso de trabalhar [*sic*]. Era muito bom entrar na loja, ser muito bem atendido e pagar a conta com cartão de crédito clonado. Sentia prazer (...) Porque é tão adrenalizante (...) você entrar numa loja e três... quatro ali por conta de te atender e você sabendo que era golpe, com consciência do que 'tava fazendo. É como se fosse um teatro, entendeu? Me sentia como se fosse um ator (...) É gostoso, é gostoso... furtar, roubar, ter dinheiro demais, ter dinheiro pra fazer o que quiser." (Magalhães, 2006: 140)*

Interessante destacar a clareza e a consciência (raras, quando comparadas com outros relatos) do agente em relação ao fato de que ocupa uma posição numa narrativa, forma mais complexa de jogo na qual protagoniza ações criminosas específicas.

Em outros condenados há a consciência dos riscos como se eles fossem inevitáveis, pois fazem parte das narrativas que se tornarão constitutivas das ações das gangues, quadrilhas e redes de criminalidade nas quais estão inseridos ou enredados (Magalhães, 2006: 145):

"A mãe dele, do [nome de um traficante local], ela não mora no morro, ela mora na rua (...), dava do bom e do melhor. Ele tinha tudo, ele tinha uma família boa, os pais eram unidos, a família era unida, não sei por que ele entrar, entendeu? Mas ele entrou simplesmente por entrar, ele queria entrar, ele queria ver, mas o problema é que ele se envolveu demais e ficou, assim, muito preso, entendeu?"

Sobre a questão do desafio e do risco, um registro da mesma pesquisa apontou para o fato de que em muitos casos esse motivo emerge com naturalidade. Indagado sobre as razões que o conduziram à carreira do crime, um jovem afirmou:

"Eu acho que eu entrei mais pelo crime... assim... (...) para provar que eu tinha condição de fazer muito mais do que eles... que... Eu passei assim: eles mexiam com uma quantidade de drogas e eu passei a pegar muito mais quantidade do que eles. (...) Eu acho que foi mais para provar que eu tinha condição de entrar e mexer com isso." (Magalhães, 2006: 113)

Neste relato emerge a idéia da conquista do prestígio frente aos demais companheiros. Os jogos de poder se mesclam com as narrativas que serão depois contadas, confirmadas e avaliadas pelos outros parceiros.

A adrenalina e o risco aparecem como motivação para os jovens se associarem às redes de criminalidade também em outra pesquisa: "(...) a ligação com o grupo e os benefícios no campo subjetivo e simbólico (poder, fama, adrenalina etc.) parecem ganhar mais relevância com o tempo de inserção do agente nas redes criminosas." Desta forma, as razões alegadas pelos jovens para a adesão às redes de criminalidade conjugam "adrenalina, sensação de poder, prestígio e pertencimento a um grupo" (Silva *et alii*, 2006: 21 e 57).

Pode-se pensar os desafios da carreira criminosa como estímulos que o agente assume no sentido de provar seu valor aos companheiros de crime e mesmo a quem não faz parte das redes de criminalidade, mas o teme. Mas deve-se considerar também o fato de que as encenações nas narrativas de violência em que se protagonizam histórias e situações de envolvimento com o crime funcionam como troféus que os agentes exibem com orgulho aos demais, parte de uma trajetória que pode torná-lo conhecido dentro e, dependendo de sua sorte e ousadia, mesmo fora da comunidade em que vive.

Para pensar a adesão dos jovens à criminalidade, é indispensável mencionar o status simbólico que a carreira criminosa pode adquirir nas redes de interação juvenis dos agentes favelados.

"(...) mesmo não fazendo parte dessa organização criminosa, em alguns momentos ele se identifica para ter uma relação de poder com outros."

"Mas sabe por que elas querem estar com traficante?"

Moderador: "Por quê?"

"Por causa de roupa de marca."

Moderador: "Roupa?"

"Por causa da roupa da Gang, Hot Beach, Pixação, Company, tudo por causa de rótulos de roupas. Entendeu? Então quer dizer, porque mulher de bandido não usa roupa de feirinha de Itaipava, de camelô. Só usa roupa de grife. Então para elas é bonito andar com a sandália de cristal da Hot Beach, passar na rua e todo mundo olhar."

Destituídos da possibilidade de angariar prestígio a partir de trajetórias convencionais, para as quais se torna indispensável uma longa, custosa e nem sempre viável sujeição aos ciclos escolares, e *ipso facto* excluídos da possibilidade de disputar uma ocupação que lhes dê condições de remuneração e inserção social dignas, para muitos jovens uma posição na rede do crime pode aparecer como hipótese a ser considerada. Uma série de benefícios como aprovação e/ou temor dos colegas, expressão da revolta quanto à condição socioeconômica, educacional etc., possibilidade de associação com agentes temidos, porte ostensivo de armas diversas, prerrogativas quanto aos favores sexuais aos olhos de algumas jovens moradoras, entre tantos outros, são todos motivos e recompensas concretas e/ou imaginárias que essa arriscada e instável posição social oferece, sem considerar as possibilidades de ganhos materiais inatingíveis de outra maneira.

"Antes a coisa era escondida, era meio que, aquele cara que usava droga, que vendia, ele era o errado da história. Hoje em dia ele passou a ser o sta-

tus da favela. Toda criança quando nova fala: 'Ah, eu quero ser bandido!' Ele sabe que sendo bandido, vai ganhar algum status lá dentro, passa essa ideologia mesmo. É uma coisa já mais na frente mesmo, você passa, ele está ali armado, e ali ele vai ficar armado."

"Logicamente eu tiro proveito disso. É claro que é gostoso. Faz bem pro ego: tu chegar na rua e ser uma celebridade" (Silva et alii, *2006: 17)*

"O prestígio derivado de posições de destaque na rede de interdependência criminosa também é visto como recompensa simbólica inestimável pelos jovens favelados."

"(...) assim que eu apareço na rua, as pessoas vêm... as pessoas fazem questão de falar comigo! Então... isso aí deslumbra muita gente." (Silva et alii, *2006: 21)*

"Apesar da queda da remuneração oferecida pelo tráfico, este ainda se coloca como uma atividade que oferece vantagens relativas mais atrativas do que atividades mais convencionais." (Silva et alii, *2006: 60)*

Violência e gênero

Silva *et alii* (2006: 10) constataram, na mencionada pesquisa com 230 agentes jovens participantes do tráfico de drogas nas favelas cariocas, que 97,4% eram do sexo masculino, explicitando com clareza meridiana o androcentrismo dessas redes.

Ainda que seja possível verificar um aumento da participação feminina nas redes do tráfico, ela não pode ser comparada à presença masculina. É comum verificar também que as mulheres nessas redes, em geral, tendem a ocupar posições que exigem de modo muito menos freqüente o enfrentamento e o uso da violência contra outros agentes.

"Na [nome da favela], a mulher pode até entrar para a boca, mas não planta na boca de arma, vira carro-bomba, como é chamado."

Moderador: "Que é 'carro-bomba'?"

"Atravessa a droga de uma favela para outra."

Moderador: "Vocês conhecem algum lugar com mulher gerente de morro?"

"Desculpa, eu não sei."

Considerando ainda a questão do prestígio e da honra, é necessário agregar ao tópico da subjetivação de gênero e sua relação com a construção identitária dos garotos favelados.

O desenvolvimento da violência como recurso de identificação juvenil, principalmente para os homens, é um aspecto cultural de maior incidência nos segmentos menos favorecidos, ainda que não seja deles exclusivo. Conforme discussão já desenvolvida em outro trabalho (Oliveira, 2004), há uma preponderância da associação entre identidade viril e a prática de atos agressivos e violentos entre jovens de sexo masculino e baixa inserção social.

Não se trata de desconhecer as gangues de jovens de classe média que atuam em regiões nobres da cidade, apenas de perceber que as redes juvenis de agentes de categorias subalternas acionam com freqüência o recurso à violência como elemento de distinção e demonstração de sua competência para reivindicar prerrogativas de poder e prestígio junto aos pares.

De modo geral, a adolescência em nossa condição sócio-histórica tende a ser uma na vida dos agentes durante a qual as questões de identidade recebem uma ênfase adicional. No que tange à socialização dos jovens homens, é nesse período que aspectos de uma masculinidade mais vigorosa tendem a se exacerbar, promovendo dessa forma um processo de virilização muitas vezes apoiada em uma maior expressão da capacidade de luta e confronto em que o uso da violência aparece como traço identitário positivo.

"[S]eria oportuno pensar que durante o período da adolescência, a recorrente necessidade de identificação com os traços da masculinidade socialmente legitima[da] se torna inteligível exatamente pela necessidade de afirmação de identidade nessa fase de transição entre a infância e a 'adultescência', o que leva os jovens de todos os segmentos sociais a enfatizarem os traços masculinos [dos quais a expressão de poder violento constitui um dos elementos], exacerbando as expressões de intolerância aos que apresentarem

qualquer sinal de efeminação ('maricas'), além de buscarem expressar os sentimentos de coragem, audácia e violência." (Oliveira, 2004: 214)

Há evidências que permitem constatar que os traços de masculinidade mais viril costumam ser mais enfatizados em alguns contextos do que em outros.

"Alguns fatores importantes como região de origem (comunidades rurais, mais presas a valores tradicionais), inserção em associações diversas (grupos religiosos ortodoxos, fundamentalistas, clubes de luta e artes marciais), corporações (militares, desportivas), além de outros (gangues de adolescentes, torcidas organizadas), podem explicar uma valorização exacerbada de aspectos da masculinidade, funcionando como espaços de socialização que reproduzem a vivência de valores mais arraigados e tradicionais, freqüentemente afiançadores de comportamentos masculinos pouco flexíveis (...)." (Oliveira, 2004: 208)

No processo de construção de identidades, a tentativa de constituir uma diferença positiva torna-se bastante comum nos mais diversos grupos sociais.

"Nesse meio que eles vivem, o cara tem que ser mau, tem que ser mau: 'Vou mostrar para eles que eu tenho uma fraqueza?', também tem isso."

No caso dos traços de masculinidade exacerbados nos segmentos populares, os valores viris figuram entre os poucos socialmente percebidos como positivos que são amplamente acessíveis aos homens pobres. A possibilidade de gerar filhos que não cumpram esses mandatos de masculinidade viril pode inclusive fazer com que pais ou outros parentes estimulem a entrada na carreira do crime como meio de exorcizar uma performance não condizente com a imagem do macho inquestionável.

"Eu tenho uma situação na minha família mesmo, meu avô, ele teve três filhos homens e três filhas mulheres. Ele falou assim: 'Eu prefiro que os meus três filhos homens morram a não ficar veado.' Ele falou bem assim, meu pai era trabalhador, trabalhava no cais do porto, ficou desempregado, foi o primeiro que entrou. Entrou, aí foi o primeiro que morreu. Aí, os meus dois tios viraram [traficantes]. (...) Acabou que os dois morreram porque o pai

queria também, e não queria se tivesse outra opção sexual também, que eu acho que meus tios eram meio assim... ele [o avô] empurrou para essa vida, para eles não serem [homossexuais]... Acabou que morreram."

Não é absurdo pensar uma distinção em relação ao uso da violência quando praticada pelos jovens de classe média e aqueles menos favorecidos que enxergam no jiu-jítsu algumas características pouco masculinas, buscando ver nas suas práticas algo mais próximo de uma masculinidade autêntica em função de uma expressão de violência menos ambígua:

"Essa nova atividade [o jiu-jítsu] foi recebida com desaprovação pelo líder da galera, que, ao confrontá-la com o baile funk, considera a sua prática sem a mesma emoção. Sua objeção primordial é quanto ao aspecto desagradável do ambiente, para ele a academia 'tem cheiro de homem', e 'homem ter que ficar agarrando homem não tem nada a ver', querendo ostensivamente demonstrar sua incompatibilidade de gosto. (...) Denomina como 'frescuras' as regras excessivas do jiu-jítsu, e atribui à emoção da luta 'mano a mano' sua principal motivação para ir para o 'corredor'. Aprova mais o uso da violência aberta, que associa à emoção de 'quebrar' o oponente. (...) Resume sua rejeição qualificando a prática do jiu-jítsu como 'coisa de mauricinho', um termo que, como foi visto, sustenta uma suposta classificação mais abaixo nas noções de masculinidade local." (Cecchetto, 1999: 9)

Mais especificamente em relação aos jovens de posição social inferior, há pesquisas que correlacionam a construção de uma identidade viril com a situação social inferiorizada.

"Entre estes jovens [dos segmentos menos favorecidos] há uma resposta à falta de poder, uma reivindicação à posição de poder de gênero, um intensivo exagero das convenções masculinas. (...) Padrões muito similares aparecem na prática coletiva dos operários, especialmente os de minoria étnica, gangues de rua nos EUA. Parece não haver um caminho de desenvolvimento-padrão nestas práticas, além do nível de tensão causado pela pobreza e pelo ambiente de violência. Através da interação neste meio, o adolescente combina uma fachada tensa e exagerada, afirmando poder onde não há fontes reais de poder." (Connell, 1995: 111)

O discurso do "cara durão" indubitavelmente oferece aos meninos do gueto uma atrativa identidade ou posição subjetiva, ainda que esteja baseado numa patética caricatura do poder patriarcal (Jefferson, 1996: 160).

A busca obsessiva da identidade é muitas vezes típica de quem se vê inferiorizado ou almeja uma melhor posição ou, no mínimo, a manutenção da que já foi obtida. A exacerbação do comportamento masculino funciona assim como recurso para auferir os benefícios disponíveis mantidos pelo regime de gênero aos que a eles fizerem jus, mormente em situações em que o agente ou o grupo se ressente de algum déficit real (caso dos homens de segmentos desfavorecidos), ou imaginário, em relação à economia de poder simbólico social.

O desenvolvimento de características hipermasculinas pelos agentes de classe popular pode ser entendido como uma estratégia compensatória acionada para contrabalançar a limitação de recursos para a ação nas mais diferentes esferas do mundo social. Estaríamos aqui diante de um déficit real de poder. Há casos, no entanto, em que um déficit simbólico poderia gerar uma orientação semelhante em agentes bem posicionados quanto à disponibilidade desses ativos. Neste caso, tratar-se-ia de atitude reativa a uma inconsistência de status de gênero explicitada na necessidade de promover arruaças, vandalismos e na perseguição a agentes contextualmente inferiorizados, como se vê em grupos de jovens tais como torcidas de futebol, clubes de luta e outras redes.

Não seria de todo impertinente lembrar que em alguns casos a incidência desses déficits materiais e/ou simbólicos num mesmo agente poderia levá-lo a aderir a circuitos de práticas e atividades nos quais esta ânsia de segurança e compensação seria apaziguada em confrontos e interações nos quais o uso exacerbado da violência caberia como um dado importante na resolução de conflitos e disputas em torno das almejadas posições dentro das redes.

Aludir a esses fatores tem, a meu ver, importância ao se buscar refletir a formação de redes de criminalidade de jovens de baixa inserção social, conjugando essas adesões ao processo que combina violência, gênero e classe social.[9]

---

[9] Volto a frisar que trato o recurso à violência vinculado ao processo de formação identitária dos adolescentes masculinos em qualquer classe social, porém evidências empíricas permitem afirmar uma ênfase ainda maior quando se trata de agentes de baixa inserção social. Evidentemente apenas uma pequena minoria dos jovens de baixa inserção social recorre aos recursos práticos e simbólicos da violência, mas é indispensável considerar este aspecto como relevante para entender a adesão de jovens às redes de criminalidade nas favelas. Além do mais, também é preciso considerar a evidência prática da existência de jovens pacíficos em algumas atividades como a "endolação" e mesmo — embora muito eventualmente — na gerência do tráfico.

As drogas, os estilos de vida juvenis e as redes de criminalidade[10]

O consumo de substâncias psicoativas pelos agentes das mais diferentes sociedades é algo do qual todos temos conhecimento. Os fármacos e as drogas estiveram presentes em inúmeros rituais religiosos e mágicos nas mais diversas sociedades primitivas de que se tem registro (Escohotado, 1998). Em nossa sociedade, tais substâncias se incluem em um amplo rol pelo qual algumas são classificadas como permissíveis e lícitas, como o álcool e o tabaco, e outras como ilegais, tornando o comércio e o consumo negados e passíveis de punição penal. Evidentemente, interessa aqui discutir aspectos referentes às drogas postas na ilegalidade, ainda que muitos desses aspectos também possam ser avaliados no uso e abuso de alguma substância psicoativa legalizada, como é o caso do álcool.

Para compreender a adesão de jovens favelados às redes de criminalidade, é fundamental analisar a relação desse processo com a presença das drogas nas favelas. Além de ser a mercadoria que as redes do tráfico comercializa, pode também empurrar os que dela abusam para esses circuitos de comércio criminoso, pois ilícitos. De fato, a cooptação dos "abusuários" é freqüente nas redes de criminalidade. Uma vez entregues à dependência química e psíquica de alguma substância psicoativa, esses agentes se submeterão a qualquer atividade que permita obtê-la. Ao atingirem esta condição, apenas com ajuda externa poderão livrar-se da dependência, e assim ficar a salvo das mazelas que ela acarreta.

> *Entrevistada: "Porque é assim, o pobre ele rouba às vezes para conseguir dinheiro para comprar droga."*
>
> *Pesquisador: "Mas como é que fazia para conseguir grana, como é que era?"*
>
> *Entrevistada: "Fazia avião, fazia bonde..."*

Devido à proximidade e quase sobreposição entre os circuitos de consumo e de venda nas favelas, os usuários, e não apenas os "abusuários" nessas locali-

Seria mais difícil encontrar jovens com estas características em outras posições no complexo de atividades que compõem a rede do tráfico.

[10] As observações constantes desta e das próximas seções incorporam evidências de pesquisa que realizei para o Ministério da Justiça, mencionada no início deste artigo.

dades, estão em permanente contato com os agentes que constituem a rede de criminalidade local. Isto possibilita aos participantes de ambas as redes o processo gradativo de conhecimento pessoal e acompanhamento das rotinas que compõem ambos os circuitos, o que facilita o convite para a adesão às redes criminosas de agentes usuários de drogas nas favelas. A situação é a mesma quanto ao contato constante com parentes ou amigos que fazem uso de drogas.

Entrevistada: "Eu comecei com 14 anos... eu cheguei a ganhar dinheiro com cocaína, porque eu comecei a conhecer 'amiguinhos'..."

Pesquisa com agentes criminosos indiciados e condenados registrou relatos nos quais uso e abuso de drogas são acionados para explicar a adesão às redes de criminalidade:

"Estudava na escola, depois abandonei os estudos também, né? E ali parti pra vida do crime. Comecei a usar droga na rua, né? Muito envolvimento com os amigos... comecei a usar drogas... entrar muito na bebida. Aí, depois, já baixou aqueles desejos de roubar, né? De farra. Aí, já começa tudo. Quem tá nas drogas, aprende tudo. Faz parte das drogas. O primeiro caminho é (sic) as drogas." (Magalhães, 2006: 104)

Outro entrevistado viveu com a família até os 13 anos, mas, influenciado por amizades, começou a experimentar drogas:

"Depois já era. Comecei na droga, né? Depois comecei a vender. Depois vi que não dava certo. Aí fui e comecei a roubar." (Idem: 105)

Relatos semelhantes também constam de outra pesquisa:

"(...) tudo foi a partir do momento que eu comecei a usar droga com os amigos, aí esses mesmos amigos foram os que permitiram ter uma aproximação fora da minha casa. Aí comecei a freqüentar as embalações... Aí o amigo me levava lá. Ali eu fazia os trabalhos. Uma parte eu recebia em dinheiro, outra eu recebia em drogas (...) Depois alguns amigos passaram a ser soldados do tráfico. Aí foi onde eu comecei a ter contato íntimo, onde eu ficava no plantão com o amigo fazendo companhia pra eles (...) Às vezes

o chefe precisava de algum favor na rua, a gente ia (...). Tinha dia que eu andava com duas armas, uma pistola e um revólver (...) Foi assim, foi progredindo. Comecei no grupo de usuário, depois (...) passei para o grupo de embalações, depois já comecei a tirar plantão junto com os caras." (Silva et alii, *2006: 19)*

Nesta última pesquisa, "dos 230 entrevistados [todos participantes nas redes do tráfico em favelas], 89,6% declararam fazer uso de alguma substância tóxica" (idem, 26). "Além disso, cerca de 15% [dos entrevistados] declararam receber uma carga extra de drogas como gratificação" (Silva *et alii*, 2006: 26 e 31).

Em sua pesquisa com condenados, Magalhães (2006: 138) constatou que a maioria dos que se enquadravam no famoso 157 (categoria dos assaltantes e dos que praticam roubo) era constituída por usuários de cocaína e/ou crack.

Vários também foram os relatos colhidos entre os moradores nos coletivos de confiança que acionam esta relação simbiótica entre o consumo de drogas nas favelas e a adesão às redes de criminalidade

Moderador: "O grupo com que ele anda muda, necessariamente?"

"Muda, porque que acontece..."

Moderador: "Mesmo que seja um grupo menos careta?"

"Mesmo que seja, sabe por quê? Ele começa a se identificar com aquele grupo, quando ele começa a ser usuário de drogas ele começa a se envolver mais com o grupo diferente daquele com que ele vivia, então ele foge daquele grupo. (...) É uma coisa que vai muito além, quando você começa a usar, quando você começa a fumar maconha, uma coisa muito pequenininha, daqui a pouco aquela droga já se torna uma coisa muito leve porque você já se acostumou a ela. Você começa a experimentar drogas mais pesadas e mais pesadas e se torna uma viciada, e aquilo já toma o corpo todo, aí você já entra no tráfico fazendo pequenos [serviços], levando uma carga para outro."

"Dentro da favela é muito difícil que você consuma drogas, como usuário, por pouco tempo... Tem que se envolver com o tráfico, essa é a minha questão."

"Tem até alguns casos de gente que trabalha e consome drogas, mas é um número pequeno. Em geral, quem consome drogas continuado acaba estabelecendo uma relação com o tráfico."

"Eu tive essa experiência. (...) era usuária de drogas e comecei a ingressar no tráfico somente como usuária, uma coisa, assim, banal. Eu não queria me envolver diretamente com eles, mas fui me envolvendo, me envolvendo e comecei a namorar traficantes e comecei a me envolver com traficantes mais pesados, os que têm um poder maior, e comecei a virar carreta. O que é carreta? É aquela mulher que começa a levar carga de um morro para outro, ou seja, pegava carga do [nome da favela], cocaína, maconha, e levava para [nome da favela], levava carga para [nome da favela], [nome da favela].. Tinha essa ligação, levar drogas para o morro, pegar dinheiro (...)."

É indispensável verificar em que medida o abuso de substâncias tóxicas aparece como razão fundamental na entrada em redes do crime no caso dos jovens de classe média. Não há dúvida de que o uso da droga ilícita favorece o contato e a proximidade com as redes de criminalidade em qualquer situação. Isso não acontece com os usuários de álcool e de tabaco. O que nos leva a pensar que a questão não está nessas substâncias em si (abstraindo os danos à saúde que possam acarretar), mas antes na condição de ilicitude que caracteriza jurídica e socialmente o seu uso, obrigando os usuários a entrar em contato com as redes de criminalidade que assumem os riscos da venda.

Ainda com relação às questões de identidade, as drogas também propiciam ao usuário participar de regimes de risco, nos quais a excitação da transgressão e da ousadia de arrostar prescrições morais específicas assegura uma identidade "descolada", "maneira", em contraposição aos "caretas", "otários" e "manés". Neste contexto, nos momentos de consciência alterada as drogas propiciam aos jovens um sentimento de maior segurança e desinibição frente aos desafios que precisam enfrentar para provar a si e aos membros da sua rede de interação seus valores pessoais (além, é claro, do prazer sensório).

Da mesma forma, o uso de drogas, lícitas ou não, tem um papel na prática de atividades criminosas,[11] pois é comum que sirvam igualmente como neutra-

[11] Para algumas substâncias como o *ecstasy*, por exemplo, isto não é verdade, uma vez que se trata de uma droga que, segundo os usuários, estimula o sentimento amoroso "por tudo e todos" e jamais incita à violência ou à vivência de riscos.

lizadoras da percepção dos altos riscos que algumas atividades envolvem, como os confrontos armados, ou mesmo as que requerem impassibilidade e sangue-frio, como assaltos, roubos ou execuções de inimigos ou ex-companheiros.

> *"Leandro contou que não olhava se tinha polícia e não escolhia o momento para fazer o roubo, pois agia 'cheio de cerveja na mente' (...) [É] comum a situação em que alguém que pretende praticar um crime faz uso de bebidas ou drogas para anular a própria percepção dos perigos da ação." (Magalhães, 2006: 131-32)*

Com freqüência o uso de substâncias psicoativas resulta em estados de ânimo em que sentimentos de coragem, frieza, clareza e percepção atiladas, entre outros, são quimicamente induzidos, alterando as avaliações de viés moral ou quaisquer outras que poderiam prejudicar a execução de inúmeras "tarefas" comuns às narrativas de vida nas redes criminosas. Da frieza para a crueldade não há sequer um passo:

> *"Eu tenho 22, é um bom tempo... Está mais violento."*
>
> *Moderador: "Agora?"*
>
> *"Além de estarem mais drogados, eles estão mais cruéis."*
>
> *"Principalmente os jovens, eles são mais violentos, estão matando a sangue-frio com requintes de crueldade. Não basta chegar aqui e te dar um tiro. Têm que ver você sentir dor, ver você morrendo aos poucos, torturando."*

Narrativas culturais

Não são poucos os autores que vêm já há algum tempo discutindo um deslocamento de ênfases culturais que incidiriam cada vez mais na valorização do consumo e em um hedonismo baseado no prazer sensorial que ele produziria. Um aumento do uso ou do abuso de drogas que alimenta as redes do tráfico relaciona-se com uma mudança socioestrutural que Costa (2001; 2004) aponta como a transferência da ênfase no processo de subjetivação, dos sentimentos para as sensações:

> *"Na economia dos sentimentos, o bom objeto é o que resiste ao tempo e estabiliza o prazer, na das sensações, é o que excita,* hic et nunc, *os sentidos, despertando o corpo para uma nova prontidão prazerosa: drogas psicoestimulantes, medicamentos, alimentos energéticos, tônicos, hormônios etc." (Costa, 2004: 168)*

É plausível incorporar este esquema para situar os efeitos de narrativas culturais que incentivam os agentes a fruir o prazer das sensações, valorizando uma vivência mais intensa do momento presente, desconsiderando elos que limitem a busca da intensificação dos estímulos. Da mesma forma, existe a possibilidade alternativa, uma atitude em que a recusa dos valores contidos nessas narrativas produziria o prazer dos sentimentos e apontaria para a realização de valores morais específicos. Reconhecer esta polarização é importante, pois o sentimento de dever realizado, exatamente porque implica a acumulação de sensações muito desagradáveis (a desqualificação social e a fadiga física no desempenho de trabalhos subalternos e estafantes, por exemplo), pode ser gratificante.

Na economia das sensações, a gramática sentimental, que é sustentada por valores e normas, deixa de fazer sentido, e os prazeres imediatos e intensos eclipsam a influência de narrativas morais mais complexas, que levam em consideração as obrigações que prendem o agente às redes intersubjetivas com outros agentes significativos. Nesta linha, segundo Costa, ricos e pobres se drogam porque lhes é sugerido que o êxtase químico é a estrada pavimentada da felicidade: "o comércio de drogas é sórdido, mas tudo vale a pena se o prazer não é pequeno. Por acaso, alguém tem uma razão melhor para viver?" (Costa, 2004: 176). É como se houvesse uma "*bigmouth*" sussurrando subliminarmente em nossos ouvidos: "adquiram e gozem o mais possível, o resto é secundário e inexistente" (Castoriadis, 1998: 153). A alegoria da "*bigmouth*" sintetiza a idéia de que estamos constantemente sujeitos às narrativas culturais que ouvimos e reproduzimos.

De um modo mais imediato, essas narrativas se apresentam em novelas, músicas, filmes, peças de publicidade, valores, idéias, mitos, além de narrativas religiosas, acadêmicas, políticas etc., disseminando-se por meio das instâncias simbólicas de representação cultural e mesmo nas vivências cotidianas e interacionais dos agentes em discursos, diálogos, textos e outras vivências comunicativas.

Claro está que essas narrativas culturais não são unívocas, mas, ao contrário, díspares, diversas, complementares, antagônicas etc., podendo se formar uma ampla variedade de arranjos os mais heteróclitos e inusitados. Não obstante, Costa e Castoriadis (que exemplificam, aqui, um *corpus* bibliográfico muito amplo) sugerem que essas contraposições narrativas produzem, em seu conjunto, uma ênfase exacerbada no consumo e na valorização das sensações que ganham impulso e têm correlação com a imperiosa necessidade de realização da acumulação capitalista no consumo final dos mercados consumidores.

Isto tem feito avançar um processo que pode ser denominado de "privatização dos agentes", para marcar a diferença do processo de subjetivação baseado na individualização, ainda que haja pontos de contato.[12] Chama a atenção o fato de a "privatização subjetiva" estar completamente alinhada com a moral das sensações e com as narrativas culturais de sucesso pessoal a qualquer preço.

Sobre este último aspecto, Merton sugeriu que a proliferação de atividades criminosas em uma sociedade se relaciona ao desequilíbrio de ênfases culturais entre os fins sociais e os meios para alcançá-los. Na cultura moderna ocidental e capitalista não resta dúvida nenhuma de que riqueza e poder são vistos como o objetivo maior que os agentes devem conquistar. A negligência quanto ao estatuto moral dos meios empregados por muitos dos agentes poderosos e ricos que conquistaram sua posição é suficientemente demonstrada pelo respeito e admiração que usufruem, bem como pelas demonstrações de impunidade quando a ilicitude dos meios utilizados em suas duvidosas "trajetórias de ascendência social" não pode ser disfarçada.

Merton é suficientemente lúcido para reconhecer que a distribuição social dos meios legítimos não é homogênea, favorecendo com clareza os estratos superiores. Ainda que admirados e invejados, paira uma grande desconfiança em torno dos agentes que constituíram grandes fortunas. Um ambiente de desmoralização, ainda vago, torna-se mais consistente a cada novo escândalo ou epi-

[12] Autores como Deleuze apontam para uma produção contínua de subjetividades que só no capitalismo encontraria esta dimensão hipertrofiada de forma tal que os desejos tornam-se cada vez mais imperiosos. Creio ser esta uma importante vertente analítica que vem ganhando adeptos no mundo acadêmico e abalando as antigas bases das teorias sociológicas que de alguma forma imputavam ao peso das estruturas um importante viés explicativo dos fenômenos sociais. Para Elias, essas "subjetivações" devem ser pensadas como elaborações típicas de uma específica configuração social que é própria da sociedade contemporânea. Ou seja, os "dopados culturais" são típicos de outras configurações. O desenvolvimento destas questões não cabe nas dimensões do presente artigo.

sódios de corrupção que constam das narrativas típicas dos crimes do colarinho branco. O depoimento de um condenado pode ser tomado como ilustração:

> *"A justiça é uma máfia. Polícia é máfia. Promotor é máfia. Tudo é bandidagem. Tudo é do crime. Tudo é bandido. O bandido de curso superior rouba na caneta (...) Essa justiça que está aí não é para proteger pobre, não." (Magalhães, 2006: 176)*

Para Costa, é como se os criminosos e delinqüentes fizessem tudo aquilo o que todos gostariam de fazer em fantasia: apropriar-se violentamente dos bens dos agentes privilegiados, os *fortunate few* invejados pela visibilidade, mas desprezados como volúveis, ociosos ou exorbitantemente pagos pelo pouco que fazem. De modo bastante direto, Castoriadis (1998: 78-79) afirma que na sociedade contemporânea valores fundamentais tornaram-se irrisórios e foram substituídos pela "quantidade de dinheiro que se mete no bolso de qualquer maneira, [ou] o número de vezes em que se aparece na televisão".

Na perspectiva de ambos, as benesses dessas significações hegemônicas estão centradas no máximo ganho e gozo que cada agente pode obter. Mas este "ganhar e gozar" está completamente desligado de qualquer função social integradora. Não se ganha porque se vale isto ou aquilo: vale-se porque se ganha. Os prazeres sensoriais sempre existiram, mas atualmente foram colocados no topo dos ideais de felicidade, deslocando ideais e comportamentos baseados nos grandes sentimentos, pensamentos ou ações (Costa, 2004: 94).

A escalada da violência nos grandes centros poderia então ser explicada em parte como efeito da crescente avidez por objetos supérfluos e pelo culto ao corpo e aos prazeres corporais, estimulados pelas instâncias de reprodução simbólica (Costa, 2004: 131). Ainda segundo esse autor:

> *"Não se trata de um vazio de valores, mas de uma nova hierarquia de valores, onde o material é o* nec plus ultra. *Nunca o consumo de bens tinha sido tratado como sinônimo de felicidade, a não ser para pessoas com privações extremas (...). Não basta haver produção em larga escala para que haja consumo. Os indivíduos consomem porque aprenderam a associar consumo à felicidade (...) Carnificinas são acionadas, não em nome de qualquer dogma, mas pela simples busca pela transformação da vida num grande parque de diversões. Isso porque alguns decidiram transformar os seus prazeres no*

umbigo do mundo e objetivo central de toda a existência (...). Entre o culto irresponsável ao corpo e o culto aos cadáveres, o passo é curto." (Costa, 2004: 135, 137, 177-178 e 236)

Considerações finais

Nesta seção, retomo o argumento desenvolvido, acrescentando elementos para finalizar a discussão.

Começo evocando a metáfora do *alter ego* proposta por Bauman, a fim de refletir sobre as favelas cariocas no quadro da economia imaginária urbana na qual se inserem.

> "*Ser um* alter ego *significa servir como depósito de entulho dentro do qual todas as premonições inefáveis, os medos inexpressos, as culpas e autocensuras secretas, demasiadamente terríveis para serem lembrados, se despejam; ser um* alter ego *significa [ser] (...) uma efígie em que tudo o que não pode ser suprimido pode ser queimado. O* alter ego *é o escuro e sinistro fundo contra o qual o eu purificado pode brilhar." (Bauman, 1998: 119)*

As favelas cariocas são a mancha na tessitura da urbe, o lugar em que as encenações de violência ganham vigência quase que cotidianamente. Ali os bandos de traficantes de diferentes facções se confrontam, levando pânico e desassossego a boa parte dos moradores que se esfalfam para manter uma inserção social minimamente digna.

Atualmente, ganham força as chamadas "milícias", que já "tomaram" algumas delas para "protegê-las" dos bandos que traficam drogas. Na verdade, visam antes de tudo assumir o monopólio da negociação de serviços para os moradores, não lhes deixando opção a não ser submeter-se ao confisco de seus direitos de cidadania.

Creio que uma das razões necessárias para entender a facilidade com que nesses territórios brotam microssociedades ilegítimas está na forma como o Estado ali se apresenta, especialmente na complexa relação entre traficantes e a corporação policial (embora não disponha de informação para tratar dela).

São comuns os comentários a respeito de um processo de "desinstitucionalização" que atinge todas as estruturas sociais, das quais o Estado é uma das mais importantes. Nesta perspectiva, a redução da atuação estatal estaria sendo compensada pela emergência de organizações não-governamentais que atuariam topicamente, substituindo políticas de intervenção mais amplas, elegendo temas ou problemas pontais (ou "focais") como alvos de sua atuação. Independentemente dos avanços que a mudança pode trazer, ela expressa o abandono das políticas sociais orientadas para a generalização da inclusão social que implicavam mecanismos universalistas de proteção a categorias sociais menos favorecidas.

Nos países centrais, constata-se a desobrigação dos Estados para com parcelas consideráveis de suas populações. A estratégia social, se assim pode ser chamada, é manter o apoio à maior parcela dos cidadãos e reprimir, controlar ou até mesmo eliminar o "restante", composto por imigrantes e desempregados na Europa, negros e hispânicos nos EUA. Nos países periféricos, como o Brasil, o percentual dos incluídos é bem menor. Independentemente dessas variações, sobra aos desfavorecidos apenas a possibilidade de reagir em vias alternativas variadas, entre as quais a destruição ou o vandalismo, a marginalização e a criminalidade (Castoriadis, 1998: 80).

Procurei chamar a atenção para o fato de que a situação geral das favelas favorece a emergência de redes de interdependência ligadas ao crime, sempre frisando que isto se deve à impotência dos moradores diante da força bélica que mantêm ali as microssociedades que dominam os territórios nos quais estão instaladas de forma ilegítima e violenta. A proximidade e mesmo a contigüidade dessas redes em relação às redes de interação juvenis permite o cruzamento de atividades que favorecem o trânsito e mesmo a adesão de alguns agentes juvenis às primeiras.

Refletir sobre a adesão às redes criminosas requer considerar sua multicausalidade, que se expressa em cada trajetória específica por combinações variadas em natureza, grau e intensidade de diferentes aspectos. Um deles, sem dúvida, diz respeito ao fato de que nas favelas os jovens têm menos oportunidades de trilhar caminhos legítimos de ascensão social, o que os leva a se aproximar das oportunidades de rendimentos que as redes de criminalidade propiciam — mas isto é apenas um elemento da explicação, claramente insuficiente.

Outro aspecto a se considerar na juvenilização do crime é que o comércio de drogas nas favelas tem sido uma excelente fonte de lucros para os grupos que se dispõem a comercializá-las. Isto tem acarretado um sem-fim de confrontos visando o monopólio da distribuição ao usuário final dessas mercadorias postas na ilicitude. Acrescente-se, por outro lado, a aproximação de policiais que, a partir da privatização de suas funções institucionais, procuram se beneficiar da pujança da economia da droga. Essa tentativa faz com que eles tenham uma intensa participação nas encenações de violência que vitimizam parcela significativa de jovens, que são continuamente substituídos nas redes de interdependência da criminalidade (para não falar, em todos esses casos, das vítimas de balas perdidas e outros inocentes que não participam dessas refregas).

Torna-se também importante verificar como o processo de construção das identidades juvenis de alguns agentes encontra no simbolismo das facções um apoio imaginário suscitado pelas referências à potência, à capacidade de impor medo, sujeição e domínio aos outros, além das possibilidades de ganhos simbólicos e materiais específicos. Não se pode esquecer que os bandos e as facções patrocinam atividades variadas dentro desses territórios, inclusive, por exemplo, algumas práticas de lazer, tais como o financiamento de bailes nos quais os "funks proibidões" fazem a apologia dos financiadores, tendo importância na economia do investimento simbólico em torno da facção e de suas narrativas.

Ao longo do texto, sugeri que narrativas são fundamentais no sentido de que podem perfazer um *script* de vida, nem sempre diretamente acessível à consciência dos agentes, porém mesmo assim atuante no sentido de inclinálos a participar de jogos e protagonizar encenações que as próprias narrativas suscitam e sugerem. Neste sentido, elas são as molas propulsoras das redes de interdependência. Exprimem o valor e a função de cada posição na rede e suscitam as disputas em torno do prestígio que elas próprias consagram ao serem assumidas e investidas pelos agentes que as compõem. Assim é que as redes de criminalidade se apóiam em narrativas variadas das quais as encenações de violência constituem uma parte fundamental, pois o poder de cada bando é narrado sob a forma da capacidade de dominação e enfrentamento em relação a outros bandos e em relação aos policiais.

O processo de adesão pode ser algo gradativo, favorecido pela proximidade e contigüidade das práticas que muitas vezes se mesclam e constituem pontos de interseção, como no caso das redes juvenis de usuários de substâncias psicoativas e as redes de criminalidade em favelas.

As encenações são também verdadeiros testes que separam os participantes que se apresentam com disposição para apreciar os desafios e riscos enfrentados nessas perigosas e muitas vezes fatais formas de expressão de poder. Para estar à altura do tráfico é necessário que o jovem tenha disposição para acionar práticas de violência, no sentido que Zaluar chamou de "*ethos* guerreiro" — incluindo a disposição para matar, elemento fundamental para quem quiser não apenas herdar um "morro", mas conquistá-lo e mantê-lo com suas próprias forças.

Neste enredo androcêntrico, as questões de gênero e a ênfase em uma masculinidade violenta têm papel de destaque e não podem ser desconsideradas, pois as narrativas que conferem ao macho a supremacia identitária e simbólica tendem a valorizar determinadas práticas baseadas na violência que fundamentam atividades essenciais das redes criminosas, tais como os confrontos com policiais e outros bandos. Acresce que a masculinidade tem sua importância exacerbada por dois fatores: baixa inserção social e especificidades da faixa etária juvenil, em que a necessidade de se afirmar como macho tem relevância indiscutível para muitos.

As drogas desempenham duplo papel neste circuito narrativo: são a mercadoria que garante o sucesso econômico do tráfico e vicejam e atuam no sentido de inclinar os usuários a integrar as redes de interdependência criminosas. Além de empurrarem para essas redes aqueles que eu chamo de "abusuários" (distinguindo-os dos simples usuários), podem também alterar os estados naturais de vigília. Elas induzem quimicamente o agente a se sentir mais preparado, corajoso ou simplesmente infenso a emoções impertinentes, como o medo ou qualquer outra de viés moral, que possam interferir na realização das tarefas "sujas", porém essenciais, das redes.

O que a maioria dos analistas ainda não percebeu é que usar droga é antes de tudo assumir um estilo de vida transgressor, ousado, curioso, experimentador, desafiador. Não é possível enxergar os usuários como meros desviantes ou doentes, simples criminosos e viciados.

Importa ainda registrar que o uso de drogas tem impacto diverso nas diferentes camadas sociais. A proximidade do jovem usuário favelado com as redes de criminalidade é um risco e um elemento a mais no sentido de aproximá-los das carreiras criminosas. Isto não pode ser imputado às drogas em si próprias, nem tampouco à ordem interna das favelas. Vale lembrar que durante o período da Lei Seca nos EUA proliferaram redes mafiosas que se aproveitaram do ilícito para usufruir os altos lucros gerados pelo comércio do álcool tornado ilegal. Temo que o mesmo esteja ocorrendo no Rio e no Brasil.

As drogas são um problema de saúde pública; podem conduzir todos os que ultrapassam a condição de usuário para a situação do "abusuário" ao vício e à ruína moral e física, mas nem por isso podem continuar a ser tratadas como mero problema policial e de segurança pública. Vultosas somas de recursos públicos continuam sendo investidas na política da repressão, que se assemelha, neste caso, a um enxugamento de gelo. O pior é quando se sabe que o freezer continua com todo o seu potencial produtivo e que não há sinal de mudança em uma configuração social que, entre outras tendências, vem gerando intensa valorização do sensório.

O estudo da realidade social se torna mais complexo quando se considera que os processos de imbricação entre as narrativas simbólicas e culturais integram de modo diverso o repertório do que os agentes constituem como a motivação fundamental de suas vidas. É nossa tarefa pensar esta pulsante rede configuracional, na qual grandes narrativas culturais se integram em práticas cotidianas e são investidas de modo particular de acordo com a posição e a disposição naturalmente constitutiva dos agentes. É falsa a dicotomia que opõe agência e estrutura. Há liberdades situacionais, posicionais e configuracionais, da mesma forma que constrangimentos correspondentes. Se as narrativas culturais inclinam os agentes a tomar como suas as ênfases culturais, elas nada mais fazem do que subjetivá-los e legar a eles o papel de reproduzi-las. Numa configuração social diversa e complexa como a nossa, há inúmeras trajetórias sociais possíveis, assim como também inúmeros constrangimentos e algumas margens de escolha, que variam de acordo com a posição do agente. Cabe a nós, sociólogos, analisar e buscar decifrar algumas das questões que nos afligem. Nunca iremos exaurir as fontes dos problemas que assediam nossa atual configuração social. Temos de tomar isto como um desafio, um jogo, assumindo seus riscos e investindo na capacidade de explicar os intricados e complexos fenômenos que nos constituem e que perfazem o nosso mundo social.

Apresentei aqui apenas um pequeno exercício dessa tentativa, buscando tatear e integrar elementos díspares que podem atuar no sentido de explicar, ainda que de forma parcial e precária, a adesão juvenil às redes de criminalidade em favelas.

Referências bibliográficas

ADORNO, Sérgio. "A criminalidade urbana no Brasil: um recorte temático". *BIB - Boletim Informativo e Bibliográfico de Ciências Sociais*, nº 35, 1993.

AGAMBEN, Giorgio. *Homo sacer - O poder soberano e a vida nua I*. Belo Horizonte: UFMG, 2002.

ALVITO, Marcos. *As cores de Acari: uma favela carioca*. Rio de Janeiro: FGV, 2001.

ANDERSON, Benedict. *Imagined Communities: Reflections on the Origin and Spread of Nationalism*. London: Verso, 1983.

ANISTIA INTERNACIONAL. *Rio de Janeiro 2003: Candelária e Vigário Geral, 10 anos depois*. London: Amnesty International Publications, 2003.

ARIÈS, Phillippe. *História social da infância e da família*. Rio de Janeiro: LTC Editora, 1981.

ASAD, Talal. "Where are the margins of the state?". In: Das V.; Poole D. (ed.), *Anthropology in the margins of the state*. Nova Délhi: Oxford University Press, 2004.

AVRITZER, Leonardo. "Um desenho institucional para o novo associativismo". *Lua Nova Revista de Cultura e Política*, nº 39, 1997.

BARREIRA, Irlys A.F. "Política, memória e espaço público: a via dos sentimentos". *Revista Brasileira de Ciências Sociais*, vol. 16, nº 46, 2001.

BAUMAN, Zygmunt. *Globalização - As conseqüências humanas*. Rio de Janeiro: Zahar, 1999.

______. *O mal-estar da pós-modernidade*. Rio de Janeiro: Zahar, 1998.

BECK, Ulrich. "A invenção da política: rumo a uma teoria da modernização reflexiva". In: Giddens A., Beck U., Lash S. (eds.), *Modernização reflexiva: política, tradição e estética na ordem social moderna*. São Paulo: Unesp, 1997.

BIRMAN, Patricia. "Conexões políticas e bricolagens religiosas: questões sobre o pentecostalismo a partir de alguns contrapontos". In: Sanchis P. (org.). *Fiéis e cidadãos. Percursos do sincretismo no Brasil*. Rio de Janeiro: Uerj, 2001.

______. "Imagens religiosas e projetos para o futuro". In: Birman P. (org.), *Religião e espaço público*. Brasília: Attar Editorial/CNPq-Pronex, 2003.

______. "Conversion from Afro-Brazilian Religions to Neo-Pentecostalism: Opening New Horizons of the possible". In: Steigenga T., Cleary (ed.). *Conversion of a Continent. Contemporary Religious Change in Latin America.* New Jersey: Rutgers University Press, 2007.

______. "Caminhos democraticos para o controle das armas" (disponível em http://www.ibase.org.br, 2006).

___ e LEITE, Márcia Pereira. *Um mural para a dor: movimentos cívico-religiosos por justiça e paz.* Porto Alegre: UFRGS/Pronex-MCT/CNPq, 2004.

______. "Whatever happened to what used to be the largest catholic country in the world?". *Daedalus-Journal of the American Academy of Arts and Sciences*, vol. 29, nº 2, 2000.

BLUMER, H. *Symbolic interactionism: perspective and method.* Englewood Cliffs: Prentice-Hall, 1969.

BOLTANSKI, Luc; THÉVENOT, Laurent. *De la justification. Les économies de grandeur.* Paris: Gallimard, 1991.

______. *El amor y la justicia como competencias: tres ensayos de teoría de la acción.* Buenos Aires: Amorrortu, 2000.

______. *L'amour et la justice comme compétences.* Paris: Métaillé, 1990.

___ e CHIAPELLO, E. *Le Nouvel esprit du capitalisme.* Paris: Gallimard, 1999.

BOSCHI, Renato Raul. *A Arte da Associação: Política de Base e Democracia no Brasil.* São Paulo: Vértice, 1987.

BOURDIEU, Pierre. *Questões de sociologia.* São Paulo: Brasiliense, 1983.

______. *Razões práticas.* Campinas: Papirus, 1996.

BOYER, Veronique. "La renaissance des perdants: Évangélistes et migrations en Amazonie brésilienne". Paris, mimeo, 2007.

BRANDÃO, Carlos Rodrigues. *Os deuses do povo.* São Paulo: Brasiliense, 1980.

BRODEUR, Jean-Paul. "Por uma sociologia da força pública: considerações sobre a força policial e militar". *Caderno CRH*, vol. XVII, nº 42, 2004.

BURDICK, John. *Looking for God in Brazil. The progressive Catholic Church in Urban Brazil's religious arena.* Berkeley: University of California Press, 1993.

BURGOS, Marcelo. "Cidade, Territórios e Cidadania". *Dados – Revista de Ciências Sociais*, vol. 48, nº 1, 2005.

______. "Dos parques proletários ao Favela-Bairro: as políticas públicas nas favelas do Rio de Janeiro". In: Zaluar, A; Alvito, M (org.), *Um século de Favela.* Rio de Janeiro: FGV, 1998.

CALDEIRA, César (org.). "Crime organizado e política de segurança pública no Rio de Janeiro". *Revista Archè*, Faculdade de Direito/Ucam, vol. VII, nº 19, 1998.

CALDEIRA, Teresa Pires do Rio. *Cidade de muros: crime, segregação e cidadania em São Paulo*. São Paulo: Editora 34/USP, 2000.

CANO, Ignácio. *Análise territorial da violência no Rio de Janeiro*. Rio de Janeiro: Iser, 1997a.

______. *Letalidade da ação policial no Rio de Janeiro*. Rio de Janeiro: Iser, 1997b.

______. "Execuções sumárias no Brasil: o uso da força pelos agentes do Estado". JUSTIÇA GLOBAL. Execuções sumárias no Brasil: 1997-2003. Rio de Janeiro: Centro de Justiça Global/Núcleo de Estudos Negros, 2003.

CARNEIRO, Sandra de Sá; FREIRE-MEDEIROS, Bianca. "Antropologia, religião e turismo: múltiplas interfaces". *Religião & Sociedade*, vol. 24, nº 2, 2004.

CARVALHO, José Murilo de. *Cidadania no Brasil: o longo caminho*. Rio de Janeiro: Civilização Brasileira, 2001.

CARVALHO, Maria Alice Rezende de. "Cidade escassa e violência urbana. Violência e participação política no Rio de Janeiro". *Série Estudos*, nº 91. Rio de Janeiro: Iuperj, 1995.

______. "Violência no Rio de Janeiro: uma reflexão política". In: Pereira, C.A.M.; Rondelli, Schollhammer, E.K., Herschmann, M. (org.). *Linguagens da violência*. Rio de Janeiro: Rocco, 2000.

CASTORIADIS, Cornelius. *A ascensão da insignificância*. Lisboa: Bizâncio, 1998.

______. "As raízes psíquicas e sociais do ódio". In: *Figuras do pensável: as encruzilhadas do labirinto*, vol. VI. Rio de Janeiro: Civilização Brasileira, 2004.

CECCHETTO, Fátima. A turma do Andaraí: notas sobre a noção de masculinidade. Trabalho apresentado no seminário Masculinidades hegemônicas e subalternas: novas perspectivas dos estudos de gênero. Rio de Janeiro: IMS/ Uerj, junho, mimeo, 1999.

______. Violência e estilos de masculinidade. Rio de Janeiro: FGV, 2004.

CEFAÏ, Daniel. "La construction des problèmes publics. Définitions de situations dans des arènes publiques". *Revue Réseaux*, nº 75, 1996.

CEFAÏ, Daniel; TROM, D. *Les formes de l'actions collectives. Mobilisations dans des arènes publiques*. Paris: EHESS/Raisons Pratiques, 2001.

CHATTERJEE, Partha. *Colonialismo, modernidade* e *política*. Salvador: EdUFBA/Ceao, 2004.

CHEVALIER, Louis. *Classes labourieuses et classes dangereuses*. Paris: Hachette, 1984.

CLOWARD, R.; OHLIN, L. "Differential opportunity structure". In: Wolfgang M.; Ferracuti, F. (eds.). *The sociology of crime and delinquency*. Nova York: John Wiley, 1970.

COELHO, Edmundo Campos. "A Oficina do Diabo: Crise e conflitos no sistema penitenciário do Rio de Janeiro". In: *A Oficina do Diabo e outros estudos sobre criminalidade*. Rio de Janeiro: Record, 2005.

______. "Da Falange Vermelha a Escadinha: o poder nas prisões". In: *A Oficina do Diabo e outros estudos sobre criminalidade*. Rio de Janeiro: Record, 2005.

COSTA, Jurandir Freire. *A aura e o vestígio: corpo e consumismo na moral do espetáculo*. Rio de Janeiro: Garamond, 2004.

______. *Sem fraude nem favor: estudos sobre o amor romântico*. Rio de Janeiro: Rocco, 1999.

COSTA, Sérgio. "Desprovincializando a sociologia: a contribuição pós-colonial". *Revista Brasileira de Ciências Sociais*, vol. 21, nº 60, 2006.

DAMATTA, Roberto. *Carnavais, malandros e heróis. Para uma sociologia do dilema brasileiro* (3ª ed.). Rio de Janeiro, Zahar Editores, 1981.

DA SILVA CATELA, Ludmila. *Situação-limite e memória. A reconstrução do mundo dos familiares desaparecidos da Argentina*. São Paulo: Hucitec/Anpocs.

DAS, Veena; POOLE, Deborah (eds.). *Anthropology in the margins of the state*. New Delhi: Oxford University Press, 2004.

DEWEY, John. *Le public et ses problèmes*. Paris: Léo Scheer, 2003.

DOIMO, Ana Maria. *A vez e a voz do popular: movimentos sociais e participação política no Brasil pós-70*. Rio de Janeiro: Relume Dumará/Anpocs, 1995.

DOWDNEY, Luke. *Crianças do tráfico: um estudo de caso de crianças em violência armada organizada no Rio de Janeiro*. Rio de Janeiro: 7Letras, 2003.

DURKHEIM, Émile. *O suicídio*. Rio de Janeiro: Zahar, 1982.

ELIAS, Norbert. *A sociedade de corte*. Rio de Janeiro: Zahar, 2001.

______. *O processo civilizador. Uma história dos costumes* (vol. 1). Rio de Janeiro: Zahar, 1994a.

______. *A sociedade dos indivíduos*. Rio de Janeiro: Zahar, 1994b.

______. *Os estabelecidos e os outsiders*. Rio de Janeiro: Zahar, 2000.

ESCOHOTADO, António. *Historia de las drogas* (Vol.I). Madri: Alianza Editorial, 2002.

FARIAS, Juliana. Estratégias de visibilidade, política e movimentos sociais: reflexões sobre a luta de moradores de favelas cariocas contra a violência policial. Dissertação de mestrado, PPCIS/ Uerj, mimeo, 2007.

______. Movimento 'Posso me identificar?': de objetos da violência a sujeitos da política. Monografia de bacharelado em ciências sociais, DCS/ Uerj, mimeo, 2005.

______. "'Posso me identificar?': moradores de favelas por justiça, cidadania e direito à cidade". *Revista Proposta*, ano 29, nº 105, Fase, 2005.

FREIRE, Jussara. Sensos do justo e problemas públicos em Nova Iguaçu. Tese de doutorado, Iuperj, mimeo, 2005.

FREIRE-MEDEIROS, Bianca. A favela que se vê e que se vende: Reflexões e polêmicas em torno de um destino turístico. Trabalho apresentado no 30º Encontro Anual da Anpocs, mimeo, 2006.

FOUCAULT, Michel. *Em defesa da sociedade*. São Paulo: Martins Fontes, 2002.

______. *Microfísica do poder*. Rio de Janeiro: Difel, 1979.

FRIDMAN, Luis Carlos; LEITE, Márcia P.; OLIVEIRA, Pedro Paulo. Sussurro que se torna voz: moradores de favelas falam sobre violência, justiça e ação coletiva. Trabalho apresentado no 29º Encontro Anual da Anpocs, GT Cidades: sociabilidades, cultura, participação e gestão, mimeo, 2005.

FUKS, Mário. *Conflitos ambientais no Rio de Janeiro: ação de debate nas arenas públicas*. Rio de Janeiro: UFRJ, 2001.

GAMSON, William. *Talking politics*. Cambridge: Cambridge University Press, 1992.

GEERTZ, Clifford. *A interpretação das culturas*. Rio de Janeiro: Livros Técnicos e Científicos Editora S.A, 1989.

GIDDENS, Anthony. *A constituição da sociedade*. Rio de Janeiro: Zahar, 1989.

______. "A vida em uma sociedade pós-tradicional". In: Giddens, A.; Beck, U; Lash S. (eds.). *Modernização reflexiva: política, tradição e estética na ordem social moderna*. São Paulo: Unesp, 1997.

______. *As conseqüências da modernidade* (3ª ed.). São Paulo: Unesp, 1991.

______. *Modernidade e identidade*. Rio de Janeiro: Zahar, 2002.

GOFFMAN, E. *La mise en scène de la vie quotidienne* (tomos 1 e 2). Paris: Editions de Minuit, 1991.

______. *Les cadres de l'expérience*. Paris: Éditions de Minuit, 1991.

______. *Stigmate*. Paris: Éditions de Minuit, 1975.

Goldstein, Donna. Laughter out of Place. Race, class, violence and sexuality in a Rio shantytown. Berkeley: University of California Press, 2003.

GONÇALVES, José Reginaldo. *A retórica da perda: os discursos do patrimônio cultural no Brasil*. Rio de Janeiro: UFRJ/Iphan, 1996.

GRAMSCI, Antonio. *Maquiavel, a política e a história*. Rio de Janeiro: Civilização Brasileira, 1976.

GRANOVETTER, Mark. "The Strength of Weak". *American Journal of Sociology*, vol. 78, nº 6, 1973.

GUIMARÃES, Alberto Passos. *As classes perigosas: banditismo rural e urbano*. Rio de Janeiro: Graal, 1981.

GUSFIELD, Joseph R. *The culture of public problems: drinking-driving and the symbolic order*. Chicago: The University of Chicago Press, 1981.

HALBWACHS, Maurice. *A memória coletiva*. São Paulo: Vértice, 1990.

HARVEY, David. *A condição pós-moderna*. São Paulo: Edições Loyola, 2000.

HEREDIA, Beatriz. "Política, família, comunidade", In: Palmeira M.; Goldman M. (org.), *Antropologia, voto e representação política*. Rio de Janeiro: Contracapa, 1996.

HILGARTNER, Stephen; BOSK, Charles. "The rise and fall of social problems: a public arenas model". *American Journal of Sociology*, vol. 94, nº 1, 1988.

HIRIGOYEN, Marie-France. *Le harcèlement moral, la violence perverse au quotidien*. Paris: Syros, 1998.

HIRSCHMAN, A. *Exit, Voice and Loyalty*. Cambridge: Cambridge Mass, Harvard Press University, 1970.

HOLSTEIN, J.; MILLER, G. *Reconsidering Social Constructionism – debates in social problems theory*. New York: Aldine de Gruyter, 1993.

HUIZINGA, Johan. *Homo ludens*. Lisboa: Edições 70, 2003.

ION, J. *La fin des militants?* Paris: Éditions de l'Atelier, 1997.

JUSTIÇA GLOBAL. Direitos Humanos no Brasil 2002. Relatório Anual do Centro de Justiça Global. Rio de Janeiro: Justiça Global, 2002.

______. Execuções sumárias no Brasil – 1997/2003. Rio de Janeiro: Justiça Global/Núcleo de Estudos Negros, 2003.

______. Direitos Humanos no Brasil 2003. Relatório Anual do Centro de Justiça Global. Rio de Janeiro: Justiça Global, 2004a.

______. Relatório RIO: Violência Policial e Insegurança Pública. Rio de Janeiro: Justiça Global, 2004b.

KANT DE LIMA, Roberto; MISSE, Michel; MIRANDA, Ana Paula M. "Violência, criminalidade, segurança pública e justiça criminal no Brasil: uma bibliografia". *BIB – Boletim Informativo e Bibliográfico de Ciências Sociais*, nº 50, 2000.

KATZ, Jack. *Seductions of crime: moral and sensual attractions in doing evil*. New York: Basic Books, 1988.

KATZMAN, Ruben. "Activos y estructuras de oportunidades. Estudios sobre las raíces de la vulnerabilidad social en Uruguay" (disponível em http://www.ippur.ufrj/observatorio, acesso em setembro de 2004).

______. "Seducidos y abandonados: el aislamiento social de los pobres urbanos". *Revista de CEPAL*, nº 75 (disponível em http://www.observatorio.tk, acesso em janeiro de 2006).

KUPRIN, Aleksandr. "O ultraje". In: R. Braga, *Contos Russos: Os clássicos*. Rio de Janeiro: Ediouro (tradução de Guilherme de Figueiredo), 2004.

LAUTIER, Bruno. "Os amores tumultuados entre o Estado e a economia informal". *Contemporaneidade e Educação*, vol. II, nº 1, 1997.

LEEDS, Anthony; LEEDS, Elizabeth. *A sociologia do Brasil urbano*. Rio de Janeiro: Zahar, 1978.

LEEDS, Elizabeth. "Cocaína e poderes paralelos na periferia urbana brasileira: ameaças à democratização em nível local". In: Zaluar A.; Alvito M. (orgs.), *Um século de favela*. Rio de Janeiro: FGV, 1998.

LEITE, Márcia Pereira. "Que cidadãos somos e seremos nós?" *Revista Proposta*, vol. XVII, nº 57, 19936.

______. "Entre o individualismo e a solidariedade: dilemas da política e da cidadania no Rio de Janeiro". *Revista Brasileira de Ciências Sociais*, vol. 15, nº 44, 2000.

______. "Novas relações entre identidade religiosa e participação política no Rio de Janeiro hoje: o caso do Movimento Popular de Favelas". In: Birman P. (org.), *Religião e Espaço Público*. São Paulo: Attar Editorial/Pronex - MCT/CNPq, 2003.

______. "As mães em movimento". In: Birman P.; Leite M.P. (orgs.), *Um Mural para a Dor: movimentos cívico-religiosos por justiça e paz*. Porto Alegre: UFRGS/Pronex-MCT/CNPq, 2004.

______. "Miedo y representación comunitaria en las favelas de Río de Janeiro: los invisibles exilados de la violencia". In: Reguilo R.; Godoy M. (eds.), *Ciudades Translocales: espacios, flujo, representación. Perspectivas desde las Américas*. New York: Social Science Research Council, Guadalajara: Editorial Iteso, 2005.

______. "Rituals in politics: redefining collective action, languages and territories". Trabalho apresentado no *workshop* "Religion and dislocations: comparative studies"/Paulo Freire Program - Research Group on Religion, Rio de Janeiro, mimeo, 2006.

______. (2008a), *Para além da metáfora da guerra: violência, cidadania, religião e ação coletiva no Rio de Janeiro*. São Paulo: Attar Editorial/CNPq/Pronex Movimentos Religiosos no Mundo Contemporâneo (no prelo), 2008a.

______. (2008b), "Religião e política no espaço público: moradores de favelas contra a violência e por justiça". In: C. Mafra e R. de Almeida (orgs.), *Religiões e cidade: São Paulo e Rio de Janeiro*. CNPq/Pronex e CEM/Cebrap (no prelo), 2008b.

LEITE, Márcia Pereira; FARIAS, Juliana. "Rituais e política: imagens, símbolos e celebrações religiosas no espaço público". In: *Anais do XI Congresso Latino-Americano sobre Religião e Etnicidade*/Aler (Simpósio Cultura política e cultura religiosa na América

Latina: desenvolvimentos, históricos e protagonismos contemporâneos). São Bernardo do Campo/SP, 2006.

______. "Rituais na política: recriando a mística em movimentos por justiça e paz", VI Reunião de Antropologia do Mercosul/GT La religión en movimiento. Fragmentación de lo religioso en la sociedad contemporánea, Montevidéu/ Uruguai, mimeo, 2005.

LEITE, Márcia Pereira; MACHADO DA SILVA, Luiz Antonio. "Human Rights, Poverty and Violence in the favelas of Rio de Janeiro", document for the International Restitution Meeting, Small Grants Program for Research on Poverty and Human Right/ Unesco. Lisboa, mimeo, 2007.

LEITE, Márcia Pereira; OLIVEIRA, Pedro Paulo. "Violência e insegurança nas favelas cariocas: o ponto de vista dos moradores". *Estudos de Política e Teoria Social*, nº 13, UFRJ, 2006.

MACHADO DA SILVA, Luiz Antonio. "A política na favela". Cadernos de Estudos Brasileiros, vol. 9, nº 41, 1967.

______. "Violência urbana: representação de uma ordem social". In: E.P. Nascimento e I.A.F. Barreira (orgs.), *Brasil urbano: cenários da ordem e da desordem*. Rio de Janeiro: Notrya.

______. "Desdobramentos do Campo Temático dos Movimentos Sociais". *Cadernos do CEAS*, nº 145, maio-junho, 1993.

______. "Violência e sociabilidade: tendências na atual conjuntura urbana no Brasil". In: L.C. Ribeiro e O. Santos Jr. (orgs.), *Globalização, fragmentação e reforma urbana. O futuro das cidades brasileiras na crise*. Rio de Janeiro: Civilização Brasileira, 1994.

______. "Um problema na interpretação da criminalidade urbana violenta". *Sociedade e Estado*, vol. X, nº 2, 1995.

______. "Criminalidade violenta e ordem pública: nota metodológica", trabalho apresentado no VIII Congresso da Sociedade Brasileira de Sociologia. Brasília, mimeo, 1997.

______. "Criminalidade Violenta: por uma nova perspectiva de análise". *Revista de Sociologia e Política*, nº 13 (Cidadania e Violência), 1999.

______. "A Continuidade do 'Problema da Favela'". In: L.L. Oliveira (org.), *Cidade: Histórias e Desafios*. Rio de Janeiro: FGV, 2002.

______. "Sociabilidade violenta: por uma interpretação da criminalidade contemporânea no Brasil urbano". In: L. C. Ribeiro (orgs.), *Metrópoles: entre a cooperação e o conflito*. São Paulo/Rio de Janeiro: Perseu Abramo/Fase, 2004a.

______. "Sociabilidade violenta: uma dificuldade a mais para a ação coletiva nas favelas". In: L.A. Machado da Silva *et alii* (orgs.), *Rio: a democracia vista de baixo*. Rio de Janeiro: Ibase, 2004b.

______. "Sobre 'A violência hoje'". *Ciência e Saúde Coletiva*, vol. 11, nº 2, 2006.

MACHADO DA SILVA, Luiz Antonio; LEITE, Márcia Pereira. "Favelas e democracia: temas e problemas da ação coletiva nas favelas cariocas". In: L.A. Machado da Silva *et alii* (orgs.), *Rio: a democracia vista de baixo*. Rio de Janeiro: Ibase.

MACHADO DA SILVA, Luiz Antonio; LEITE, Márcia Pereira; FRIDMAN, Luis Carlos. "Matar, morrer, civilizar: o problema da segurança pública". In: *VVAA, Mapas: Monitoramento Ativo da Participação da Sociedade*. Rio de Janeiro: Ibase/Action Aid/Ford Foundation', CD-ROM.

MACHADO DA SILVA, Luiz Antonio; RIVERO, Patrícia. Polícia e crime violento nas favelas do Rio: percepções e efeitos sobre as rotinas dos moradores. Trabalho apresentado no 29º Encontro Anual da Anpocs, mimeo, 2005.

MAFRA, Clara. "Drogas e símbolos: redes de solidariedade em contextos de violência". In: A. Zaluar e M. Alvito (orgs.), *Um século de Favela*. Rio de Janeiro: FGV, 1998.

______. "A catedral do subúrbio". *Cadernos de Antropologia e Imagem*, (no prelo), 2007.

MAGALHÃES, Carlos A.T. O crime segundo o criminoso: um estudo de relatos sobre a experiência da sujeição criminal. Tese de doutorado, UFRJ, mimeo, 2006.

MARSHALL, T.H. *Cidadania, classe social e status*. Rio de Janeiro: Zahar, 1967.

MATTOS, Carla. Cultura de massa e neurose na terra do samba: um estudo sobre os processos de identificação em contextos de produção e recepção culturais. Dissertação de mestrado, PPCIS/ Uerj, mimeo, 2006.

MAUSS, Marcel. *Sociologia e Antropologia*. São Paulo: usp/EPU, 1974.

MEAD, George. *Mind, Self, and Society*. Chicago: University of Chicago Press, 1967.

MELLO, Marco Antônio. "Selva de Pedra: apropriações e reapropriações dos espaços públicos de uso coletivo no Rio de Janeiro". In: N. Esterci, P. Fry e M. Goldemberg (orgs.), *Fazendo Antropologia no Brasil*. Rio de Janeiro: DP&A Editora, 2001.

MERTON, Robert K. *Teoría y estructura sociales*. México/Buenos Aires: Fondo de Cultura Económica, 1964.

MIRANDA, Moema; MAGALHÃES, Paulo. "Reflexões a partir da Agenda Social". In: L.A. Machado da Silva *et alii* (orgs.), *Rio: a democracia vista de baixo*. Rio de Janeiro: Ibase, 2004.

MISSE, Michel. "As ligações perigosas. Mercado informal ilegal, narcotráfico e violência no Rio de Janeiro". *Contemporaneidade e Educação*, vol. II, nº 1, 1997.

______. Malandros, marginais e vagabundos: acumulação social da violência no Rio de Janeiro. Tese de doutorado, Iuperj, mimeo, 1999.

______. "O Movimento: a constituição e reprodução das redes do mercado informal ilegal de drogas a varejo no Rio de Janeiro e seus efeitos de violência". In: *Drogas e pós-modernidade*. Rio de Janeiro: Uerj, 2003.

MOORE JR., Barrington. *Injustiça: as bases sociais da obediência e da revolta*. São Paulo: Brasiliense, 1987.

MORAES, Pedro Bodê de. Juventude, medo e violência. Trabalho apresentado no Ciclo de Conferências "Direito e Psicanálise: novos e invisíveis laços", mimeo, 2005.

______. Sobre crime, criminalização e academia. Comunicação oral apresentada na mesa-redonda "A obra de Edmundo Campos Coelho", Iuperj, 2005.

NEGRI, A.; HARDT, M. *Império*. Rio de Janeiro: Record, 2000.

NOIRIEL, Gérard (ed.) *État, Nation, immigration. Vers une histoire du pouvoir*. Paris: Gallimard, 2005.

______. *L'identification. Génèse d'un travail d'État*. Paris: Belin, 2007.

PIERUCCI, Antônio Flávio. "Bye Bye, Brasil: O declínio das religiões tradicionais no Censo 2000". *Estudos Avançados*, v.18, nº 52, 2004.

PRETECEILLE, Edmond e VALLADARES, Lícia. "Favela, favelas e desigualdades socioespaciais". Trabalho apresentado no seminário *O Futuro das Metrópoles: Impactos da Globalização*. Teresópolis, mimeo, 1999.

OLIVEIRA, Pedro P. de. *A construção social da masculinidade*. Belo Horizonte: UFMG, 2004.

OLIVEIRA, Pedro Ribeiro de. "Estruturas da Igreja e conflitos religiosos". In: P. Sanchis (org.). *Catolicismo: Modernidade e Tradição*. São Paulo: Edições Loyola, 1992.

PALMEIRA, Moacir; HEREDIA, Beatriz. "Política ambígua". In: P. Birman; R. Novaes; e S. Crespo (orgs.), *O mal à brasileira*. Rio de Janeiro: Uerj, 1997.

PANDOLFI, Dulce e GRYNSZPAN, Mario. "Poder Público e Favelas: uma relação delicada". In: L. L. Oliveira (org.), *Cidade: Histórias e Desafios*. Rio de Janeiro: FGV, 2002.

___ (orgs.). *Fala Favela: depoimentos ao CPDOC*. Rio de Janeiro: FGV, 2002.

PELBART, Peter Pál. *Vida capital – ensaios de biopolítica*. São Paulo: Iluminuras, 2003.

PERALVA, Angelina. *Violência e Democracia: o paradoxo brasileiro*. Rio de Janeiro: Paz e Terra, 2000.

PINHEIRO, Paulo Sérgio. "Violência e cultura". In: B. Lamounier *et alii* (orgs.), *Direito, cidadania e participação*. São Paulo: T.A. Queiroz, 1991.

RAFAEL, Antônio. *Um abraço para todos os amigos. Algumas considerações sobre o tráfico de drogas no Rio de Janeiro*. Niterói: UFF, 1998.

RAMOS, Silvia e LEMGRUBER, Julita. "Criminalidade e respostas brasileiras à violência". Observatório da Cidadania. Medos e Privações. Obstáculos à segurança Humana. Rio de Janeiro: IBASE, 2004.

RENAULT, E. *L'expérience de l'injustice*. Paris: La Découverte, 2004.

RIBEIRO, Luiz Cesar de Queiroz. "Segregación residencial y segmentación social: el efecto 'vecindario' en la reproducción de la pobreza en las metrópolis brasileñas". In: S. Alvarez Leguizamón (orgs.), *Trabajo y producción de la pobreza en Latinoamérica y el Caribe: estructuras, discursos y actores*. Buenos Aires: Clacso, 2005.

RIBEIRO, Luiz Cesar de Queiroz *et alii*. "Proximidade territorial e distância social: reflexões sobre o efeito do lugar a partir de um enclave urbano. A Cruzada São Sebastião no Rio de Janeiro". Trabalho apresentado no 27º Encontro Anual da Anpocs, mimeo (disponível em www.observatorio.tk, acesso em junho de 2005).

RIBEIRO, Luiz Cesar de Queiroz; LAGO, Luciana Corrêa do. "A divisão favela-bairro no espaço social do Rio de Janeiro". Trabalho apresentado no 24º Encontro Anual da Anpocs, mimeo, 2000.

SANCHIS, Pierre. "O repto pentecostal à cultura católica brasileira". In: A. Antoniazzi *et alii.*, *Nem anjos nem demônios*. Petrópolis: Vozes, 1994.

SANTOS, José Vicente T. dos. "A violência como dispositivo de excesso de poder". *Sociedade e Estado*, vol. X, nº 2, 1995.

SANTOS, Wanderley Guilherme dos. *Cidadania e justiça*. Rio de Janeiro: Campus, 1987.

SENTO-SÉ, João Trajano. "Imagens da ordem, vertigens do caos. O debate sobre as políticas de segurança pública no Rio de Janeiro, nos anos 80 e 90". Archè, vol. VII, nº 19, 1998.

SILVA, Jaílson de S. *et alii*. Caminhada de crianças, adolescentes e jovens na rede do tráfico de drogas no varejo do Rio de Janeiro, 2004-2006. Relatório de pesquisa (disponível no site www.observatoriodefavelas.com.br em 2006).

SIMMEL, Georg.. "A metrópole e a vida mental". In: O. G. Velho (org.), *O fenômeno urbano* (4ª ed.). Rio de Janeiro: Editora Guanabara, 1987.

______. *Sociologie. Études sur les formes de socialisation*. Paris: PUF, 1999.

SOARES, Luiz Eduardo. "O herói serial e a sensibilidade pragmática: alguns comentários sobre a violência e a nova sociedade civil no Rio de Janeiro". In: L.E. Soares *et alii* (orgs.), *Violência e política no Rio de Janeiro*. Rio de Janeiro: Relume Dumará/Iser, 1996.

______. *Meu casaco de general: quinhentos dias no front da segurança pública do Rio de Janeiro*. São Paulo: Companhia das Letras, 2000.

___ MILITO, C.; SILVA, H. "Homicídios dolosos praticados contra crianças e adolescentes no Estado do Rio de Janeiro – 1991 a julho de 1993". In: L.E. Soares *et alii* (orgs.), *Violência e política no Rio de Janeiro*. Rio de Janeiro: Relume Dumará/Iser, 1996.

SOARES, Luiz Eduardo, MV Bill; ATHAYDE, Celso. *Cabeça de Porco*. Rio de Janeiro: Objetiva, 2005.

SOARES, Luiz Eduardo *et alii*. *Violência e política no Rio de Janeiro*. Rio de Janeiro: Relume Dumará/Iser, 1996.

SOUTO, Jane. "Os outros lados do Funk Carioca". In: H. Vianna (org.), *Galeras Cariocas: territórios de conflitos e encontros culturais*. Rio de Janeiro: UFRJ, 2003.

THÉVENOT, L. "L'action qui convient". In: P. Pharo e L. Quéré (eds.), *Les formes de l'action*. Paris, Ed. de l'EHESS (Raisons pratiques 1), 1990.

______. "Faire entendre une voix. Régimes d'engagement dans les mouvements sociaux". *Mouvements*, nº 3, março-abril, 1999.

VALLADARES, Lícia do Prado. *A invenção da favela*. Rio de Janeiro: FGV, 2005.

VELHO, Gilberto. *Projeto e metamorfose*. Rio de Janeiro: Zahar, 1994.

VENTURA, Zuenir. *Cidade partida*. São Paulo: Companhia das Letras, 1994.

VIANNA, Luiz Werneck. *Liberalismo e sindicato no Brasil* (2ª ed.). Rio de Janeiro: Paz e Terra, 1978.

VIDAL, Dominique. *La politique au quartier. Rapports sociaux et citoyenneté à Recife*. Éditions de La Maison des Sciences de L'Homme, Paris, 1996.

VIVA RIO. "Educação de jovens em situação de risco". Rio de Janeiro, mimeo, 2002.

WACQUANT, Loïc. (2001a), *As prisões da miséria*. Rio de Janeiro: Zahar, 2001a.

______. (2001b), *Os condenados da cidade. Estudos sobre a marginalidade avançada*. Rio de Janeiro: REVAN/Observatório Ippur/Fase, 2001b.

WEBER, Max. *A Ética Protestante e o Espírito do Capitalismo*. São Paulo: Companhia das Letras, 2004.

ZALUAR, Alba. *A máquina e a revolta*. São Paulo: Brasiliense, 1985.

______. *Condomínio do Diabo*. Rio de Janeiro: UFRJ, 1994.

______. "O medo e os movimentos sociais". *Proposta*, vol. 23, nº 66, 1995.

______. "A globalização do crime e os limites da explicação local". In: Velho G., Alvito M. (orgs.), *Cidadania e violência*. Rio de Janeiro: UFRJ/FGV, 1996.

______. "Violence in Rio de Janeiro: styles of leisure, drug use and trafficking". *International Social Science Journal*, nº 3, 2001.

______. *Integração perversa: pobreza e tráfico de drogas*. Rio de Janeiro: FGV, 2004.

ZALUAR, Alba; ALVITO, Marcos (orgs.). *Um século de favela*. Rio de Janeiro: FGV, 1998.

Editor responsável
Alberto Schprejer

Produção editorial
Daniele Cajueiro
Phellipe Marcel

Preparação de originais
Anna Carla Ferreira

Revisão
Eduardo Carneiro
Fernanda Machtyngier

Diagramação
Selênia Serviços

Este livro foi impresso em São Paulo, em outubro de 2008,
pela Lis Gráfica e Editora, para a Editora Nova Fronteira.
A fonte usada no miolo é Sabon, corpo 11,5/15.
O papel do miolo é pólen soft 70g/m^2, e o da capa é cartão 250g/m^2.

Visite nosso site: www.novafronteira.com.br